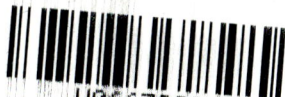

清代學者文集叢刊

# 高郵二王合集

五

舒懷　李旭東　魯一帆　輯校

上海古籍出版社

# 丙编

# 序跋

## 送馮魚山《説文》記

李文藻

國家以《説文》治經，惠半農侍讀最先出，其子棟繼之〔一〕。近日戴東原大闡其義〔二〕，天下信從者漸多。高郵王懷祖，戴弟子也。己丑冬，遇之京師，屬爲購毛刻北宋本。適書賈老韋有之，高其直，王時下第囊空，稱貸而買之。王曰：「歸而發明字學，欲作書四種，以配亭林顧氏《音學五書》也。」予是年赴粤，所攜書，皆鈔本之稍難得者。謂其易得者，可隨處覓之。至則書肆寥寥，同官及其鄉士大夫家，亦無可假，是書僅見萬曆間坊本耳。歲辛卯，羅臺山訪予於恩平。居數月，其行笈有手校毛刻本，改正甚多，惜未及録。壬辰春，予調潮陽，其書院山長鄭君安道，爲朱竹君學士分校會試所得士，鋭意窮經，且以教其徒。予索《説文》於予，乃爲札求于濟南周林汲。而揭陽鄭運使，適自兩淮歸里，專一介問有此書否。運使實無之，而不遽報，遣健足走揚州，從馬秋玉之子取數部，往返才三閲月，以其二餉予，一插架，一貽鄭進士。進士喜過望。是冬，予有事羊城，又得林汲所寄，則此本也。首卷有藉圃主人、麥谿張氏諸小印，又有刻趙文敏語二印，方寸六十餘字，尤精緻，紙色蓋百年物。書到時，胡生亦常見之，極羨愛，且曰：「廣中惟張藥房有之。」胡、張相友善，予謂其可借觀，不能割也。今年春夏間，予寓廣，日與馮魚山相過從。魚山方講小學，每以不得此書爲恨。回潮，乃舉此贈之。予之于書，聾瞽耳目，徒有之而不能用。魚山得此，將盡發其聰明。他日以語林汲，其不負萬里見寄之意矣乎。予記此，以見粵中得書之難。得之而不能讀，是得書易而讀書難也。予不能讀，而魚山能讀之，是能讀書者，必得書也。世之能讀《說文》如魚山者，予皆得而識之友之，日往來乎胸臆也。是予不能讀之，而未嘗不能好之也，蓋仕之禍學如此。乾隆甲午六月二十七日〔三〕，記於潮州紅蕉館。

【說明】

文載李文藻《南澗文集》卷上。李文藻，字素伯，號南澗，益都今山東青州。人。乾隆進士，官桂林府同知。家富藏書，皆手自讎校。己丑冬，即乾隆三十四年冬。是年，王念孫二十六歲。

【校注】

〔一〕惠士奇、惠棟父子，有《惠氏讀〈說文〉記》十五卷、《惠定宇校〈說文〉》一卷，開清代《說文》研究之先。

〔二〕戴震有《六書論》三卷。
〔三〕乾隆甲午，即乾隆三十九年。

## 《廣雅疏證》序

段玉裁

小學有形，有音，有義。三者互相求，舉一可得其二。有古形，有今形；有古音，有今音；有古義，有今義。六者互相求，舉一可得其五。古今者，不定之名也。三代爲古，則漢爲今；漢、魏、晉爲古，則唐、宋以下爲今。聖人之制字，有義而後有音，有音而後有形。學者之考字，因形以得其音，因音以得其義。治經莫重於得義，得義莫切於得音。《周官》六書，指事、象形、形聲、會意四者，形也；轉注、假借二者，馭形者也，音與義也〔一〕。三代小學之書不傳，今之存者，形書《説文》爲之首〔二〕，《玉篇》以下次之。音書《廣韵》爲之首，《集韵》以下次之。義書《爾雅》爲之首，《方言》、《釋名》、《廣雅》以下次之。《爾雅》、《方言》、《釋名》、《廣雅》者，轉注、假借之條目也。義屬於形，是爲轉注。義屬於聲，是爲假借。稚讓爲魏博士，作《廣雅》，蓋魏以前經傳謡俗之形音義，彙綷於是。不孰於古形古音古義，則其説之存者，無由甄綜；其説之已亡者，無由比例推測。形失，則謂《説文》之外，字皆可廢；音失，則惑於字母七音，猶治絲棼之；義失，則梏於《説文》所説之本義，而廢其假借，又或言假借，而昧其古音。是皆無與於小學者也。懷祖氏能以三者互求，以六者互求，尤能以古音得經義，蓋天下一人而已矣。假《廣雅》以證其所得，其注之精粹，再有子雲，必能知之。敢以是質於懷祖氏，竝質諸天下後世言小學者。乾隆辛亥八月，金壇段玉裁序。

【説明】

《序》原載《廣雅疏證》卷首。段玉裁《經韻樓集》卷八亦收録，題作《廣雅注序》。此《序》及王念孫《説文解字注序》，是段、王之學之總綱。

【校注】

〔一〕此即四體二用説，肇自明人楊慎四經二緯説，傳自戴震，非《周官》本意。其六書界説，見於段注。六書中，段氏、王氏尤斤斤於形聲、轉注、假借，最有見地。

〔二〕段氏以《説文》爲「形書」，王念孫以爲「《説文》之爲書，以文字而兼聲音訓詁者也」。二説有淺深之不同。

## 《廣雅疏證》序

陳鱣

憶初入京師，與給諫王懷祖先生交最深。時先生方著《廣雅疏證》，而鱣亦譔《説文正義》〔一〕。每相見時，必剖析字形，叶求聲義，娓娓忘券。或數日不見，必手札往來，且千百言。後鱣將南歸，先生執手而言曰：「《廣雅》卷裛浩繁，余稿已數易，近日多病，恐不能必是書之成也。」鱣曰：「先生思精而學博，志專而業勤，何患不成？」遂揮淚而別。越十年再至京師，適先生擊權貴〔二〕，名振公卿。時權貴已伏誅，而先生杜門謝客，獨鱣往謁則亟出見，曰：「余待子已久矣。《廣雅疏證》二十卷發憤垂成，惟後二卷命子引之足成之。今付刻甫完，特以初印本持贈子，其爲我校閱焉。」會先生巡漕務，公子伯申以對策第一人成進士，入詞館〔三〕。而鱣則罷舉南旋，遂携是書於車中讀之。或就宿旅舍，則挑燈展卷，不知漏之幾下。至將抵里門而畢業焉。嘆其詳審精密，洵足爲稚讓功臣。間有管見，附列於上，俟質諸先生。方今從事於小學者，若邵校理與桐之《爾雅正義》及先生之《廣雅疏證》〔四〕，皆及見其書之刊行。獨愧鱣之《說文正義》，用力已十餘年，草刱未就，而風塵荏冉，業漸荒蕪。近更多病，且恐不能畢其成也。先生得無憐之而慨然者乎？嘉慶四年十月書。

**【說明】**

序載陳鱣《簡莊綴文》卷三，作於嘉慶四年十月。

**【校注】**

〔一〕《說文正義》，三十卷，未刻。

〔二〕嘉慶四年正月丁卯，王念孫上《劾内賊和珅納賂營私鬻貨攬權折》，即《敬陳剿賊事宜折》。仁宗嘉納之，論和珅罪狀二十款，責令自殺，抄没家産。詳《清仁宗實録》嘉慶四年正月上、正月下。

〔三〕王念孫派巡漕務，王引之禮部中式，均在嘉慶四年。

〔四〕《爾雅正義》，邵晉涵撰。邵氏字與桐，又字二雲。

## 王伯申《經義述聞》序

阮元

昔郢人遺燕相書，夜書曰「舉燭」，因而過書「舉燭」。燕相受書説之，曰：「舉燭者，尚明也。尚明者，舉賢也。」國以治。治則治矣，非書意也。〔一〕鄭人謂玉未理者璞，周人謂鼠未腊者璞。周人曰：「欲買璞乎？」鄭賈曰：「欲之。」出其璞，乃鼠也。〔二〕夫誤會舉燭之義，幸而治；誤解鼠璞，則大謬。由是言之，則誤解古書者，皆舉燭、鼠璞之類也。古書之最重者，莫逾於經。經自漢、晉以及唐、宋，固全賴古儒解注之力，然其間未發明而沿舊誤者尚多，皆由於聲音文字假借轉注未能通徹之故。我朝小學訓詁，遠邁前代。至乾隆間，惠氏定宇、戴氏東原大明之。高郵王文肅公，以清正立朝，以經義教子，故哲嗣懷祖先生家學特爲精博，又過於惠、戴二家。先生經義之外，兼覈諸古子史。哲嗣伯申繼祖又居鼎甲，幼奉庭訓，引而申之，所解益多。著《經義述聞》一書，凡古儒所誤解者，無不旁徵曲喻，而得其本義之所在，使古聖賢見之，必解頤曰：「吾言固如是。」數千年誤解之，今得明矣。」嘉慶二十年，南昌盧氏宣旬，讀其書而慕之。既而伯申又從京師以手訂全帙寄余，余授之盧氏，盧氏於刻《十三經注疏》之暇，付之刻工。伯申亦請余言序之。昔余初入京師，嘗問字於懷祖先生，先生頗有所授。既而伯申及余門，余平日説經之意，與王氏喬梓投合無間。是編之出，學者當曉然於古書之本義，庶不至爲成見舊習所膠固矣。雖然，使非究心於聲音文字以通訓詁之本原者，恐終以燕説爲大寶，而嚇其腐鼠也。

## 王伯申《經傳釋詞》序

阮元

經傳中實字易訓，虚詞難釋。《顔氏家訓》雖有《音辭篇》，于古訓罕有發明。所賴《爾雅》、《説文》二書，解説古聖賢經傳之詞氣，最爲近古。然《説文》惟解特造之字，如亏、𠙵。而不及假借之字。如而、雖。《爾雅》所釋未全，讀者多誤。是以但知「攸」訓「所」，而不知同「迪」；攸與由同，由、迪古音相轉。迪音當如滌。滌之从攸，笛之从由，皆是轉音。故迪、攸音近也。《釋名》曰：「笛，滌也。」但見「言」訓「我」，而忘其訓「間」。《爾雅》：「言，間也。」即詞之間也。雖以毛、鄭之精，猶多誤解，何况其餘？高郵王氏喬梓，貫通經訓，兼及詞氣。昔聆其「終風」諸説〔三〕，每爲解頤，乃勸伯申勒成一書。今二十年，伯申侍郎始刻成《釋詞》十卷。元讀之，恨不能起毛、孔、鄭諸儒而共證此快論也。元昔教浙士解經，曾謂《爾雅》「坎律銓也」，爲「吹聿詮也」字之訛，辛楣先生韙之。又謂《詩》「鮮民之生」、《書》「惠鮮鰥寡」，「鮮」皆「斯」之假借字；《詩》「綢直如髮」，「如」當解爲「而」；髮乃實指其髮，與笠同，非比語，傳、箋並誤。《老子》「夫佳兵者不祥之器」，「佳」爲「隹」同惟。之訛。《老子》「夫隹」二字相連爲辭者甚多，若以爲佳，則當云不祥之事，不當云器。若此之疇，學者執是書以求之，當不悖謬於經傳矣。《論語》曰：「出辭氣，斯遠鄙倍。」〔四〕可見古人甚重詞氣，何況絕代語釋乎？

【説明】

阮氏二《序》，原載《揅經室集》卷五，分別撰於嘉慶二十年、二十四年。

【校注】

〔一〕郢書燕説，見《韓非子·外儲説左上》。

〔二〕引見《尹文子·大道下》，又見《戰國策·秦三》。

〔三〕終風，見《經義述聞·毛詩上》「終風且暴」條。

〔四〕見《論語·泰伯》曾子言。此辭氣指言辭氣度，即合乎禮儀的文明用語，與語法無關。

# 王石臞先生八十壽序

胡培翬

自昔傳經之士，若伏生、杜子春，年近期頤，著於史册。而蒼頡爲黄帝史臣，觀象制字，説者謂其生神農時，或又謂其生伏羲以前，歷歲更不知千有幾百。蓋典籍文字，聖道所寄，其義至深邃。而有人焉，能發其藴，則天必與之神明之壽，以永其傳，理固然已。道光癸未三月，爲太夫子石臞先生八十壽辰。先生生於華閥，早歷詞館，服官中外，宣勞著績，受列聖之知。復以吾師位卿貳，晉一品封。德福兼隆，海内共仰，無俟覼縷。獨其得壽之由，則培翬讀先生書，竊以爲先生有以致之，而天之壽，先生未有涯涘也。周之時，保氏教國子，司徒教萬民，皆以六書。六書之指各殊，而惟轉注、假借用至無窮。周公作《爾雅》，孔子言正名，故後之儒者率知講求古人字假義轉之由：或因音近而假其形，或因音變而别其義；有一字具數用者，有數字共一用者。雖經秦火之餘，而網羅條理秩然。由漢魏至隋唐，專門師授，代有其人。逮宋《新義》、《字説出》〔一〕，穿鑿破壞，於是言文字不本六書，沿及元明，此事遂廢。浸至士夫目不睹五百四十部之文〔二〕，耳不習十口所傳之義〔三〕，踵譌襲謬，魯魚亥豕，展卷皆是，其流弊將有不可勝言者矣。我國家文運昌隆，通儒輩出。時則有若顧氏、江氏、戴氏，究心聲音訓詁之學，然或引其端而未竟其緒，或得其偏而未會其全。先生博學以綜之，精思以審之，偉識以斷之，集諸家之大成，爲後學之津導。其始出入經史百家儒先傳注，浸淫衍繹，以自得其指歸。其後即以所得者鑒別乎經史百家之書，而是非疑似無不立辨。蓋能會音形義三者之大原以言文字，使古籍之傳得存真面目於天壤者，千百年來，先生一人而已。先生嘗以魏張揖之《廣雅》薈萃魏以前故訓，勤勤疏證之。聞先生之爲是書也，日課疏三字，罔閒寒暑，積十餘稔乃成。又以子史中微文奥義研究者少，患傳本訛脱日甚，迺取《管子》、《淮南子》、《國策》、《史記》等書詳加釐訂，方將以次別録所校於簡，爲《讀書雜志》。蓋先生胸懷高淡，實能吐棄一切，嗜古著書，杜門謝客，惟一編爲樂。吾師退食之暇，從先生旁講問經義，凡有所獲，互相證佐。穆穆愉愉，以兩大儒萃於一門而晨夕傳業，亦千古所未有也。然則先生惟内有所重，外物不足動其中，故神明純固。又味道之腴，常有以頤養其天和，故老而益健。先生之壽，孰非先生自致之？矧古義湮鬱弗章，賴先生爬羅剔抉以傳永久者甚多。先生既有以爲斯文壽，則天之壽先生以彰我朝文治之長者，曷有極耶！抑嘗考之《廣雅》，舊無注，惟隋曹憲作音釋。其書頗淺陋，然《舊唐書》載憲年百有五歲。先生著作直契古先文字之原，其壽必倍蓰於憲，又何疑歟？培翬敬仰先生久，己卯出吾師門下，進拜先生，親承訓教，故敢以所窺測者侑一觴焉。謹序。古人集中不載壽序，此作私竊以爲有關學術，故特存之。自記。

【説明】

文載胡培翬《研六室文鈔》卷六，作於道光三年癸未三月。

【校注】

〔一〕即王安石《三經新義》、《字説》，參見《宋史·王安石傳》、胡樸安《中國文字學史·王荊公〈字説〉》。

〔二〕士夫，即士大夫之簡稱。此爲六朝駢文陋習之孑遺。

〔三〕十口，即「古」字。《説文》：「古，故也。从十口，識前言者也。」宋徐鉉：「十口所傳，是前言也。」胡氏本此。

## 王石臞先生八十壽叙 代

郭尚先〔一〕

在昔尉雉之大夫，述古於覩井之歲；猶龍之太史，傳禮於踞竈之時。西河之賢，對端冕而抒論；濟上之老，進智囊而授文。蓋經籍繫乎人彝，昭晰賴乎天□。天將以佐亭育，開狉獉，雨粟賚之，生蓍助之。成則彰虹玉之瑞，藏則藴絲竹之聲。俾緜緜延延，明明斤斤，則必生魁閎之彦，予綰綽之齡，而後其業精，其傳永焉。夫導流宗海，功在一時；撥雲見天，教在萬世。孰重而孰輕，孰難而孰易乎？歲在昭陽，律中姑洗，實我太夫子石臞先生八十攬揆之辰。稱娖而前行，黎收而上壽者，僉曰：飛鬇之紀，生應壽星；翼燕之謀，光懸卿月。勤學(苻)〔符〕於麟士，矍鑠過於馬公。庸知先生學海之富，非直一卷之師；名山之藏，自定千秋之業也哉！蓋先大宗伯公，韶樂一夔，戴匡六宿，門承通德，慶積文言。璇柏之淵，明月輝於照乘；樊桐之圃，虹氣起而燭天。先生稟頊橐之資，勵廣川之學。燈常焠掌，瓜可鎮心。丹編春校，則太乙下觀；緑字宵披，則多目闇侍。時東原戴氏，心昭天咫，世仰經神。先生依吏部之抗顔，爲馬融之高足。鋭銀旭歷，心契於九宫；勾股較和，用周於八線。然而雲興日觀，願降潤於九州；鵬起天池，思搏風於六月。詎第欲以著述慰情，以文章報國哉？於時西清始踐，時推五鳳之文；水部繼登，職慎五鳩之庀。及官大諫，首擊態臣。舍狐狸而問豺狼，如鷹鸇之逐鳥雀。雖避人焚草，末由編諫苑之書；而鄉日傾花，固已謝諍臣之論。帝方信重，命以宣防。凡爲運河道者一，爲永定河道者再。公疏川導滯，灑沈澹災，手執藁垂，身爲砥柱。莅馮蠵以使節，覈金貝以《算經》。謂春水方生，秋風乍起，兩岸難於辨馬，萬户駭於狎鷗。於是創梅花樁以測水勢，謂一曲一直，或委或原，惟流增衣帶之通，乃風助帆檣之利。於是開牛頭河，以廣水源。嘗撰《導河議》上下篇，又撰《直隸水利事宜》。窮行水之方，則靈祇來助；問分流之法，則野老皆師。普沾溉於溝渠，則一心穿地；争險夷於氣數，則隻手回天。心罔弗辰，冀筮坎不盈之象；月離于畢，忽哦雨無極之章。天實爲之，身將隱矣爾。乃郤掃杜門，著書遣日。自性命之説勝，而援據之學疎；自《倉》、《雅》之義湮，而許、鄭之説昧。望文生義，幾改蘭臺之漆書；遇物知名，且愧學童之尉律。偏旁意造，豈北斗可使作書；草木辨疏，恐列宿亦將騰笑。乃取張揖《廣雅》，爲之疏證。研尋六籍，靦縷四聲；旁徵金石假借之文，次及騷賦援引之詁。金鎔於冶，珠聚爲船。此則國門之懸《吕覽》，莫敢指一字之疵。匪直祖庭之聽威音，私自爲六時之誦也。是惟貺儉陋以饋貧之糧，予曶蒙以益智之糉。豈與夫虞卿窮愁而撰書，揚雄寂寞而命筆者歟？我夫子獻江都之三策，兆稚圭之五雲。以霖雨之篇家，賡薰風於帝陛。已佐便章之化，益勵中蹇之忱。蓋觀梓而仰紹弓，植槐而知貽矩已。我夫子所著《經義述聞》及《釋詞》二書，聞《禮》聞《詩》，山淵資其富；《釋詁》、《釋訓》，鈐鍵會其歸。夫小同承業，僅傳《鄭志》之編；汶長詁文，第綴許冲之奏。以古方今，彼或恧焉。蓋扶輿清淑之氣，鬱積而舒華；國家洪罶之庥，醖釀而毓哲。是以樸學之盛，鍾於喬木之家；經術之昌，喻於若華之曜。今天子臨雍講學，玉振金聲。虵珠之握，士勵九能；龍燭之光，人師一老。見岱華而罔阜皆思崇壤，游溟渤而涔滴亦勉朝宗。然則先生爲後世廣網羅，即爲當代揚黼黻也。某等綴此小言，示於志學，俾知七十子之服孔子，原無阿好之談；且知八千歲以爲春秋，實有自操之券也云爾。

【説明】

《壽叙》載郭尚先《郭大理遺稿》卷六《文四》。據「我夫子所著《經義述聞》及《釋詞》二書」、「某等」諸語，應是郭尚先替王引之衆弟子代筆，時間在道光三年癸酉三月。「歲在昭陽，律中姑洗」。

【校注】

〔一〕郭尚先，字蘭石，福建莆田人。嘉慶年間進士，官至大理寺卿、禮部侍郎，擅書畫。《郭大理遺稿》外，尚有《增默庵遺集》等。

## 《經傳釋詞》書後

胡培翬

《爾雅》一書多言轉注〔一〕。有數字共一義、數十字共一義者，如《釋詁》自「宏」、「廓」至「業」、「席」三十九字俱訓「大」是也。所以明其異字同用也。然亦有一字具數義者〔二〕。如「猷」字訓爲「謀」，而又訓「言」、訓「已」、訓「圖」、訓「若」、訓「可」。「續」字訓爲「繼」，而又訓「事」、訓「業」、訓「功」、訓「成」。「基」字訓爲「始」，而又訓「謀」、訓「經」、訓「設」。「將」字訓爲「大」，而又訓「送」、訓「資」、訓「齊」。「康」字訓爲「樂」，而又訓「静」、訓「安」、訓「苛」。「懷」字訓爲「至」，而又訓「思」、訓「止」、訓「來」。「烝」字訓爲「君」，而又訓「進」、訓「衆」。「假」字訓爲「大」，而又訓「陞」、訓「嘉」。「儀」字訓爲「善」，而又訓「匹」、訓「榦」。皆以明其同字異用。至於「遹」、「遵」、「率」、「循」、「由」、「從」訓爲「自」，而「遹」、「遵」、「率」又爲「循」；「粤」、「于」、「爰」訓爲「曰」，而「爰」、「粤」又爲「于」，「爰」、「粤」、「于」、「那」、「都」、「繇」又爲「於」；「詔」、「亮」、「左」、「右」、「相」訓爲「導」，而「詔」、「相」、「導」、「左」、「右」、「助」又爲「勴」，「亮」、「尚」、「介」又爲「右」，「左」、「右」又爲「亮」。若此者，多以義近而輾轉相訓。蓋於異字同用之中復别其同字異用，亦云詳矣。顧其所釋俱係字之實義，而如「粤」、「于」、「爰」、「曰」之釋語詞者不多見焉。當時口語相傳，詞氣之間助語之字同讀異用，異讀同用，人所共曉，無庸縷述。迨至後世，古音漸失，則有蔽於習聞，拘於實義，而不得其解者矣。吾師王伯申先生，恐人之昧於此而經義動多扞格也，於是撰《經傳釋詞》一書，專取語詞虚字釋之。所釋共一百六十字，分爲十卷。如「來」爲往來之義，人習知之，而不知「來」又爲語助詞。「薄」爲厚薄之義，人習知之，而不知「薄」又爲發語詞。「爲」爲造作之義，人習知之，而不知其通於「曰」，通於「以」，通於「用」，通於「與」，通於「使」。按：此畧舉以例其餘，其全書訓釋尤詳，後倣此。「云」爲言語之義，人習知之，而不知其通於「是」，通於「有」，通於

「如」，通於「或」，通於「然」。又如「焉」爲語已之詞，而義又訓「安」，訓「何」，訓「乎」，訓「於」，訓「是」，訓「乃」，訓「則」，並訓爲狀事詞、比事詞。「且」爲發語之詞，而義又訓「將」，訓「尚」，訓「又」，訓「抑」，訓「借」，訓「若」，訓「此」，並訓爲未定詞、更端詞。「以」，用也，而義又訓「由」，訓「爲」，訓「與」，訓「及」。「是」，此也，而義又訓「寔」，訓「則」，訓「夫」，訓「祇」。苟不知「來」之爲語助，「薄」之爲發聲，「爲」與「云」之通爲語詞，而皆以實義解之，則於文理必多所窒塞矣。不知語詞之「焉」與「且」與「以」與「是」之類，一字具有數用，而或執一以解之，則通於此必不通於彼矣。是書條分縷析，於虚字之一字或數用，或十數用者，罔不備列，綜括靡遺。至於「則」爲承上起下之詞，而「載」亦訓「則」，「乃」亦訓「則」，「而」亦訓「則」，「如」亦訓「則」。「也」爲窮上成文之詞，而「矣」亦訓「也」，「者」亦訓「也」，「邪」俗作耶。亦訓「也」，「焉」亦訓「也」。「抑」爲轉詞，而字或作「意」，或作「噫」，或作「億」，或作「懿」。「嘻」爲歎詞，而字或作「譆」，或作「唉」，或作「誒」，或作「熙」。不憚詳悉指示，則轉注、假借之義亦具於其中，非博綜乎周、秦、兩漢之書，洞悉乎聲音、文字、訓詁之原，豈易爲此？信乎其爲千百年來絶無僅有之作也。吾師自弱冠後，究心《爾雅》、《説文》、顧氏《音學五書》者有年，得其要領。既而侍石臞太夫子於京邸，聆承庭訓，貫通衆説，益得指歸。厥後師友一堂，凡有著作，互相考覈，石臞公著《廣雅疏證》二十卷、《讀書雜志》八十四卷，多附吾師之説。吾師所著書，亦多載石臞公之説。故其論撰極精。近吾師爲武英殿總裁，奉旨重刊《康熙字典》，校正原書傳寫之誤，撰《字典考證》十二册，以佐盛朝同文之治。而其所著《經義述聞》久已傳布藝林，海内宗仰。是書專釋語詞虚字，闢前古未有之涂徑，薈萃衆解，津逮後人，足補《爾雅》之闕。學者誠能即是書熟復而詳考之，則於經義必無扞格。而讀史，讀子，讀古書，無不迎刃以解矣。其功不與《爾雅》並傳也哉？受業胡培翬敬識。

【説明】

文載《研六室文鈔》卷七，作於道光十一年辛卯。

【校注】

〔一〕王氏父子指轉注爲數字共一義，與戴震、段玉裁略同，故胡氏承其説。

〔二〕文中所舉各例，見《經傳釋詞》、《爾雅·釋詁》上、下。

## 題《經傳釋詞》

汪憙孫

印林爲文簡公督學山東時所取士。文簡爲武英殿總裁，印林充校録，以謂異於常人。印林得文簡師法，訓詁謹嚴，校讎緻密，人尤淵雅，氣誼直似古人。道光十五年從印林獲借此册，於時文簡墓木已拱，覽此憮然。謹志數行卷首。八月八日，憙孫。

獻唐案：汪氏此跋，在《釋詞》目録後頁。「以謂」，「謂」字疑爲「爲」字之訛。書中間有印林校簽，多爲字畫訛誤之改正。兹不具録。十九年九月十八日上午。

【説明】

汪氏題識，録自王獻唐《顧黄書寮雜録》，汪氏作於道光十五年八月八日。

## 《經傳釋詞》跋

錢熙祚〔一〕

高郵王文簡公承其家學，所著《經義述聞》，博考羣書，辨析經旨，審定句讀，譌字、羨文、脱簡，往往以經證經，涣然冰釋，精確處殆非魏、晉以來儒者所及。《經傳釋詞》則與《述聞》相輔而行者也。

夫讀書者，必先通其語言，然後得其義理。然而古今異語，彼此殊塗，言非一端，各有所當。説經之家，各執己見，遇所不通，或强古人以就我，毋怪乎積世愈久而古義愈湮矣。是編舉古人助語之辭，分字標目，歷引九經、三傳，以及周、秦、西漢之書，引伸觸類，務以推明隱義。

其例類大略有六：一曰常語，如「與」，及也；「以」，用也之類是也。一曰語助，如《左傳》「其與不然乎」，《國語》「何辭之與有」，「與」字無意義之類是也。一曰歎詞，如《書》「已予惟小子」，《詩》「猗嗟昌兮」，「已」、「猗」皆歎聲之類是也。一曰發聲，如《易》「於稽其類」，《書》「於予擊石拊石」，「於」字亦無意義之類是也。一曰通用，如「粵」之通「越」，「員」之同「云」之類是也。一曰別義，如「與」爲「及」，又爲「以」、爲「爲」、爲「爲」、去聲。爲「謂」、爲「如」；「以」爲「用」、爲「由」，又爲「謂」、爲「與」、爲「及」、爲「而」之類是也。

其釋詞之法亦有六：有舉同文以互證者，如據《隱六年左傳》「晉、鄭焉依」，《周語》作「晉、鄭是依」，證「焉」之猶「是」；據《莊二十八年左傳》「則可以威民而懼戎」，《晉語》作「乃可以威民而懼戎」，證「乃」之猶「則」。有舉兩文以比例者，如據《趙策》「與秦城何如不與」，以證《齊策》「救趙孰與勿救」，「孰與」之猶「何如」。有因互文而知其同訓者，如據《檀弓》「古者冠縮縫，今也衡縫」，《孟子》「無不知愛其親者，無不知敬其兄也」，證「也」之猶「者」。有即別本以見例者，如據《莊子》「莫然有間」，《釋文》本亦作「爲間」，證「爲」之猶「有」。有因古注以互推者，如據《宣六年公羊傳》何注「焉者於也」，證《孟子》「人莫大焉無親戚君臣上下」之「焉」亦當訓「於」；據《孟子》「將爲君子焉，將爲小人焉」趙注「爲，有也」，證《左傳》「何福之爲」、「何臣之爲」、「何衞之爲」、「何國之爲」、「何免之爲」，諸「爲」字皆當訓「有」。有采後人所引以相證者，如據《莊子》引《老子》「故貴以身於天下，則可以託天下；愛以身於天下，則可以寄天下」，證「於」之猶「爲」；據顔師古引「鄙夫可以事君與哉」，李善引「鄙夫不可以事君」，證《論語》「與」之當訓「以」。凡此旁通曲盡，皆卓有依據，非宋、明諸儒師心自用、妄改古書者比也。雖間有武斷，而大體淹貫，不失爲讀經之總龜。好學深思之士，得是書而益推明之，其於經義或匙至於詰籥難通也哉！

原本行世頗少，惟一刻於《皇清經解》，故爲重校付梓。《述聞》則行本稍廣，卷帙亦繁，姑從割愛焉。

辛丑季夏，錢熙祚錫之甫識〔一〕。

【説明】

《跋》載守山閣本《經傳釋詞》後，作於道光二十一年辛丑季夏。

【校注】

〔一〕錢熙祚，字雪枝，又字錫之，金山今屬上海市。人，知名校勘學家，刊有守山閣叢書等，世稱善本。

## 《爾雅義疏》跋 己酉

陳奐

郝蘭臯先生己未中進士，僻處京之東偏，杜門不與外政，雖僮僕不具，弗顧也。道光壬午歲，奂館汪户部孟慈喜筍家。先生挾所著《爾雅疏》稿徑來館中，以自道其治經之難：「漏下四鼓者四十年，常與老妻焚香對坐，參徵異同得失，論不合，輒反目不止。草木蟲魚多出親驗，訓詁必通聲音。余則疏於聲音，子盍爲我訂之？」奂時將南歸，不敢諾。丙戌，猶子兆熊殁於官。再入都，而先生古矣。高郵王先生，爲先生通訂全書，删削之甚，至數十字數十句，不更增易其字句。〔一〕越今廿有餘載矣。戊申，在杭州汪守備鐵樵士驤家重見王先生所手定之本。歲暮歸吴門，適應陸立夫制軍召，委任校讎之役，遂與公子東漁影寫原稿，細意對治。全書大旨，悉依王先生定本。制軍好尚治經，道揚先喆，嘉惠來賢，迺亟亟首以先生《爾雅疏》重修專刊，爲家塾課讀，斯足慰先生四十餘年之攻苦，奂亦得藉手以報先生昔日諄訂之情，懽欣舞蹈，遂奮筆而志其顛末也。

【説明】

《跋》載陳奂《三百堂集》卷上，陳奂作於道光二十九年己酉。

【校注】

〔一〕嘉慶二十二年丁丑，王念孫爲郝懿行點閱、刊正《爾雅義疏》，并寄阮文達刊行。互見本書甲編《〈爾雅郝注〉刊誤》。

# 江氏音學跋

王國維

余曩讀段懋堂先生《經韻樓集》，見有江氏《音學序》及《與江晉三論韻書》，知嘉、道間言古韻者，有歙縣江氏一家。嗣讀當塗夏心伯炘《詩古韻表廿二部集説》〔一〕，以江氏殿顧、江、段、王四家後，舉其説畧備。客游南北，求江氏書未得也。丙辰春，始於嘉興沈氏海日樓見之，乃咸豐壬子重刊本。其已刊者，爲《詩經韻讀》、前有諸家書牘及《古音廿一部目》、《古音總論》即其書之叙録。《羣經韻讀》、《楚辭韻讀》、附《宋賦韻讀》。《先秦韻讀》、《唐韻四聲正》、《諧聲表》、《入聲表》、《等韻叢説》，凡八種。而《隸書糾繆》一種，則重刊時所附也。亟假歸讀之，并取其《叙録》及《諧聲表》、《入聲表》、《唐韻四聲正》四種，先後刊入《學術叢編》。校理未竟，乃兩見原刊本於滬肆，亟購致之，自留其一，以其一寄羅叔言參事於海外。原刊二本總目不同，而種數無異，其每種封面皆署刊書之年，始知其書刊行始於嘉慶甲戌，《詩經（讀）韻〔讀〕》。畢於道光辛卯。《諧聲表》、《入聲表》、《等韻叢説》。越十五年丙午而板燬於火，逮咸豐壬子重刊，則不數載而徽州被兵，其板再燬，宜其傳世之希如是也。江君古韻分部，與高郵王懷祖先生尤近。去入之「祭」與入聲之「葉、緝」各自爲部，全與王君同。惟王君於

「脂」部中分出「至、質」爲一部，而江君不分。江君從曲阜孔氏説，分「東」、「冬」爲二部，而王君不分〔二〕。故兩家韻目皆廿一部。王君於古韻亦有專書，成書略與段君同時。其所定部目，當乾隆己亥已與段君言之。然其書迄未刊布。至其子伯申尚書撰《經義述聞》，始載懷祖先生《與李許齋方伯書》及《古韻廿一部目》。《述聞》成於嘉慶廿一年，次年盧氏宣旬刊之南昌。而江君書成於嘉慶十七年，段君致江君書在是年七月，作序在十月。刊於十九年，反在王君之前。王君於道光四年三月復江君書，始以所撰《與李方伯書》及《古韻目》詒之。是江君以前未聞王説，而兩家所造若合符節。猶其脂、祭之分合於戴氏，屋、沃之分合於孔氏，其時亦未見戴、孔二家書也。烏虖，我朝學術莫盛於乾嘉之際。當戴東原與江慎修撰《古韻標準》，在乾隆一二十年間，至丁亥乾隆三十二年。而段君之《六書音韻表》成，戴君因之於癸巳三十七年。分古音爲七類，於丙申四十一年。更分爲九類。孔氏《詩聲類》即繼之而出。王君著書與戴、段同時，而其書未布。江君生諸老後，其於諸家之書有見有不見，而其説多與之闇合，或加精焉。前後數十年間，古韻之學遂以大成。而江君自奮於窮鄉孤學，其事尤難。今諸家之書盛行，而江書板經再燬，傳世無多，其未刊之稿又皆燬於丙午之火，亦有幸不幸歟！江君名有誥，字晉三，歙縣人，貢生，卒於咸豐辛亥。丁巳九月記。

【説明】

《跋》原載王國維《觀堂集林》，寫於咸豐七年丁巳九月。此《跋》比較王念孫、江晉三古韻分部異同。

【校注】

〔一〕夏心伯：夏炘，字心伯，安徽當塗人。《詩古韻表廿二部集説》有道光十三年刻本，今收入《續修四庫全書》。夏炘另有《六書轉注説》二卷。

〔二〕王念孫先有古韻二十一部説，後來有兩次修正：第一次是在讀到段氏《六書音均表》後，改「至」、「祭」爲「質」、「月」；第二次是讀到孔廣森《詩聲類》後，從「東」部中分出「冬」部，最終形成古韻二十二部説。詳見舒懷《高郵王氏父子學術初探》第五章。

## 王石臞先生遺文序 刊本無

夏崑林

鄉賢石臞王先生，克紹名父，復生名子。聲音文字之學，精博淹通，衣被天下，巍然一代儒宗。崑林獲從次君寬甫游〔一〕，每言先生僦居京邸，屏絶人事，鍵户日手一編，探賾索隱，觀其會通。有以語言文字求者，雖至交，亦不輕應。蓋不欲以文人傳，並不欲以經師學人傳也。今歲六月，令曾孫少蘧、露坡昆仲搜録先生遺文一帙〔二〕，以校字見屬。崑林受而讀之，卷首一篇，即睿廟《初陳勦賊事宜疏》，詳明愷切，何異古名臣奏議。其詳論直隸山東河道諸説，相度機宜，準今酌古，即起潘、劉而與之論定，恐亦不過如是。此先生經濟之大者也。其他與友人書叙諸篇，積之厚而取之精，即一字一義，亦皆本其所學，以見之于文。乃知其不欲以文傳者，非不爲文也，不苟爲文也；其不欲以文廢學者，非恐文之掩學也，正欲即文以見學也。後之讀是編者，即先生之文，以求先生之學；更即先生之學，以見先生之經濟，則先生豈僅以文人傳哉？又豈僅以經師學人傳哉？崑林與先生家，世聯世誼，申以婚媾。景仰前徽，追陪來哲，附名驥尾，滋愧益深。最後數葉，舊署曰《丁亥詩鈔》，乃先生少作，後恐世僅目爲詩人而悔不爲者。然即此已超逸若是，則先生之所以卓越古今者，不于此句想見哉？咸豐丙辰季夏，邑後學夏崑林拜手謹識。

【説明】

《王石臞先生遺文》，王念孫之曾孫王恩沛、王彦和之子。王恩湛又名恩泰，王壽昌之子。輯，六卷，見《高郵王氏家集》。此《序》載《遺文》卷首，寫於咸豐六年。

【校注】

〔一〕王念孫次子王敬之，字仲恪，號寬甫，一號枕善，晚號可翁。有《三十六湖漁唱集》三卷、《漁唱稿》一卷、《宜略識字齋雜著》九卷、《小言集》。

恩湛。

〔二〕少蘧、露坡，疑即王彦和字子美，號慕蘧，王引之出。之子恩沛、王壽昌字子仁，號曉齊，王引之出。之子

## 王石臞先生遺文編次序

陳奐

奐憶嘉慶十七年壬申冬，金壇段若膺先生令校《説文注》十五卷，館宿枝園，願留而受業於門。段先生曰：「余之治《説文》也，以字攷經，以經攷字，大指本徽郡戴氏。」高郵王石臞先生淵源同出乎戴，故論學若合符節。其時王先生已罷官，鍵户京邸，日以箸述自娱。蓋兩先生之所學合，而其出處略同，郵筒往復中，奐之名蚤聞知王先生矣。奐宿枝園二年，二十三年戊寅春，之山東東平顧竹海外舅氏官舍。是秋，入都就謁王先生旃壇寺左側，閽人爲先生不出見也，拒不納，强之以名通，閽人走告，曰出見矣。先生時有骹疢之疾，侍者扶以行。命無揖，且曰：「余不見客十七年矣。南方學者來，固未嘗不喜見學者也。」甫入坐，切問以用功之造指與立志之趨向。奐因言：「大毛公生六國末，作《詩傳》，皆古文，與東漢羣儒殊。丁叔度雖宋人，而《集韵》爲音詁大總匯。此二書者，終身誦之可乎？」先生曰：「凡學者箸書，必於所託者尊，或逕後人不能諟正，則董理之。日定以課

程，底有成而止。《集韻》具載《類篇》，始以《類篇》校《集韵》，更以《説文解字》、《經典釋文》、《玉篇》、《廣韵》一一校訖，舉韵内誤收之字表而出之，辨學者之惑。至于考證典籍，俟他年爲之。則發端已得，而成功較易。然必讀經十年，校經十年，始可與言箸書也。余終壽考。今子聞道蚤，年力强，先治毛公《詩傳》，是其所託者尊，而后治《集韵》未爲晚也，之欲董理《集韵》久矣，《廣雅疏證》成，日月已邁。段先生亦常思修之，《説文注》刊行而獲吾儒之幸也。」〔二〕坐久之，辭而出，送及衚衕口外，曰：「余癃病不答拜，明日遣兒子答拜也。」既而奂歸南，先生每念不忘，精整端楷寫示《毛傳》、《集韵》各三則，幾千百言，遂裝成長卷，尊奉圭臬。年八十，爲撰句，云「代推小學有達人，天假大儒以長日」十四字，稱先生壽，句當意。後仲孫彦和題長卷，猶憶前事，而以達人大儒轉相勉勗。先生于道光十二年壬辰卒，年八十有九。奂之疏《詩傳》也，揉成在庚子，雕成在丁未，不逮親炙，謭陋多慚。又復從事四方，莫或皇處。歲已垂暮，命亦終窮。《集韵》一書託諸空語，撫躬多負負爾。先生所箸《廣雅疏證》早刻，其《讀書雜志》十種，《管》、《荀》曾屬奂校宋本《荀》書，中閒附臆説，采入《雜志》中，晚成末二卷，殁後刻。今令曾孫恩沛、恩泰捋集遺文，訂成六卷，授之梓氏。奂姑就先生所以諄諄教誨者謹述之，無忘稔也。抑聞之先生官運河道時，見官不設客位，送客不出門閾。外舅爲其屬吏，以爲拓大無如此者。奂曰：我外舅氏固夙知河道，講説南北兩運利害之故，審汶水高下之形，度微山泄蓄之勢，考古證今，可抵掌談者。當年有以屬吏如顧某者告諸王先生，王先生且折節下交矣。近自濡次工寮不諳古今興廢沿革，一行作吏，共尚奔競，長官昧乎治河之策，外貌協恭，内懷猥鄙，通餽獻之，路張侈靡之門，清厲之風于焉消歇。聞王先生之操持，當亦爽然自失矣。咸豐七年丁巳春月，親炙學者陳奂謹序。

【説明】

《序》原載《王石臞先生遺文》《高郵王氏遺書》内。卷首，撰於咸豐七年春月。

【校注】

〔一〕劉盼遂先生將王念孫此語採入《高郵王氏治學切要語》。劉本《年譜》後。

## 識《博雅音》後

王樹枏〔一〕

其書亦間有訂正未審之處。如《釋詁》：「乎，極也。」「乎」與「呼」通。《禮記·檀弓》：「曾子聞之，瞿然曰：呼！」鄭注云：「虚憊之聲。」然則「呼」爲困極，不必改爲「卒」。「杲，信也。」《説文》「杲」訓爲「明」，「明」即有信誼。《呂覽·禁塞》篇「以信其事」，《淮南·氾論》

篇「乃始信于異衆也」，高誘注俱云：「信，明也。」則「杲」不必改爲「果」。「宊，好也。」宊者，窔之俗字。《集韻》「窔」或作「窈」，窔、窈蓋一字，猶媱之與嬥也。《説文》：「〔窅〕窔（窅幽），深也。」「窈，深遠也。」凡幽深者皆有静好之意，故釋《詩·關雎》「窈窕淑女」者，兩誼兼取之，則「宊」不必改爲「妖」。「矣，止也。」《説文》：「矣，語已詞也。」「矣」爲决絶之辭，語之住句，故曰止，通作「已」，則「矣」不必改爲「誒」。「叢，遽也。」叢、族雙聲字。《書大傳》：「卿雲藂藂。」注云：「藂或爲族。」族、湊同音，曹憲作音時讀「叢」爲「族」，故音七候反。本書「族，湊也。」《白虎通》：「族者湊也。」皆同音字爲訓。《漢書·律曆志》「太族」之「族」，讀千候切，音湊，尤其證。則「叢」下不宜增「湊」字。「㱗殐𣩘𣩀𣩵，歺也。」「歺」即「死」字之脱譌，諸書無訓「歺」爲「𣦵」者，宜改「歺」爲「𣦵」，不宜于「歺」下增「𣦵」字。

**【説明】**

文載王樹枏《陶廬文集》。據原注，此識語作於光緒十三年花朝前一日。王念孫校改各條，又見《廣雅疏證》。

**【校注】**

〔一〕王樹枏，字晉卿，號陶廬，河北新城人。光緒二年舉人，有《新疆圖志》一百一十六卷、《爾雅説詩》二十卷、《爾雅郭注佚存補訂》二十卷等。

# 昭代經師手簡初編序目

羅振玉

古人尺牘，弔喪问疾爲多，其千里遙書，從容问學，求之古昔，未嘗遘也。予好藏前賢墨迹，尤喜聚手札，以爲不啻親接几席，而聆話言也。有但有以來简尺知好往還，或爲人關説，或敷陈瑣事，故其迹則可珍，其事鮮有可傳遺者，予恒以爲病。此十二家尺牘，都廿有六通，皆高郵王石臞先生同志所貽書也。其人皆儒林之彦，其事皆商量學術，言皆馴雅，有裨來學。諸書之中，如庸夫先生論當世學術〔一〕，經術則程、戴〔二〕，史學則錢、邵〔三〕，小學則段、王，而以文章自許，品藻諸賢，洵爲精當。茂堂先生自述《説文解字注》，阮公爲刊一卷，石臞先生所贈四十金，乃至遂作它用，其晚年境遇，清貧可知。而當世傳説，謂先生罷宰玉屏，履境豐豫，故得歸老吴中，優游晚歲。驗之手牘，知其不然。季仇先生駢儷文字〔四〕，根桀齊梁，當時之士，莫與抗手，而考證之事多疏，惟所著《尚書古今文注疏》完密有條理，與它著不同。今觀其手札，言欲邀宋定之疏《尚書》〔五〕，知注疏之作，實出宋手。庸夫先生初入《國史・文苑傳》，孟慈觀察请之石臞先生〔六〕，爲言之於阮文達公，得改入《儒林》。觀察學術不能承家，而此舉則釐然有當。凡是之類，並資多闻。此諸简牘，石臞先生後人丹銘太守藏之有年〔七〕，吾友王靜安徵君見之，移書見告，乃假而付諸影印，傳之藝林。丹銘遭遇國變，以黄冠歸里，（嚼）〔皭〕然于濁亂之世，《詩》所謂「繩其祖武」，「無忝〔爾〕所生」者〔八〕，太守有焉。太守所藏尚有諸家致王文简書，已從太守借付寫真，當继此印行，以傳當世。戊午七月，上虞羅振玉書。

目如下：

汪容夫先生中一通　錢竹汀先生大昕一通

段茂堂先生玉裁六通　劉端臨先生台拱二通

朱武曹先生彬六通　孔顨軒先生廣森一通

盧召弓先生弨一通　丁道久先生履恒一通

臧用中先生庸二通　孫伯淵先生星衍二通

陳仲魚先生鱣一通　汪孟慈先生喜孫二通

## 昭代經師手簡二編序目

羅振玉

予既影印乾、嘉间諸儒致王石臞先生手简，又從丹銘太守叚嘉、道间諸儒致文简公手簡，得十有六家，四十有三通，亦皆討論學術，無及它事者。當嘉、道之際，江、戴、汪、錢諸先生既先謝，茂堂、石臞、易疇三先生雖健在，然已篤老；文簡巍然爲海内大師，寓内學者之所拱。向雖阮文達公以座主之尊，而語及學術，亦但有遜服而已。册中諸簡，其有關史事者，如吾鄉王蘭陔中丞〔九〕，以李許齋方伯之獄被黜；讞是獄者，實爲文簡。今觀蘭陔先生致文簡書，作於歸田以後，情好敦洽，其虚心請益，不異弟子之請業於函丈。因蘭陔先生之虚衷宏量，益見文簡之至公無私。盖闽獄之興，實由汪稼门制府〔一〇〕。稼门堅愎忮刻，其不能受同寮之規正，可知中丞必諫而不見聽，卒至爲人分過，而絶無怨尤。文简之于中丞，亦不以夙好而屈法，兩先生皆古之人也。往者，李文忠公作王中丞《説文段注訂補序》〔一一〕，謂李爲嘉定錢詹事弟子，按是獄者爲高郵王文簡，陰成是獄者爲金匱孫文靖，三公同州部，又皆小學家也，而中丞竟坐是不復出。意盖爲中丞湔雪，而未免淺之乎測兩先生矣。陳左海手札中，盛稱吴荷屋先生之治績〔一二〕。荷屋先生所至，倡導學術，有朱、阮風，世皆知之。而勵精持正，釐弊安民，則於左海先生書牘知之。此諸简者，當備異日史官之采。至若《字林考逸》校于庸堂，端臨遺書成于朱氏。又如闽中績學之士，因左海簡牘，得傳其名字；海東之書舫，因孟慈之札，知其嘗至吴下。凡是之類，並資多闻。影印既畢，序而傳之。闻華陽王雪澄方伯藏王文簡公手简〔一三〕，異日當叚付景印，倘亦宇内人士所欲快睹乎！戊午九月，上虞羅振玉書于海東寓居之雪堂。

目如左：

| | | |
|---|---|---|
| 朱先生彬二通 | 孫觀察星衍五通 | 王中丞紹蘭二通 |
| 張太守敦仁二通 | 焦先生循二通 | 臧先生庸一通 |
| 阮文達公元八通 | 陳先生壽祺七通 | 許先生宗彦一通 |
| 莊先生述祖一通 | 郝先生懿行一通 | 宋先生翔鳳一通 |
| 嚴先生杰一通 | 顧先生千里四通 | 陳先生奂四通 |
| 汪觀察喜孫一通 | | |

【説明】

《手簡》初編、二編序目分別成於戊午年七月、九月，戊午即民國七年，公元一九一八年。

【校注】

〔一〕庸夫：汪中，字容甫。《目》下作「容夫」，《序》作「庸夫」，未聞。

〔二〕程、戴：程瑶田、戴震。

〔三〕錢、邵：錢大昕、邵晉涵。

〔四〕季仇：孫星衍，號季逑。逑，一作「讎」，又作「仇」，字並同。

〔五〕宋定之：宋保，字定之。

〔六〕孟慈：汪喜孫，字孟慈。

〔七〕丹銘太守，疑爲王引之之曾孫王植忠，曾任江西九江府同知。

〔八〕引《詩》見《大雅·下武》及《小雅·小宛》。

〔九〕王蘭陔：王紹蘭，號南陔。

〔一〇〕汪稼門：汪志伊，字稼門，安徽桐城人。官至兩湖總督。

〔一一〕李文忠公：李鴻章，謚文忠。

〔一二〕王雪澄：王秉恩，字息存，又作雪岑、雪澄、雪丞、雪城，號茶龕，華陽今四川雙流。人。清末藏書家、書法家，著有《養雲館詩存》。

## 高郵王氏遺書目録後記

羅振玉

往在海東作《金壇段茂堂先生年譜》，讀《蘇州府志》，知王石臞先生曾撰茂堂先生墓誌，因求石臞先生文集，不可得。戊午返國，賑京畿水災，復求之於春明寶瑞臣宫保熙，爲言文簡父子未刻稿甚多，藏於某氏。欲就觀，未果，僅得石臞先生《羣經字類》手稿一卷，亟影印以傳之。及返國寓居津沽，壬戌秋，金息侯少府梁始爲介紹於藏文簡父子手稿之江君，購得叢稿一箱，亟求茂堂先生墓誌，仍不可得也。因將石臞先生及文簡遺文編録，共得八卷。已而，友人以《王氏家集》刊本見假，則刊於咸豐末年。取校新緝本，則互有出入。因重爲釐定，付諸手民。其石臞先生遺著可整理繕寫者，得三種，復編録其家狀誌傳，成書六卷，因匯印爲《王氏遺書》。其他未寫定之遺稿，以韻書爲多，異日當陸續刊布。世之治高郵王氏學者，倘亦樂觀厥成乎！乙丑十月六日，上虞羅振玉記。

【説明】

此記原載《高郵王氏遺書》卷首。乙丑年即民國十四年，公元一九二五年。

## 高郵王懷祖先生訓詁音韻書稿叙録

王國維

**《雅詁表》二十一册**

手稿，無書題。取《爾雅》、《方言》、《廣雅》、《小爾雅》四書詁訓，以建首字即所用以訓釋之字。爲經，而以古韻二十一部分列所釋之字以緯之。其建首字亦各分爲二十一部，故共爲二十一表。每表又分二十一格，如《爾雅·釋詁》：「初、哉、首、基、肇、祖、元、胎、俶、落、權輿，始也。」「始」爲建首字，在王氏古音第十七部。故此條入第十七表，而所釋之字，則元、權二字在第九部，哉、基、胎之字在第十七部，初、祖、落、輿四字在第十八部，首、俶二字在第二十部，肇字在第二十一部。故此諸字亦各分別入第九、第十七、第十八、第二十、第二十一諸格。而權輿二字爲聯緜字，不可分剖，則於第九格大書「權」字，而注「輿」字於其下；第十八格則小書「權」字，大書「輿」字。其《方言》、《廣雅》中諸訓始之字，亦各以其部列入。如是，諸書中訓始之字三十有一，盡在一覽中，而其聲義相通之故，亦從可識矣。昔戴東原先生作《轉語二十章》，其書不傳，惟有一《序》在集中。先生此表，頗與戴君書類。惟戴君書以字母列字，先生以韻列字，此事全異。然欲以通聲音詁訓之郵，則所同也。原稿書《爾雅》以黑字，《方言》以朱字，《廣雅》以緑字。然全書亦不盡用此例，而所列《爾雅》諸書之字，核以原書，亦尚未盡。蓋尚非寫定之本也。

《雅詁表》一册

以《爾雅》建首字爲次，乃前書之初稿。

《爾雅分韻》四册〔一〕

《〈方言〉〈廣雅〉〈小爾雅〉分韻》一册〔二〕

前四册正書，後一册小字行書，皆《雅詁表》之長編。

《古音義雜記》三十一葉散片

雜記古書中文字音義異同，草書。

《釋大》七篇二册〔三〕

正書清稿。取字之有大義者，依所隸之字母彙而釋之，并自爲之注。存見、谿、羣、疑、影、喻、曉七母，凡七篇，篇分上下。余從雜稿中蒐得匣母一篇，草書初稿，録附卷末，并爲八篇。據第四篇「岸」字注云：「説見第十八篇『洒』字下。」又第三篇「䇹」字注云：「物之大者皆以牛馬稱之，説見第二十三篇。」是先生此書署已竣事，惜遺稿中已不可見矣。案：唐宋以來，相傳字母凡三十有六，古音則舌頭舌上、邪齒正齒、輕脣重脣并無差別，故得二十三母，先生此書亦當有二十三篇。其前八篇爲牙、喉八母，而「洒」字在第十八篇，「馬」字在第二十三篇，則此書自十五篇至十九篇當釋齒音精、清、從、心、邪五母之字，自二十篇至二十三篇當釋邦、滂、并、明四母之字。然則第九至第十四六篇，其釋來、日、端、透、定、泥六母字無疑也。今存首七篇，視全書不及三分之一。又觀先生遺稿，似尚欲爲《釋始》、《釋君》諸篇而未就者，殊不無俄空之憾。然雅詁之繁，固不能一一爲之疏釋。先生蓋特取《爾雅》首數目釋之，以示聲義相通之理，使學者推而用之而已。然則此書苟完，《釋始》、《釋君》諸篇苟存，亦不過示後人以治詁訓之矩矱。而此殘篇足以爲後人矩矱者，固亦與完書無以異。蓋大家之書，足以啓迪來學者，固不以完闕異也。

《雅詁雜纂》一册

雜纂雅詁中同義同母之字而疏釋之，以字母分類，存見母四十一條，匣母一條，精母一條。

《疊韻轉語》〔四〕散片

有書題，雜記聯緜字。以字母二字爲之綱，如「具區」二字入見谿部，「扶疏」、「夫須」、「扶蘇」、「扶胥」諸字入并心部。所記寥寥，亦無解説。

《〈詩經〉、羣經、〈楚辭〉韻譜》七本〔五〕

《西漢韻譜》十七册

《周秦韻譜》一册

《〈詩經〉、羣經、〈楚辭〉合韻譜》三册〔六〕

《周秦合韻譜》三册

《西漢合韻譜》十七册

《諧聲譜》二册〔七〕

《古音義索隱》散片

右諸韻譜，但摘經典中韻字書之，而於同韻合韻之字，旁加記識，與金壇段氏《六書音韻表》例同，多完具可繕寫。惟《周秦合韻譜》中采《穆天子傳》、《逸周書》、《戰國策》諸書，《西漢合韻譜》中采《尚書大傳》、《韓詩外傳》、《春秋繁露》諸書，而正韻譜中無之，蓋尚闕一二册也。《諧聲譜》者，以二十一部譜説文字，當時已有成書，今惟存殘稿，録《説文》第一篇字，以下未録。《古音義索隱》多論合韻，與三種合韻譜相表裏，草書叢雜，尚待編理。

案：國朝治古韻者，始於崑山顧君。至婺源江君、休寧戴君、金壇段君，而剖析益精。至先生與曲阜孔君出，而此學乃大備。先生分古音爲無入、有入二大類，與戴、孔二君同，而不用其異平同入及陰陽對轉之説。其分支、脂、之爲三，尤、侯爲二，真、諄爲二，與段君同。又以尤之入聲之半屬侯，與孔君同。而增至、祭二部，則又爲段、孔二君之所未及。顧五此六家之於古韻，雖先後疏密不同，其説亦不能强合，然其爲百世不祧之宗則一也。顧五家之書先後行世，獨先生説，學者謹從《經義述聞》卷三十一所載《古音二十一部表》窺其崖畧。今遺稿粲然出於百年之後，亦可謂學者之幸矣。先生於戴君爲弟子，於段、孔二君爲同門。然其分别韻部，畧與段君同時，又在戴、孔二君之前。先生《與江晉三書》云「年二十三入都會試，得江氏《古韻標準》讀之，始知顧氏所分十部尚有罅漏。旋里後，取《三百五篇》反覆尋繹，始知江氏之書仍未盡善。輒以己意重加編次，分古韻爲二十一部。及服官後，始得亡友段君《六書音韻表》，見其分支、脂、之爲三，尤、侯爲二，真、諄爲二，皆與鄙意若合符節，惟入聲之分合及分配平上去與念孫多有不合」云云。考先生會試旋里，始治古韻，在乾隆三十一年。段君書成在三十五年，先生始服官見段君書在四十年，戴君九部之分又在四十一年。然則先生二十一部之分，稍後於段君，而先於戴君。三君者皆得之於己，不相爲謀，而其説之大同如此，所謂閉户造車、出而合轍者歟！然先生諸譜，與段書體例畧同，殆分部在先，成書在後歟？抑其體裁又自闇合歟？而先生之精密，要在戴、段二家上也。世人或以先生書本於戴、段者，故附論之。

先生諸韻譜中，最切要者，爲《説文諧聲譜》。先生恒舉以示人，《致李許齋方伯書》中，所録至、祭二部及侯部入聲表，即自此譜中摘出者也。後以定稿寄阮文達公於廣東，故遺書中僅有初稿。雖二十一部完具，然所録許書字不過二十分之一而已。此書文達在粤東時擬爲刊行，未幾去粤，而稿本尚留學海堂。文達於嘉慶乙丑由雲南致文簡札云：「《古韻廿一部》刻字之事，若元在粤，十日即成，而至今杳然。吴蘭修辦事有名疲緩，堂中《經解》若非夏道與厚民緊緊催辦，必至中輟。因思年兄大人此時居鄉無事，何不將《廣韻》取出，選一教館之人，令其排寫，特須至、祭等部一一指示耳。單寫大字，不寫小字。寫成交舍下刻之。」又一札云「頃接粤中曾釗來書，知《廿一部古韻》已上板，冬初可有等語。然則前書欲在揚另刻者不必矣。曾公書内又云，如『風』、『芃』等字亦須提出，究不知所提出者若干字」云云〔八〕。要之，此書粵中刻成與否，雖不可知，即令刻成，乃任不知此學之人，將表中諸字任意出入，不如不刻之爲愈。可知文達於此事全屬憒憒，不知文簡得此書如何作答也。又第一札勸文簡將《廣韻》取出，令一教館之人排寫，此事亦談何容易！然因此可知先生此譜家中別無副本矣。先生父子殁後，遺稿在第三孫忠介壽同所。道光季年，鄞縣王艧軒梓材館忠介家，爲補二十一表，冠於《詩經韻譜》之首。艧軒治史學，與徐星伯、張石舟諸公遊，又補《宋元學案》，有名於時。然於此學實未能升先生之堂，其於至、祭二部及侯部入聲，均不用先生原譜，又不用原譜體例，蓋未知先生此譜爲《説文》而作，其書視令教館之人照《廣韻》排寫者，未之能愈也。嗚呼，以文達之通博，而於先生之學尚隔膜如此，則其他又何責焉！今盡去艧軒所補表，以存先生之真。他日當據先生至、祭二表條例補十九表，附先生書後，以成一家之學。因先記粵東刊改一事，資後世一笑柄也。癸亥二月。

【説明】

《叙録》載在《觀堂集林》第二册。末署「癸亥二月」，則是一九二三年二月。羅振玉《〈高郵王氏遺書〉記》在目録後。云「及返國寓居津沽，壬戌一九二二年。秋，金息侯少府梁始爲介紹於藏文簡父子手稿之江君，購得叢稿一箱」，羅氏「因將石臞先生及文簡遺文編録，共得八卷。已而，友人以《王氏家集》刊本見假」，「因重爲釐定，付諸手民」，「因滙印爲《王氏遺書》。其他未寫定之遺稿，以韻書爲多，異日當陸續刊布。」王氏此《叙録》即欲助羅氏整理王氏父子遺稿時寫就。惜韻書整理未竟，部分遺稿今已不知所踪。

**【校注】**

〔一〕《爾雅分韻》四册：手稿，北京大學藏《高郵王石臞先生手稿》四種之二，見本《合集》。

〔二〕《〈方言〉〈廣雅〉〈小爾雅〉分韻》一册：北京大學藏《高郵王石臞先生手稿》四種之三，見本《合集》。

〔三〕《釋大》七篇二册：在《高郵王氏遺書》，見本《合集》。

〔四〕《疊韻轉語》：北京大學藏《高郵王石臞先生手稿》四種之一爲同名書稿，一册，與《叙録》所述有别。見本《合集》。

〔五〕《〈詩經〉、羣經、〈楚辭〉韻譜》：北京大學藏《高郵王石臞先生手稿》四種之四。羅振玉收在《高郵王氏遺書》。一九三三年，嚴式誨抽出刊入《音韻學叢書》，更名《古韻譜》，凡二卷。亦見本《合集》。

〔六〕《〈詩經〉、羣經、〈楚辭〉合韻譜》：詳陸宗達先生《王石臞先生〈韻譜〉〈合韻譜〉遺稿跋》、《遺稿後記》。亦在本《合集》。

〔七〕《諧聲譜》，即《説文諧聲譜》。王國維有《補高郵王氏〈説文諧聲譜〉》，已收入本《合集》。

〔八〕阮文達致王引之書，見本《合集》丙編。引文爲節録，非阮書原文。

## 書《經義述聞》《讀書雜志》後

姚永概

高郵王氏父子以小學名於乾隆、嘉慶之際，海内推爲碩儒。余嘗讀其《經義述聞》、《讀書雜志》二書，能抉發千載之滯鬱，使讀古書者變絀曲爲大通，豁然若疾病之釋體，洵乎弗可及也。然非生當太平極盛之時，父子繼業，居高明之地而竭畢生精神，不能若是之宏且當。

顧余猶有疑事三焉：王氏著書之例，採唐人説寥寥矣，宋以後則絶不之及，然其説「无祇悔」之「祇」訓多〔一〕，「先庚後庚、先甲後甲」〔二〕，謂古人吉事喜用庚甲日干，則《朱子語類》皆已詳言之，他與項安世、吴澄輩亦時有相犯者〔三〕，貶而絶之，顧不能不雷同於其説，抑又何也？其可疑者一也。古書譌脱至不可讀，好古者搜採他本或類書、注語之引及者讎校而增訂之，於是書誠有功矣。若其書本自可通，雖他書所引間有異同，安知誤不在彼，能定其孰爲是非哉？王氏信本書之文不及其信《太平御覽》、《初學記》、《白帖》、《孔帖》、《北堂書鈔》之深，斯乃好異之弊。其可疑者二也。古人屬辭，意偶而辭不必偶，往往有一字而偶二三字者，王氏每以句法參差不齊爲疑，據類書以改古本，不知類書多唐以後人作，其時排偶之文務尚工整，故其援引隨手更乙，使之比和。況古人引書，但取大義，文句之多寡，字體之同異，絶不計焉。從王氏之説，是反以今律古，失之遠矣。此可疑者三也。

余非好毁先儒也，大抵其書可取者七而待定者三焉，讀焉者慎之而已。

【説明】

姚文原載姚氏《慎宜軒文集》卷一。姚永概，字叔節，號幸孫，姚瑩之孫，姚鼐之從孫。安徽桐城人。光緒間舉人，清末任安徽高等學堂教務長，民國後歷任北京大學文科學長、徐樹錚所辦正志學校教務長、清史館協修。有文集八卷、詩集八卷。姚集有民國五年鉛字本。

【校注】

〔一〕无祇悔：説見《經義述聞·周易》。

〔二〕先庚後庚、先甲後甲：同前條。

〔三〕項安世，字平父，南宋學者，有《周易玩辭》十六卷、《項氏家説》十卷、《平庵悔稿》十四卷、《丙辰悔稿》一卷、《悔稿後編》六卷《補遺》一卷。吴澄，宋末元初人，字幼清，號草廬，江西崇仁今屬江西撫州。人，朱熹四傳弟子。有《易纂言》十二卷、《易纂言外翼》十二卷等書，《四庫全書》收録十餘種。

# 王石臞先生《韻譜》《合韻譜》遺稿跋

陸宗達

《周秦諸子韻譜》一册

《西漢〈楚辭〉中韻譜》二册

《西漢〈文選〉中韻譜》三册

《淮南子韻譜》一册

《易林韻譜》九册

《〈史記〉〈漢書〉韻譜》二册

以上《韻譜》都十八册。遺稿中《〈詩經〉、群經、〈楚辭〉韻譜》已由羅叔言氏刻入《高郵王氏遺書》中。

《〈詩經〉、群經、〈楚辭〉合韻譜》三册

《周秦諸子合韻譜》三册

《〈周書〉〈穆傳〉〈國策〉合韻譜》一册

《西漢合韻譜》三册

《西漢〈楚辭〉中合韻譜》一册

《西漢《文選》中合韻譜》二册

《〈素問〉〈新語〉〈易林〉合韻譜》四册

《易林合韻譜》五册

《〈史記〉〈漢書〉合韻譜》三册

以上《合韻譜》都二十五册。

石臞先生論韻，甄别去入，辨析精審。其於韻學之功，章太炎《國故論衡》述之詳矣。見最初本《國故論衡·古今音損益説》。然先生論韻之書，未有寫定之本，當時諸儒往復論説，亦尟徵引。如段若膺《與江晉三書》舉論韻者五家，獨不及先生。其二十一部韻表，雖刻於《經義述聞·通説》中，寔未能盡先生之學也。蓋先生早年論述，多同戴、段諸家，節解條分，户牖不易。康成舉《左氏》之注，以與服虔；中郎輟《靈光》之篇，讓之延壽。故但藏諸篋衍，未列版業。承學之士，斯有憾焉。

在昔北平江氏以舊藏先生手稿一篋售之羅叔言氏，遂有《高郵遺書》之刻。前歲北京大學又從羅氏購得其未刻之稿都若干册，達得與於董理之役。兩月以來，先就《韻譜》、《合韻譜》二部，略事鈔纂，粗成部目。於是考其箸述之年代，徵其嬗變之源流，分别部居，標明綱格，左右採獲，楬櫫於後。所以條始末，明家法也。若夫多連博貫，申滯析疑，勒成一家之言，頓祛平生之惑，海内君子，幸辱教之，則拜賜多矣。

先生早年據群經、《楚辭》所分之古韻二十一部，韻表見《經義述聞》中，而其譜録，未見傳本。《述聞》又載先生有《詩補韻》一書，爲言韻之作，《經義述聞》卷七《古詩隨處有韻》有云：「故於《詩補韻》不載，而别記於此。」可知先生曾撰此書。片言隻義，渺焉無存。是先生早年論韻之書，世莫得而窺也。此《韻譜》成書，當在晚歲；譜中箋識，多與《讀書雜誌》相關。如《雜誌》訂《管子·心術》篇「耆欲充益」，「益」字當爲「盈」字之類，皆據諧韻以考知其誤者，悉見譜中。又《韻譜》中改正誤字，每注「詳見《雜誌》」，由此可知《韻譜》之成，當在撰《雜誌》時也。《雜誌》蓋始於嘉慶庚午，成於道光辛卯。而《合韻譜》之成，又在《韻譜》之後。故其條例既異，部居亦殊。蓋先生韻學至晚歲而有變也。今綜其變易之跡，厥有二端：一曰分部之變，二曰四聲之變。考索其詳，論之如後。

## 分部之變

《韻譜》分古韻爲二十一部，《合韻譜》中則更别「冬」於「東」爲二十二部。可見先生晚歲成書之時，已有所更定。

考先生治古韻之學，始於乾隆三十一年丙戌。見先生《與江晉三書》。其時段若膺亦有十七部之作。段氏撰《江氏音學序》曰：「丙戌、丁亥間，余讀《毛詩》，有見於『支』『脂』『之』古平入各分爲三，『尤』與『侯』、『真』與『文』古亦各分爲二，病夫顧氏、江氏之不能分也，乃作《詩經韻譜》、《群經韻譜》。既定爲《六書音均表》，分爲十七部，其入聲亦八。」迨先生服官中朝，獲見段氏之書，見先生《與江晉三書》。則「支」「脂」「之」、「尤」「侯」、「真」「文」之分，與先生説正同，而先生與段氏初不相謀也。戴東原古韻之説，定於乾隆四十二年丁酉，以入聲爲樞紐，分配陰陽兩聲，爲九類二十五部。初戴氏於乾隆三十八年癸巳分古韻爲七類二十部，刻於《聲韻考》中。至乾隆四十一年丙申，段氏又爲參酌之，乃定九類二十五部。詳見段氏《聲類表序》。其間「支」「脂」「之」之分，因于段氏；「質」「月」有別，則戴所自證，又與先生之説有相似者。先生箋識丁道久《形聲類篇》曰：「分祭、泰、夬、廢，及月、曷、末、鎋、薛自爲一部，先師戴氏及念孫皆有此説。」案：戴氏以「質」「術」「櫛」「物」「迄」「没」「屑」爲一部，「祭」「泰」「夬」「廢」爲一部，入聲「月」「曷」「末」「鎋」「薛」爲一部。先生晚歲「祭」「月」兩分，其原出於古有四聲之説，而戴氏僅立一部去聲，未爲精審。江晉三之「祭」「月」爲部、「緝」「盍」析分之説，亦與先生暗合。而江氏則杜門著述，孤學少與，並諸家之書未見，更不與先生相謀也。獨先生舉「質」部別分之説，爲諸儒所未及；而段氏亦以「質」附於十二部之入聲，先生雖譏其失當，而別「質」於「祭」「術」之見，如出一人，特段氏未能別構部曲，是所異耳。概觀當時諸儒潛心著述，冥索獨追，講席未聚於鴻都，論難無聞於虎觀，乃能喁於齊唱，和而不同，固稽古之功深，亦求是之義卓也。

洎乎孔撝約創「東」「冬」異類之説，綜合古今，發起隱漏，影響所及，諸家莫不折衷于孔氏之誼。如段氏十七部，本無「東」「冬」之分，而於嘉慶十七年壬申《答江晉三書》曰：

檢討舉東聲、同聲、童聲、充聲、公聲、工聲、冢聲、悤聲、從聲、龍聲、容聲、用聲、封聲、凶聲、邕聲、共聲、送聲、雙聲、尨聲爲一類，今一東三鐘四江是也。冬聲、衆聲、宗聲、中聲、蟲聲、戎聲、宫聲、農聲、夅聲、宋聲爲一類，今之二冬是也。一核之《三百篇》、群經、《楚辭》、《太玄》無不合。以「東」類配「侯」類，以「冬」類配「尤」類，如此而後「侯」「尤」平入各分二部者，合此而完密無間。此孔氏卓識，勝於前四人處。

又曰：

僕書久欲改正而未暇。

是段氏晚年服膺孔説也。故其弟子江子蘭撰《説文解字音韻表》，於中聲、農聲、夅聲、宋聲、宗聲、躳聲、衆聲、冬聲、戎聲、蟲聲諸字，别於第九部之後，蓋以述段氏晚年之志。江晉三初分古韻爲二十部，及得見孔氏《詩聲類》，因依孔氏劃分「東」「冬」，乃得立二十一部。段氏《江氏音學序》曰：「東冬之分，則近見孔氏之書而取之也。」案：江氏之分「東」「冬」，亦因段氏之教。他如嚴可均作《説文聲類》，亦以「東」「冬」異類，而以「冬」附於「侵」部。此又取孔氏所謂

「冬」之古音與「東」「鐘」大殊，而與「侵」類最近之説也。

獨先生不信「東」「冬」有别之説，與江晉三辯之甚力。其書曰：

孔氏分「東」「冬」爲二，念孫亦服其獨見。然考《蓼蕭》四章，皆每章一韻，而第四章之「沖沖」、「雝雝」既相對爲文，則亦相承爲韻。孔以「沖沖」韻「濃」，「雝雝」韻「同」，似屬牽强。《旄丘》三章之「戎」、「東」、「同」，孔謂「戎」字不入韻；然「蒙戎」爲疊韻，則「戎」之入韻明矣。《左傳》作「尨茸」，亦與「公」、「從」爲韻也。又《易》彖傳、象傳合用者十條，而孔氏或以爲非韻，或以爲隔協，皆屬武斷。又如《離騷》之「庸」、「降」爲韻。凡若此者，皆不可析爲二類，故此部至今尚未分出。

此書作于道光元年辛巳。蓋先生此時尚拘于群經、《楚辭》之用韻，未肯篤信孔氏之説也。厥後先生與丁道久往復論韻，則先生分部之見，又與前書迥異。考丁氏據顧、江、段、孔、張五家之説，定古韻爲十九部，撰《形聲類篇》，呈教於先生。先生爲之籤識三十五條，並答書曰：

奉讀大著論韻諸篇，精心研綜，纖悉靡遺；「本韻」「合韻」條理秩然，不勝佩服之至。弟自去年肝血虧損，左臂左足幾于偏廢，迄今不能出户，愧不克趨詣尊齋請教。

弟向所酌定古韻凡二十二部，説與大著略同，唯「質」「術」分爲二部，且「質」部有去聲而無平上聲，「緝」「合」二部則並無去聲。又《周頌》中無韻之處，不敢强爲之韻，此其與大著不同者。謹附簽三十五條，未知是否，仍希高明教正。

據此書，知先生是時已因孔氏別「冬」於「東」之旨，分古韻爲二十二部矣。書中有自去年左臂左足偏廢之語，先生於辛巳《與江晉三書》曾言偏枯之疾，可證此書之作，蓋在道光二年壬午也。又丁氏於贛榆任中著《形聲類篇》，迨嘉慶二十五年庚辰任滿返里，道光七年丁亥始知肥城縣事，則丁氏入都之時，亦在壬午也。案：先生于辛巳尚力主前誼，壬午則遽同孔説，時經一年，而誼凡二變，蓋牽於合韻之説也。又案：江晉三復先生書在丁書之前，言「東」「冬」之分甚辨。先生未答其書，蓋默許其義也。故江氏之函，於先生改從孔説，亦不無影響。

原夫合韻之説，兆端于段氏，分十七部爲六類，從次弟遠近求之，而以異平同入爲樞紐。孔氏又創陰陽對轉之説，於是言韻諸家漸不拘守於韻部。迨嚴氏《説文聲類》列《十六部出入表》，使韻部多得通轉，合韻之説，於焉大備。

先生早年論韻，雖有通協之説，然拘於韻部，未信合韻之論。臧鏞堂《與阮芸臺論古韻書》曰：

庸前自長安城來，懷祖先生教之曰：《毛詩・漢廣》一篇字字皆韻。「不可休息」、「不可求思」，「休」「求」固韻，「息」與「思」皆韻也。「南有喬木」、「漢有遊女」，「喬木」「遊女」亦「幽」「宵」「魚」「侯」之通協也。下四句「廣」「永」「泳」「方」皆本韻，虚字「有」「之」「不可」亦字字相對。如「山有扶蘇」、「隰有荷華」，「扶蘇」「荷華」四字四韻。讀「荷」如「胡」，蓋古方音。二章「山有喬松」、「隰有游龍」，「松」與「龍」韻，「喬」與「遊」協，猶《漢廣》之「喬木」「遊女」也。蓋詩人之例，句末之韻，必用其本類；韻上之字，乃用其通協。案：臧氏在都，先生任山東運河道。臧氏所云，蓋先生以書告之，時嘉慶十一年丙寅也。觀此書之旨，可見先生以詩中句末之韻規律最嚴，決無合韻之説。若韻上之字可稍假借，間有通協。故於《經義述聞・古詩隨處有韻説》中，列舉通協六處，多爲韻上之字。且先生通協之説，亦與合韻不同。如書中稱「荷」讀如「胡」，蓋古方音。正同顧氏於《小戎》、《七月》、《公劉》等篇舉韻類不同之字，指爲出於方音之説。顧氏之論已爲段氏所譏，而先生獨取之。蓋先生不信合韻，而篤守韻部之嚴如此。

至嘉慶十六年辛未，先生箋識宋保之《諧聲補逸》，有闡發「支」「元」及「脂」「幽」諸部相通之説，則先生于合韻之説，已不堅持前誼矣。又案：先生于嘉慶十三年戊辰撰《説文解字注序》，有正音合音之説，蓋闡發段學，未足證先生有合韻之論。然於「脂」「之」二部猶拘守部類，故於「妃」、

「配」、「圮」、「啚」等字，辨其不從己聲。案：「脂」「之」相通。試以《說文》中形聲證之，「𦙶」揚雄作「胏」，「𠤕」「疑」從矣得聲，「息」從自聲，皆「脂」「之」之通轉也。以《説文》中讀若證之，「𦓤」讀若薿，「敉」讀若弭，「詯」讀若睞，亦「脂」「之」可相通轉也。又《説文·収部》「𢍏」從口廾由聲，而《春秋傳》作「惎」，杜林又以爲麒麟字，亦「脂」「之」通轉之證。若據《集韻》「妃」有「盈之」一切，則從己得聲，亦無所礙。此先生初從段氏合韻之説也。段氏雖證合韻之例，然拘於六類，致鮮貫通，尤於「支」、「脂」、「之」三部界限過嚴，故艱晦隔滯，强合爲分之説，屢見於《六書音均表》中。而《六書音均表》舉《詩·桑柔》「資」、「疑」、「維」、「階」爲韻，又爲「脂」「之」合韻，是兩歧之見也。先生初信段説，故韻譜中字旁志以「■」者皆爲合韻之字。其義例全同於《六書音均表》，《六書音均表》諸譜中於合韻之字皆圈括之。與段氏無别也。

迨先生博稽群書，更定《合韻譜》，則推闡段説，兼配己意，部類通合，陰陽對轉，旁通遠紹，大異前書。於是稽於孔氏「東」「冬」之部可合然後可分，而先生二十二部之説定矣。案：《易林合韻譜》有二本，而義例不同，是先生于合韻之誼數有改定也。先生治古韻始分二十一部，晚歲虚懷孔説，又成二十二部。然先生撰述不傳，世鮮窺曉，雖有與丁道久一書可資探討，而單辭孤證，取信所難。幸得先生手稿，確定二十二部之論，則源流有自，取證有由。晚年定論，於是在矣。

## 四聲之變

《韻譜》及《合韻譜》排比四聲義法三易。《〈詩經〉、群經、〈楚辭〉韻譜》、已刻入《高郵王氏遺書》。《周秦諸子韻譜》、《淮南子韻譜》悉依《六書音均表》之例，惟析「有入」、「無入」爲二類，與段小異。段氏證古無去聲，先生從其説。故編著三譜，其脂部分爲「脂」、「旨」、「術」，之部分爲「之」、「止」、「職」，魚部分爲「魚」、「語」、「鐸」，侯部分爲「侯」、「厚」、「屋」。「支」、「幽」二部，《周秦諸子韻譜》中平上入三聲具備，《淮南子韻譜》中「支」部僅有平入，《〈詩經〉、群經、〈楚辭〉韻譜》中二部皆僅具平入。他部或只具平聲，如無入之韻。或僅備入聲，如「質」、「月」、「緝」、「盍」四部。惟去聲獨闕。是法於段氏者也。《易林韻譜》、《西漢《楚辭》中韻譜》、《西漢《文選》中韻譜》排比類例，取無入之説，故於「支」、「脂」、「之」、「魚」、「侯」、「幽」諸部皆僅列平上去三聲。是宗孔氏之誼也。《〈史〉〈漢〉韻譜》及諸《合韻譜》又於「支」、「脂」、「之」、「魚」、「侯」、「幽」諸部四聲俱列，「宵」部列平上去三聲，「祭」、「至」列去入二聲。「緝」「盍」僅有入聲，無入之韻僅有平聲。此又先生晚年古有四聲之説也。

自陳季立啟古無四聲之説，厥後顧亭林祖其義，以爲四聲之論起于江左，古者四聲一貫。又謂入爲閏聲。江慎修亦以爲然，故於《古韻標準・例言》中詳申陳、顧之誼。《古韻標準》入聲第一卷《總論》曰：「入聲與去聲最近，《詩》多通爲韻，與上聲韻者間有之，與平聲韻者少，以其遠而不諧也。韻雖通，而入聲自如其本音，顧氏於入聲皆轉爲平爲上爲去，大謬。」觀此論，則江氏與顧氏四聲一貫之説已有出入。然江氏於古四聲之分辯，固未嘗論及之也。然其書中所列，仍以平上去入分卷。是江氏於四聲之説，未有定見也。見江晉三《再寄王石臞書》。迨段若膺作《六書音均表》，詳核古籍，辨正四聲，去陳、顧之説，而以己意定古有平上入而無去聲，又極論四聲之不始於永明。孔撝約生於山左，以入聲乃吳越方音，周京之初，《風》、《雅》用韻，皆中原雅言，吳越之音無由得入，故入聲之説，古所未具，因證古只有平上去而無入聲。自是論韻諸家始不拘拘于陳、顧古無四聲之説矣。

先生早歲論韻，於古代四聲，未遑研討。雖立「緝」「盍」二部爲入聲之韻，「祭」「至」二部爲去聲之韻，而於古代四聲之有無，界劃之分合，未有所折證也。中歲以後，服膺段氏之學，因亦取其古四聲之説。此先生《〈詩經〉、群經、〈楚辭〉韻譜》、《周秦諸子韻譜》、《淮南子韻譜》無去之誼也。先生本以「至」「祭」標部，及從段説，改立「質」「月」。其間復理前説，仍以「至」「祭」定目，故又取孔氏之説。此《易林韻譜》、《西漢〈楚辭〉中韻譜》、《西漢〈文選〉中韻譜》無入之誼也。至於先生「緝」「盍」二部本爲入聲之韻，及從孔説，韻目未易，乃依孔氏「合」部屬去聲之説也。蓋先生初以陳、顧之説爲不可信，又於四聲之辨未有定見，是以從段從孔，義例無準。

至晚歲考證古音，漸生新誼，四聲之辨，亦有闡發。乃非議陳、顧，不同段、孔，於是證古音已具四聲，特不與《切韻》相同耳。先生於道光三年癸未覆江晉三書曰：

接奉手劄，謂古人實有四聲，特不與後人相同，陸氏依當時之聲，誤爲分析，特撰《唐韻四聲正》一書。與鄙見幾如桴鼓相應，益不覺狂喜。顧氏四聲一貫之說，念孫向不以爲然，故所編古韻，如劄内所舉「顡」、「飨」、「化」、「信」等字，皆在平聲；「偕」、「茂」等皆在上聲，「館」字亦在去聲。其他指不勝屈，大約皆與尊見相符。「至」字則上聲不收，惟收去入，爲小異耳。其「侵」「談」二部，仍有分配未確之處，故至今未敢付梓。既與尊書大略相同，則鄙著雖不刻可也。

案：江氏早歲亦主張四聲一貫。見《詩經韻讀·凡例》。迨撰《唐韻四聲正》，始闡發古有四聲之說，於道光二年壬午呈之先生，而是時先生已定古有四聲之論矣。各下己意，初不相謀，而榘不違，亦云奇已。

先生四聲之說，固始末迥異，而其轉變之跡，則猶有可尋者。考先生《諸子》、《淮南》二譜，體例悉遵法《六書音均表》。《六書音均表》《詩經》、群經諸譜中，字間多有規識。凡本音，鐵其字之旁以識之「○」。凡合音，規其字之外以識之「○」。先生《韻譜》中於合韻處，字旁以「▌」爲識；於本音處，字旁以「○」爲識。是同于段書也。然先生《韻譜》中又於字旁間有「△」識者，爲段表所闕。詳核其誼，乃先生定古有四聲之漸也。蓋先生諸譜初從段氏無去之例，迨成書已後，新誼始生，漸覺段説不可信，故於韻中加以箋識。厥後再撰譜録，始成分列四聲之韻。由是可知此「△」識者爲四聲更定之關鍵也。惟譜中箋識，有與後譜相出入者，蓋先生更有所改定也。今《高郵遺書》所刻《〈詩經〉、群經、〈楚辭〉韻譜》，於字旁之規識盡行删削，使先生論韻條例，及轉變關鍵，無由考知，則先生治學之方，掩於後世，豈不惜哉！

案：古四聲之説，陳、顧二氏泥於通轉，知合而不知分。孔氏拘於中原方音，闇於歷代嬗化，無入之聲，未可深信。其所證入聲于古皆去聲，亦未嘗不可證去聲於古皆入聲也。先生及江氏古有四聲之説，後得夏燮推衍，發揮無餘。然以四聲之分，爲古人所已具，終覺牽强。段氏立義至精，取證至博，無去之説，殆不可易。惟證去聲備于魏晉，少有未安。故先生雖晚年考定古有四聲之論，究未可爲古四聲之定論也。

先生潛心學術，無間終身，博大精深，久有定論。尤於文字聲韻之學，耽思篤志，致力彌勤，自壯及老，講論不怠。綜其義例之變，厥有數端：

丙戌辨古韻，分部廿一，甄察纖曲，門户卓然。既而鑽研聲紐，辨審等呼，丁未以後撰

《廣雅疏證》，乃專以雙聲貫絡義訓，俾音訓相依，妙合無間。此一期也。《釋大》及《雅詁雜纂》亦《疏證》之權輿也。《釋大》於聲紐、開合、等呼尤爲詳察，觀其繩墨所准，蓋取則於江氏《四聲切韻表》云。

己酉仲秋獲晤段氏若膺，其後每有撰述，於論韻之處，不下己意，咸注「詳于段書」，蓋深信段學也。惟於合韻之誼，採納較晚。辛未箋識《諧聲補逸》，合韻之科始有闡發。遺稿中《韻譜》亦作于斯時，條理義法多取段說。此一期也。

四聲之說，先生早歲未有定論。中歲取段從孔，義例未純；晚歲研討有得，始證古有四聲之說。雖陳義未安，徵引多闕，要爲先生晚年之定論。孔析「東」「冬」，先生向所不取，迨與江晉三往復研討，始肯其說。厥後更定合韻，別撰專書，於是「東」「冬」異類，篤信彌堅。此一期也。

綜斯三變，義例數更，未審其由，鮮有不惑。在昔康成注《禮》，釋義有殊於《詩箋》；叔重《說文》，詮名見別於《異義》。蓋漸漬功深，或生妙解，殺青雖定，亦有後箋。以古方今，其道不二。先生博學明辨，貴師愛資，朝習暮益，察古準今，礱錯所至，影響斯大。故因時而有推移，議論依乎後定也。然則斯稿之出，不獨知先生學術之大，亦可按先儒治學之勤。其爲藝林之助，豈少也哉！

# 王石臞先生《韻譜》《合韻譜》遺稿後記

陸宗達

王石臞先生手稿《韻譜》、《合韻譜》二種，達前歲與於董理之役，曾撰一文，略述其成書之由、治學之變，而于先生之精思奧義，猶有未章也。今付印在即，謹就其異同之處，揭櫫而箋識之，所以解疑惑，明指歸也。若云傳禮堂之定本，發潛德之幽光，則吾何敢？

## 《韻譜》稿凡一十八册

《韻譜》、《合韻譜》二書，條例不同，分合各異。達于前文已有所論。然皆先生晚年之作也。考清代古音之學，肇源亭林。而發輝光大，繼往開來，則段氏茂堂實爲關鍵。先生訂韻早段氏一載，而《韻譜》之作，則在會晤段氏之後。故其體例，多從金壇。如「四聲」之説，「本音」「合韻」之例，皆同于段氏者也。茲最録其例如下：

《韻譜》標目及系列四聲，悉依段氏古無去聲之説。故二十一部中之「祭」「至」二部，《韻譜》易爲「質」「月」。其陰聲諸部，亦兼出上聲。《〈詩經〉、群經、〈楚辭〉韻譜》上聲五部，《諸子韻譜》列上聲六部。今列其韻目如下：

| | | | |
|---|---|---|---|
| 第一部 | 東 | | |
| 第二部 | 蒸 | | |
| 第三部 | 侵 | | |
| 第四部 | 談 | | |
| 第五部 | 陽 | | |
| 第六部 | 耕 | | |
| 第七部 | 真 | | |
| 第八部 | 諄 | | |
| 第九部 | 元 | | |
| 第十部 | 歌 | | |
| 第十一部 | 支 | 紙見《諸子韻譜》 | 陌 |
| 第十二部 | | 質 | |
| 第十三部 | 脂 | 旨 | 術 |
| 第十四部 | | | 月 |
| 第十五部 | | | 合 |

第十六部　　　　緝
第十七部　之　止　職
第十八部　魚　語　鐸
第十九部　侯　厚　屋
第二十部　尤　有　沃
第二十一部　蕭

上虞羅振玉氏所刻《〈詩經〉、群經、〈楚辭〉韻譜》，以《經義述聞》韻目列於篇首。又每部標韻亦依之爲説。今按《韻譜》目與《述聞》韻目不同之處，已如上述。羅氏未檢類目，遽以《述聞》成表冠之篇首，致使名實俱非，表裏各異，此羅氏之誤一也。

段氏《音均表》有「本音」、「音轉」二例。凡一字而古今異部，以古音爲「本音」，以今音爲「音轉」。如「皮」、「離」等字，古音讀入「歌」類，本音也；今音入「支」韻，音轉也。段《表》於「音轉」各字，皆别加圈識。先生《韻譜》亦字旁以「○」爲識，所以示流别、明轉變也。羅氏所刻《韻譜》於此等處盡行删削，使古今流變，泯然不章。此羅氏之誤二也。

古音有「合韻」，發于段氏。以異平同入之説，得韻部通轉之理。先生《韻譜》篤信其説。段《表》凡於「合韻」之字，皆於字外圈識之。先生《韻譜》則於字旁以「▍」爲識。如

《詩・小雅・賓之初筵》四章舉「呶」、「僛」、「郵」爲韻，「呶」古音在「魚」韻，此與「之」部字相諧，是「合韻」也。羅氏所刻《韻譜》於合韻字之標識又悉删削，使「本韻」、「合韻」紛然無措。此羅氏之誤三也。

然先生研精覃思，補苴罅漏，異于段氏者，約有二端：一曰入聲，二曰韻例。

入聲

段氏《音均表》第三部幽入聲爲「屋」、「沃」、「燭」、「覺」四韻，第四部侯則只有平上而無入聲。先生《韻譜》於「屋」、「沃」、「燭」、「覺」四韻中，凡從屋，從谷，從木，從卜，從族，從鹿，從賣，從丵，從录，從束，從獄，從辱，從豖，從曲，從玉，從蜀，從足，從角，從岳，從青之字，及「禿」、「哭」、「粟」、「玨」等字，皆「侯」之入聲，《韻譜》中「屋」部是也。余謂「尤」部之入聲，《韻譜》中「沃」部是也。蓋段氏別析未精，而先生之説，可爲定論。

段《表》第七部侵、第八部談各分平入二類。先生據《三百篇》及群經、《楚辭》所用之韻，以「緝」、「合」九韻皆在入聲，而無與去聲同用者；平聲「侵」、「覃」以下九韻，亦但與上去同用。故別立「緝」、「合」二部。

段《表》陽聲韻皆無入聲，惟第十二部真有入聲。蓋以去聲「至」、「霽」二韻，及入聲「質」、「櫛」、「黠」、「屑」、「薛」五韻中從至，從吉，從疐，從質，從七，從日，從疾，從悉，從栗，從桼，從畢，從乙，從失，從八，從必，從卪，從節，從血，從徹，從設之字，及「閉」、「實」、「逸」、「一」、「抑」、「別」等字，與「月」、「曷」、「末」、「鎋」、「及」、「術」、「物」、「迄」、「沒」等韻古不同部，而於其他陰〔聲〕諸韻無所系屬，段《表》入聲系於平聲下。故置之陽聲韻下。先生《韻譜》以此類字獨成「質」部。蓋先生之意，凡入聲韻，或別立部居，或系于陰聲，不容或紊。段氏於他部皆系于陰聲，獨此部自違其例，故先生譏之。

段《表》以去聲「至」、「霽」、「未」、「怪」、「隊」、「祭」、「泰」、「夬」、「廢」九韻及入聲「術」、「物」、「迄」、「月」、「沒」、「曷」、「末」、「黠」、「鎋」、「薛」十韻，爲第十五部脂之入聲。先生博稽群經、《楚辭》之用韻，以「術」、「物」等韻爲「脂」部之入聲。《韻譜》中「術」部「月」、「曷」等韻別爲「月」部。

馬幼漁師曾手録先生校改本《六書音均表》，其間修正段氏，與《韻譜》頗有異同。如段《表》第十二部真原有入聲，先生則取段《表》第十五部脂入聲析爲二部：一系于段《表》第三部諄，一系于段《表》第十四部元。蓋以《切韻》「質」承「真」，「術」承「諄」，「月」承「元」。段《表》取「術」、「月」爲「脂」之入聲，則「諄」、「元」二部無入聲矣。而又以「質」爲「真」之入，是自亂其例。故先生依據《切韻》，補苴段例。雖規正彼失，而不強從己意。是先生爲學之度，有足多者。若據爲平生之定論，則誤矣。又先生曾撰《六書音均表書後》，載于文集，謂段《表》

「攸」聲字列入第三部「幽」非是，應系于「侯」部，歷舉《詩》、《左傳》、《禮記》、《周書》、《荀子》、《吕覽》、《楚辭》、《淮南子》、《太玄》、《急就》、《漢書》爲證。然《韻譜》中「攸」聲之字仍屬於「尤」部，先生校改段氏《音均表》亦未嘗規正此條，是或先生一時之意也。

韻例

顧、江就古人用韻之文，考索古音。然剖析韻文之例，未有條格。或僅依《詩疏》所舉，或只據句末求音。段氏推求稍精，法亦未備。及先生與孔撝約，始能分辨韻例，知句中有韻；審明音節，覺觸處成律。於是分章則從乎其意，劃韻則從乎其聲。審音知樂，爲求律之大方；「間韻」「隔協」，迺韻文之要例。孔氏撰《詩聲分例》，蔚成專書。先生言古詩隨處有韻，載於《述聞》。見《經義述聞·古詩隨處有韻説》。當時先生復與孔氏往復研討，論辨至明。文載《昭代經師手劄》中，兹不贅引。韻文之例，於是大定。若迺臧鏞堂之説韻，雖稟承先生，而有意求密。至謂古人字字有韻，則割裂古書，强從己意，多立條目，泛濫無歸，不足取也。《詩經韻譜》中各例，多與孔氏相合。而先生未有專書，今謹就其詳於段氏者，表志於後。按先生韻例多合于孔氏，而未立條目，兹假孔氏之目以釋先生之例。

第一部　東

從從　《秦風·蒹葭》首章云：「遡洄從之，道阻且長。遡遊從之，宛在水中央。」段

《表》僅以「長」、「央」爲韻，二「從」字不入韻。先生以爲兩韻隔協例。

勇尰　《小雅·巧言》六章云：「無拳無勇，職爲亂階；既微且尰，爾勇伊何。」先生以「勇」、「尰」爲隔韻例。

東東空　《小雅·大東》二章云：「大東小東，杼柚其空。」段《表》首「東」字不入韻，先生以「東」、「東」爲句中韻例。

雝宮臨　《大雅·思齊》三章云：「雝雝在宮，肅肅在廟，不顯亦臨，無射亦保。」段《表》僅以「廟」、「保」爲韻。先生以「雝」、「宮」爲句中韻例，「宮」、「臨」爲隔韻例。

衝墉衝墉　《大雅·皇矣》八章云：「臨衝閑閑，崇墉言言；臨衝茀茀，崇墉仡仡。」先生以「衝」、「墉」爲句中隔韻例。

菶雝　《大雅·卷阿》九章云：「菶菶萋萋，雝雝喈喈。」先生以「菶」、「雝」爲句中隔韻例。

蜂蟲　《周頌·小毖》云：「予其懲而毖後患，莫予荓蜂，自求辛螫。肇允彼桃蟲，拚飛維鳥。」先生以爲隔句韻例。

崇墉　《周頌·良耜》云：「莫崇如墉。」先生以「崇」、「墉」爲句中韻例。

共共　《商頌·長發》五章云：「受小共大共。」先生以爲句中韻例。

第三部　侵

泛髧　《鄘風·柏舟》首章云：「泛彼柏舟，在彼中河。髧彼兩髦，實維我儀。」二章例同。先生以「泛」、「髧」爲句首隔韻例。

葚耽耽耽　《衛風·氓》三章云：「于嗟鳩兮，無食桑葚；于嗟女兮，無與士耽。士之耽兮，猶可説也；女之耽兮，不可説也。」段《表》後二「耽」字不入韻，先生以爲隔韻例。

湛厭　《小雅·湛露》首章云：「湛湛露斯，匪陽不晞；厭厭夜飲，不醉無歸。」二章例同。先生以「湛」、「厭」爲句中隔韻例。

壬林　《小雅·賓之初筵》二章云：「有壬有林。」先生以「壬」、「林」爲句中韻。

玷玷　《大雅·抑》五章云：「白圭之玷，尚可磨也；斯言之玷，不可爲也。」先生以爲兩韻隔協例。

今今　《周頌·載芟》云：「匪今斯今。」先生以二「今」字爲句中韻例。

第五部　陽

方泳亡喪　《邶風·谷風》四章云：「就其深矣，方之舟之；就其淺矣，泳之遊之。何有何亡，黽勉求之；凡民有喪，匍匐救之。」先生以「方」、「泳」爲句首隔韻例，「亡」、「喪」爲隔韻例。

彊良　《鄘風・鶉之奔奔》二章云：「鵲之彊彊，鶉之奔奔。人之無良，我以爲兄。」先生以爲兩韻隔協例。

翔姜　《鄭風・有女同車》首章云：「將翱將翔，佩玉瓊琚。彼美孟姜，洵美且都。」先生以「翔」、「姜」爲隔韻例。

臧臧　《小雅・小旻》二章云：「謀之其臧，則具是違；謀之不臧，則具是依。」先生以二「臧」字爲隔韻例。

行梁　《小雅・何人斯》二章云：「二人從行，誰爲此禍？胡逝我梁，不入唁我？」先生以爲兩韻隔協例。

行行　《小雅・何人斯》五章云：「爾之安行，亦不遑舍；爾之亟行，遑脂爾車。」先生以爲兩韻隔協例。

岡薪薪　《小雅・車舝》四章云：「陟彼高岡，析其柞薪。析其柞薪，其葉湑兮。鮮我覯爾，我心寫兮。」先生以爲兩韻例。

常京將　《大雅・文王》五章云：「侯服于周，天命靡常。殷士膚敏，祼將于京。厥作祼將，常服黼冔。王之藎臣，無念爾祖。」段《表》「將」字不入韻，先生以爲奇句韻例。

祥梁光　《大雅・大明》五章云：「文定厥祥，親迎於渭。造舟爲梁，不顯其光。」段

《表》「祥」字不入韻，先生以爲奇句韻例。

王忘　《周頌·烈文》云：「於乎前王不忘。」先生《韻譜》自注云：「於乎前王不忘」，句法與「於乎皇王，繼序思不忘」正同，俱從「王」、「忘」爲韻。

將享　《周頌·我將》云：「我將我享。」先生以爲句中韻例。

競剛　《商頌·長發》云：「不競不絿，不剛不柔。」先生以「競」、「剛」爲句中隔韻例。

第六部　耕

成征　《小雅·六月》二章云：「我服既成，于三十里。王于出征，以佐天子。」先生以此爲兩韻隔協例。

生生　《小雅·巧言》二章云：「亂之初生，僭始既涵。亂之又生，君子信讒。」先生以爲兩韻隔協例。

罄生　《小雅·蓼莪》云：「缾之罄矣，維罍之恥。鮮民之生，不如死之久矣。」先生以爲兩韻協例。

經營成　《大雅·靈臺》首章云：「經始靈臺，經之營之；庶民攻之，不日成之。」段《表》不以第二句「經」字入韻，先生以「經」、「營」爲句中韻例。

天寧定　《大雅·瞻卬》首章云：「瞻卬昊天，則不我惠。孔填不寧，降此大厲。邦靡有定，士民其瘵。」先生以爲兩韻隔協例。

成傾　《大雅·瞻卬》三章云：「哲夫成城，哲婦傾城。」先生以爲句中對字相協例。

第七部　真

苓苓顛信　《唐風·采苓》首章云：「采苓采苓，首陽之巔。人之爲言，苟亦無信。」此奇韻例，段《表》首「苓」字不入韻，先生以二「苓」字爲句中韻例。

人人　《小雅·鴻雁》三章云：「維此哲人，謂我劬勞；維彼愚人，謂我宣驕。」先生以爲兩韻隔協例。

天天人人　《小雅·巷伯》五章云：「蒼天蒼天，視彼驕人，矜此勞人。」段以首「天」字不入韻，先生以爲句中韻例。

民人天命申　《大雅·假樂》首章云：「宜民宜人，受祿於天。保右命之，自天申之。」段《表》「民」字不入韻，先生以爲句中韻。

人人　《大雅·抑》篇九章云：「其維哲人，告之話言，順德之行；其維愚人，覆謂我僭，民各有心。」先生以二「人」字爲隔韻例。

人人　《大雅·桑柔》十章云：「維此聖人，瞻言百里。維彼愚人，覆狂以喜。」先生以爲兩韻隔協例。

甸命命命　《大雅·韓奕》首章云：「奕奕梁山，維禹甸之。有倬其道，韓侯受命。王親命之，纘戎祖考，無廢朕命。」段《表》後二「命」字不入韻，先生以爲奇韻例。

天民　《大雅·思文》云：「思文后稷，克配彼天，立我烝民。」先生以爲奇韻例。

第八部　諄

恩勤閔　《豳風·鴟鴞》云：「恩斯勤斯，鬻子之閔斯。」段《表》「恩」字不入韻，先生以爲句中韻例。

門門　《大雅·緜》七章云：「迺立皋門，皋門有伉；迺立應門，應門將將。」先生以爲兩韻隔協例。

震戁　《商頌·長發》五章云：「不震不動，不戁不竦。」先生以爲句中隔韻例。

第九部　元

簡簡　《邶風·簡兮》首章云：「簡兮簡兮。」先生以爲句中韻例。

館還粲　《鄭風·緇衣》首章云：「適子之館兮，還，予授子之粲兮。」二三章同。段《表》「還」字不入韻，先生以爲奇韻例。

婉孌　《齊風·甫田》三章云：「婉兮孌兮。」先生以爲句中韻例。

旃旃　《唐風·采苓》首章云：「舍旃舍旃。」先生以爲句中韻例。

婉孌　《曹風・候人》四章云：「婉兮孌兮。」先生以爲句中韻例。

園檀　《小雅・鶴鳴》首章云：「樂彼之園，爰有樹檀。」先生以爲疊韻例。

言言　《小雅・雨無正》五章云：「哀哉不能言，匪舌是出，維躬是瘁；哿矣能言，巧言如流，俾躬處休。」先生以爲三韻隔協例。

言言　《小雅・巧言》五章云：「往來行言，心焉數之。蛇蛇碩言，出自口矣。」先生以爲兩韻隔協例。

言言　《小雅・賓之初筵》五章云：「匪言勿言，匪由勿語，由醉之言，俾出童羖。」先生以爲兩韻隔協例。

難遠　《大雅・抑》十二章云：「天方艱難，曰喪厥國。取譬不遠，昊天不忒。」先生以爲兩韻隔協例。

斷遷　《商頌・殷武》六章云：「是斷是遷。」先生以爲句中韻例。

第十部　歌

蛇蛇　《召南・羔羊》首章云：「委蛇委蛇。」二三章同。先生以爲句中韻例。

委蛇　《鄘風・君子偕老》首章云：「委委蛇蛇。」先生以爲句中韻例。

瑳瑳　《鄘風・君子偕老》三章云：「瑳兮瑳兮。」先生以爲句中韻例。

離靡我我　《王風・黍離》首章云：「彼黍離離，彼稷之苗。行邁靡靡，中心摇摇。知我者，謂我心憂；不知我者，謂我何求。」先生以爲兩韻隔協例。

何何多　《秦風・晨風》首章云：「如何如何，望我實多。」二三章同。段《表》首「何」字不入韻，先生以二「何」字爲句中韻例。

我嗟　《秦風・權輿》首章云：「於我乎，夏屋渠渠，今也每食無餘。于嗟乎，不承權輿。」二章與此同。先生以爲兩韻隔協例。

陂爲　《陳風・澤陂》二章云：「彼澤之陂，有蒲與蕳。有美一人，碩大且鬈。寤寐無爲，中心悁悁。」三章與此同。先生以爲隔韻例。

柯柯　《豳風・伐柯》二章云：「伐柯伐柯。」先生以爲句中韻例。

何何　《小雅・采薇》四章云：「彼爾維何，維常之華；彼路斯何，君子之車。」先生以爲兩韻隔協例。

何多何　《小雅・巧言》六章云：「爾勇伊何，爲猶將多，爾居徒幾何。」先生以爲疊韻例。

哆哆　《小雅・巷伯》二章云：「哆兮哆兮。」先生以爲句中韻例。

左左宜　《小雅・裳裳者華》四章云：「左之左之，君子宜之。」段《表》首「左」字不入韻，先生以二「左」字爲句中韻例。

猗那　《商頌·那》首章云：「猗與那與。」先生以爲句中韻例。

第十一部　支　陌

埸積　《大雅·公劉》首章云：「迺埸迺疆，迺積迺倉。」先生以爲句中隔韻例。

以上入聲［陌］。

第十二部　質

吊質　《小雅·天保》五章云：「神之吊矣，詒爾多福；民之質矣，日用飲食。」先生以爲兩韻隔協例。

瓞漆穴室　《大雅·緜》首章云：「緜緜瓜瓞，民之初生。自土沮漆，古公亶父。陶復陶穴，未有家室。」段《表》「漆」字不入韻，以「瓞」、「生」爲韻，「穴」、「室」爲韻。先生以爲偶句從奇韻例。

挃栗比櫛室　《周頌·良耜》云：「獲之挃挃，積之栗栗。其崇如墉，其比如櫛，以開百室。」段《表》「比」字不入韻，先生以爲句中韻例。

駜駜　《魯頌·有駜》云：「有駜有駜。」先生以爲句中韻例。

第十三部　脂　旨　術

靁違歸歸　《召南·殷其靁》首章云：「殷其靁，在南山之陽。何斯違斯，莫敢或遑。振振君子，歸哉歸哉。」先生以爲三韻隔協例。

飛歸　《邶風·燕燕》二章云：「燕燕于飛，下上其音。之子于歸，遠送于南。」先生以爲兩韻隔協例。

飛懷　《邶風·雄雉》首章云：「雄雉于飛，泄泄其羽。我之懷矣，自詒伊阻。」先生以爲兩韻隔協例。

菲違　《邶風·谷風》首章云：「采葑采菲，無以下體。德音莫違，及爾同死。」先生以爲兩韻隔例。

微微歸　《邶風·式微》首章云：「式微式微，胡不歸。」段《表》首「微」字不入韻，先生以爲句中韻。

荑美　《邶風·静女》三章云：「自牧歸荑，洵美且異。匪女之爲美，美人之貽。」先生以爲兩韻隔協例。

衣衣　《唐風·無衣》首章云：「豈曰無衣？七兮。不如子之衣，安且吉兮。」二章與此同。先生以爲句中隔韻例。

薇薇歸歸　《小雅·采薇》首章云：「采薇采薇，薇亦作止；曰歸曰歸，歲亦暮止。」二三章同。先生以爲句中隔韻例。

棲騤　《小雅·六月》首章云：「六月棲棲，戎車既飭，四牡騤騤，載是常服。」先生以爲兩韻隔協例。

威罪罪　《小雅·雨無正》首章云：「昊天既威，弗慮弗圖。舍彼有罪，既伏其辜。若此無罪，淪胥以鋪。」先生以爲兩韻隔協例。

媿畏　《小雅·何人斯》六章云：「不媿於人，不畏於天。」先生以爲句中隔韻例。

萋斐　《小雅·巷伯》首章云：「萋兮斐兮。」先生以爲句中韻例。

茨坻　《小雅·甫田》四章云：「曾孫之稼，如茨如梁；曾孫之庾，如坻如京。」先生以爲句中隔韻例。

齊媚　《大雅·思齊》首章云：「思齊大任，文王之母；思媚周姜，京室之婦。」先生以爲句中隔韻例。

罪罪　《大雅·瞻卬》二章云：「此宜無罪，女反收之；彼宜有罪，女覆説之。」先生以爲兩韻隔協例。

玼玼　《鄘風·君子偕老》二章云：「玼兮玼兮。」先生以爲句中韻例。

以上平聲［脂］。

水弟　《鄭風・揚之水》首章云：「揚之水，不流束楚。終鮮兄弟，維予與女。」二章同。先生以爲兩韻隔協例。

水隼弟　《小雅・沔水》二章云：「沔彼流水，朝宗於海。鴥彼飛隼，載飛載止。嗟我兄弟，邦人諸友。」二章略同。先生以爲兩韻隔協例。

弟弟　《小雅・角弓》三章云：「此令兄弟，綽綽有裕；不令兄弟，交相爲瘉。」先生以爲兩韻隔協例。

以上上聲「旨」。

鴥鬱　《秦風・晨風》首章云：「鴥彼晨風，鬱彼北林。」先生以爲句首隔韻例。

薈蔚　《曹風・候人》四章云：「薈兮蔚兮。」先生以爲句中韻例。

醉醉　《小雅・賓之初筵》三章云：「其未醉止，威儀反反；曰既醉止，威儀幡幡。」先生以爲兩韻隔協例。

出出　《小雅・賓之初筵》四章云：「既醉而出，並受其福；醉而不出，是謂伐德。」先生以爲兩韻隔協例。

類致　《大雅・皇矣》八章云：「是類是禡，是致是附。」先生以爲句中隔韻例。

以上入聲「術」。

第十四部　月

噲噦　《小雅·斯干》五章云：「噲噲其正，噦噦其冥。」先生以爲句中隔韻例。

伐絶　《大雅·皇矣》八章云：「是伐是肆，是絶是忽。」先生以爲句中隔韻例。

翽藹　《大雅·卷阿》七章云：「鳳皇于飛，翽翽其羽。亦集爰止，藹藹王多吉士。」八章同。先生以爲句中隔韻例。

竭竭害　《大雅·召旻》六章云：「池之竭矣，不云自頻；泉之竭矣，不云自中。溥斯害矣，職兄斯弘，不烖我躬。」先生以爲兩韻隔協例。

第十六部　緝

入入　《小雅·何人斯》六章云：「爾還而入，我心易也；還而不入，否難知也。」先生以爲兩韻隔協例。

第十七部　之　止　職

來來　《小雅·無羊》首章云：「爾羊來思，其角濈濈；爾牛來思，其耳濕濕。」三章略同。先生以爲兩韻隔協例。

之之　《大雅·抑》篇十章云：「匪手攜之，言示之事；匪面命之，言提其耳。」先生以爲助字入韻例。

之之《大雅・韓奕》四章云：「諸娣從之，祁祁如雲；韓侯顧之，爛其盈門。」先生以爲兩韻隔協例。

之之《周頌・敬之》云：「敬之敬之。」先生以爲句中助字入韻例。

以上平聲［之］。

子止止《召南・草蟲》首章云：「未見君子，憂心忡忡。亦既見止，亦既覯止，我心則降。」二章三章同。先生以爲兩韻互協例。

子子《唐風・綢繆》首章云：「子兮子兮。」先生以爲句中韻例。

好食《唐風・有杕之杜》首章云：「中心好之，曷飲食之。」二章同。先生以爲疊韻例。

有止《秦風・終南》首章云：「終南何有？有條有梅。君子至止，錦衣狐裘。」先生以爲兩韻隔協例。

子子《小雅・出車》五章云：「未見君子，憂心忡忡。既見君子，我心則降。」先生以爲兩韻隔協例。

子子《小雅・南山有臺》首章云：「樂只君子，邦家之基；樂只君子，萬壽無期。」二四五章同。先生以爲隔韻例。

載載《小雅・正月》五章云：「其車既載，迺棄爾輔。載輸爾載，將伯助予。」先生以爲兩韻隔協例。

采子負子似　《小雅・小宛》三章云：「中原有菽，庶民采之。螟蛉有子，蜾蠃負之。教誨爾子，式穀似之。」段《表》二「之」字不入韻，先生以爲疊韻例。

子子　《小雅・巷伯》七章云：「寺人孟子，作爲此詩。凡百君子，敬而聽之。」先生以爲隔韻例。

母恃　《小雅・蓼莪》三章云：「無母何恃？」先生以爲句中韻例。

矣止　《小雅・瞻彼洛矣》首章云：「瞻彼洛矣，淮水泱泱。君子至止，福履如茨。」二三章同。先生以爲兩韻分協例。

右右　《小雅・裳裳者華》四章云：「右之右之。」先生以爲句中韻例。

子子　《小雅・頍弁》首章云：「未見君子，憂心弈弈。既見君子，庶幾説懌。」二章同。先生以爲兩韻隔協例。

子子　《小雅・采菽》三章云：「樂只君子，天子命之；樂只君子，福禄申之。」四章五章略同。先生以爲兩韻隔協例。

士改　《小雅・都人士》首章云：「彼都人士，狐裘黄黄。其容不改，出言有章。」先生以爲兩韻隔協例。

己子子士　《大雅·文王》二章云：「亹亹文王，令聞不已。陳錫哉周，侯文王孫子。文王孫子，本支百世。凡周之士，不顯亦世。」四章略同。先生以爲兩韻隔協例。

芑仕謀子　《大雅·文王有聲》八章云：「豐水有芑，武王豈不仕，詒厥孫謀，以燕翼子。武王烝哉！」段《表》「謀」字不入韻，先生以爲疊韻例。

茲子　《大雅·泂酌》三章云：「泂酌彼行潦，挹彼注茲，可以濯罍。豈弟君子，民之攸歸。」首章末章略同。先生以爲兩韻隔協例。

子疚　《周頌·閔予小子》云：「閔予小子，遭家不造。嬛嬛在疚，於乎皇考。」先生以爲兩韻隔協例。

士子止　《周頌·敬之》云：「無曰高高在上，陟降厥士，日監在茲。維予小子，不聰敬止。」先生以爲奇句韻例。

以上上聲［止］。

載來疚　《小雅·杕杜》四章云：「匪載匪來，憂心孔疚。」先生以爲句中韻例。

食食　《小雅·十月之交》二章云：「彼月而食，則維其常。此日而食，於何不臧。」先生以爲兩韻隔協例。

翼德　《小雅·白華》七章云：「鴛鴦在梁，戢其左翼。子之無良，二三其德。」先生以爲兩韻隔協例。

國國　《大雅·皇矣》首章云："維此二國，其政不獲；維彼四國，爰究爰度。"先生以爲兩韻隔協例。

匐嶷食菽　《大雅·生民》四章云："誕實匍匐，克岐克嶷，以就口食，蓺之荏菽。"段《表》"菽"字不入韻，先生以爲疊韻例。

德止　《大雅·抑》八章云："辟不爲德，俾臧俾嘉。淑慎而止，不愆於儀。"先生以爲兩韻隔協例。

測克　《大雅·常武》五章云："不測不克。"先生以爲句中韻例。

富疚　《大雅·召旻》五章云："維昔之富，不如時；維今之疚，不如兹。"先生以爲句中隔韻例。

熾富背試　《魯頌·閟宮》五章云："俾爾昌而熾，俾爾壽而富，黄髮台背，壽胥與試。"先生以爲疊韻例。

以上入聲［職］。

第十八部　魚　語　鐸

乎虞　《召南·騶虞》首章云："于嗟乎騶虞。"二章同。先生以爲句中韻例。

居諸　《邶風·柏舟》五章云：「日居月諸。」《日月篇》一二三四章同。先生以爲句中韻例。

虚邪　《邶風·北風》首章云：「其虚其邪。」二三章同。先生以爲句中韻例。

乎渠餘乎輿　《秦風·權輿》首章云：「於我乎，夏屋渠渠，今也每食無餘。于嗟乎，不承權輿。」段《表》二「乎」字不入韻，先生以爲句中韻例。

野故　《小雅·我行其野》二章云：「我行其野，言采其（遂）〔蓫〕。二章二「乎」字同。昏姻之故，言就爾宿。」先生以爲兩韻隔協例。

魚旟　《小雅·無羊》四章云：「衆維魚矣，實維豐年；旐維旟矣，室家溱溱。」先生以爲兩韻隔協例。

盧圖　《小雅·雨無正》首章云：「弗慮弗圖。」先生以爲句中韻例。

以上平聲［魚］。

雨雨　《衛風·伯兮》三章云：「其雨其雨。」先生以爲句中韻例。

鼠鼠　《魏風·碩鼠》首章云：「碩鼠碩鼠。」二三章同。先生以爲句中韻例。

土土　《魏風·碩鼠》首章云：「樂土樂土。」先生以爲句中韻例。

苦苦　《唐風·采苓》首章云：「采苦采苦。」先生以爲句中韻例。

鼓旅　《小雅·采芑》三章云：「伐鼓淵淵，振旅闐闐。」先生以爲句中隔韻例。

羽羽　《大雅·卷阿》七章云：「翽翽其羽。」與第八章「翽翽其羽」爲韻。此續韻例。

黍稌　《周頌·豐年》云：「豐年多黍多稌。」先生以爲句中韻例。

瞽瞽　《周頌·有瞽》云：「有瞽有瞽。」先生以爲句中韻例。

客客　《周頌·有客》云：「有客有客。」先生以爲句中韻例。

伯旅　《周頌·載芟》云：「侯主侯伯，侯亞侯旅。」先生以此分韻例。

且且　《周頌·載芟》云：「匪且有且。」先生以爲句中韻例。

祖祜所酤　《商頌·烈祖》云：「嗟嗟烈祖，有秩斯祜。申錫無疆，及爾斯所。既載清酤，賚我思成。亦有和羹，既戒既平。鬷假無言，時靡有爭。」段《表》「酤」字不入韻，先生以爲兩韻例。

以上上聲「語」。

蘀蘀　《鄭風·蘀兮》首章云：「蘀兮蘀兮。」先生以爲句中韻例。

以上入聲「鐸」。

第十九部　侯　厚　屋

駒侯　《小雅·白駒》三章云：「皎皎白駒，賁然來思。爾公爾侯，逸豫無期。」先生以爲兩韻隔協例。

愚愚　《大雅·抑》首章云：「庶人之愚，亦職維疾；哲人之愚，亦維斯戾。」先生以爲兩韻隔協例。

以上平聲［侯］。

谷木　《周南·葛覃》首章云：「葛之覃兮，施于中谷。維葉萋萋，黄鳥于飛。集於灌木，其鳴喈喈。」先生以爲兩韻互協例。

瑑玉　《大雅·棫朴》五章云：「追瑑其章，金玉其相。」先生以爲句中隔韻例。

以上入聲［屋］。

第二十部　尤　有　沃

悠悠　《周南·關雎》三章云：「悠哉悠哉。」先生以爲句中韻例。

舟髦　《鄘風·柏舟》首章云：「泛彼柏舟，在彼中河。髧彼兩髦，實維我儀。」二章同。先生以爲兩韻隔協例。

蕭悠　《小雅·車攻》七章云：「蕭蕭馬鳴，悠悠旆旌。」先生以爲句中隔韻例。

優遊　《小雅·采菽》五章云：「優哉遊哉。」先生以爲句中韻例。

有收　《大雅·瞻卬》二章云：「人有土田，女反有之……此宜無罪，女反收之。」先生以爲隔韻例。

球球　《商頌·長發》四章云：「受小球大球。」先生以爲句中韻例。

以上平聲　［尤］。

肅赳　《周南·兔罝》首章云：「肅肅兔罝，椓之丁丁。赳赳武夫，公侯干城。」二三章同。先生以爲隔協句中隔韻例。

鳥鳥　《小雅·黄鳥》首章云：「黄鳥黄鳥。」先生以爲句中韻例。

酒殽　《小雅·正月》十二章云：「彼有旨酒，我有嘉殽。」先生以爲二句獨韻例。

廟猷　《小雅·巧言》四章云：「奕奕寢廟，君子作之；秩秩大猷，君子莫之。」先生以爲隔韻例。

柳蹈　《小雅·菀柳》首章云：「有菀者柳，不尚息焉；上帝甚蹈，無自暱焉。」二章同。先生以爲隔韻例。

肅廟　《大雅·思齊》三章云：「肅肅在廟。」先生以爲句中韻例。

以上上聲　［有］。

菽菽　《小雅·采菽》首章云：「采菽采菽。」先生以爲句中韻例。

以上入聲　［沃］。

## 第二十一部　蕭

嘤趯 《召南·草蟲》首章云：「嘤嘤草蟲，趯趯阜螽。」先生以爲句中隔韻例。

郊郊 《魏風·碩鼠》三章云：「樂郊樂郊。」先生以爲句中韻例。

鴞鴞 《豳風·鴟鴞》首章云：「鴟鴞鴟鴞。」先生以爲句中韻例。

旐悄 《小雅·出車》二章云：「彼旟旐斯，胡不旆旆。憂心悄悄，僕夫況瘁。」先生以爲兩韻協例。

驕勞 《小雅·巷伯》五章云：「驕人好好，勞人草草。」先生以爲句首隔韻例。下文「視彼驕人，矜此勞人」，「驕」、「勞」亦爲韻。

已上所舉諸例，皆段《表》所未載。蓋清人論《三百篇》韻例，以孔氏爲郅精。其《詩聲分例·續韻例篇》中論文義與聲韻之説，謂「每有意盡於此，而聲絶於彼者」，卓然精詣，可爲千古定論。大抵《詩》之韻例有二：一就句末字求韻。孔氏所述此等用韻例甚多，如：「偶韻例」、「奇韻例」、「偶句從奇韻例」、「疊韻例」、「空韻例」、「二句獨韻例」、「末二句換韻例」、「兩韻例」、「三韻例」、「四韻例」、「兩韻分協例」、「兩韻互協例」、「兩韻隔協例」、「三韻隔協例」、「四韻隔協例」、「首尾韻例」、「二句不入韻例」、「三句不入韻例」、「二句間韻例」、「三句四句間韻例」、「聯韻例」、「續韻例」、「助字韻例」是也。一就句中對字求韻。亦有「韻上韻」、「句首韻」、「句中韻」、「首尾韻」、「回環韻」、「本句自韻」、「隔協句中隔韻」、

「隔章疊韻」諸例是也。用雖萬端，理無二歧，先生《韻譜》中求韻之法，亦不外句末、句中二例也。

## 《合韻譜》凡二十五册

先生所爲《韻譜》，既具合韻之例，而又述合韻者，蓋先生晚年于韻學有所改定故也。如古有四聲之説、二十二部之説，皆與《韻譜》不同。其間取材亦與之少異。如據《詩·文王》以「躬」、「天」爲冬真合韻，舉《易·家人·象傳》以「義」、「謂」爲歌䪞合韻，皆不見於《韻譜》。今類其部目，疏其取材，合而觀之，則先生之義，自可見矣。

韻目

第一部　東

第二部　冬

第三部　蒸

第四部　侵

第五部　談

第六部　陽

| | | | | |
|---|---|---|---|---|
| 第七部 | 耕 | | | |
| 第八部 | 真 | | | |
| 第九部 | 諄 | | | |
| 第十部 | 元 | | | |
| 第十一部 | 歌 | | | |
| 第十二部 | 支 | 紙 | 忮 | 錫 |
| 第十三部 | | | 至 | 質 |
| 第十四部 | 脂 | 旨 | 䩊 | 術 |
| 第十五部 | | | 祭 | 月 |
| 第十六部 | | | | 合 |
| 第十七部 | | | | 緝 |
| 第十八部 | 之 | 止 | 志 | 職 |
| 第十九部 | 魚 | 語 | 御 | 鐸 |
| 第二十部 | 侯 | 厚 | 候 | 屋 |
| 第二十一部 | 幽 | 有 | 黝 | 毒 |

第二十二部　蕭　小　笑　藥

已上部目共二十有二。其「支」、「脂」、「之」、「魚」、「侯」、「幽」、「蕭」俱排比四聲。證以先生與丁道久書，見丁氏《說文形聲類篇》卷首。及與江晉三書，見先生文集。知先生晚年定論，具於此矣。

## 韻部通合例

《合韻譜》有二韻通合及三韻通合二例。今依《〈詩經〉、群經、〈楚辭〉合韻譜》元例列之如下：

二韻通合

東冬合韻譜

《詩經》　蟲螽忡降仲戎《出車》五章。　濃沖雝同《蓼蕭》四章。

群經　窮中功《需・彖(卦)〔傳〕》。　中功《坎・彖傳》。　中窮功邦《蹇・彖傳》。　衆中功《解・彖傳》。　窮中功凶《井・彖傳》。　功邦中凶《漸・彖傳》。　窮同中功《渙・彖傳》。　中窮通《節・彖傳》。　中邦《中孚・彖傳》。　凶功中窮《隨・彖傳》。　凶中功《坎・彖傳》。　中窮功中窮凶《巽・彖傳》。　功衆《月令》「不可以興土功」三句。　終用《禮運》「使老有所終」二句。

《楚辭》 庸降《離騷》。

東蒸合韻譜

群經 動應《易・恒・彖傳》。

東侵合韻譜

《楚辭》 沈封《天問》。

東陽合韻譜

群經 明凶《易・乾・文言》。 恭從明聰《書・洪範》「貌曰恭」四句。按：《韻譜》中不以此條爲韻。 明聰《大戴禮・子張問入官》篇「故古者〔冕〕而前〔聆〕〔旒〕」四句。〔按〕：《韻譜》不以爲韻。 容恭同王《禮記・曲禮》「正爾容」六句。 昌功殃《月令》「水潦盛昌」三句。按：《韻譜》「功」字不入韻，舉「昌」、「殃」、「行」、「湯」、「彊」爲韻。「水潦盛昌」以下十一句。 功殃《國語・越語下》「同男女之功」三句。〔按〕：《韻譜》不以爲韻。

東耕合韻譜

群經 凶正《易・豫・象傳》。

東諄合韻譜

《詩經》 慇辰東痻《桑柔》四章。

東元合韻譜

《詩經》　筵恭反幡遷仙《賓之初筵》三章。

東之合韻譜

群經　災尤載用《易・剥・象傳》。　災志事用《豐・象傳》。

東語合韻譜

《詩經》　武緒野虞女旅功父魯宇輔《閟宮》二章。

東厚合韻譜

《詩經》　後鞏後《瞻卬》七章。

東幽合韻譜

《詩經》　務戎《常棣》四章。按：孔氏以「戎」爲冬部字，先生或局于「蒙戎」之説，隸於東部。　調同《車攻》五章。

群經　從中《大戴禮・勸學》篇「物類之從」二句。

《楚辭》　同調《離騷》。　龍遊《天問》。

冬蒸合韻譜

群經　中中終應《易・未濟・象傳》。　降騰《禮記・月令》（司空詞）〔孟春之月〕。

冬侵合韻譜

《詩經》　中驂《小戎》二章。　沖陰《七月》八章。　飲宗《公劉》四章。　蟲宮宗臨船《雲漢》二章。

群經　禽窮《易・屯・象傳》。　中禽中終《比・象傳》。

冬陽合韻譜

《楚辭》　裳狼降漿翔行《九歌・東君》。　堂宮中《河伯》。　中窮行《九章・涉江》。

冬真合韻譜

《詩經》　躬天《文王》七章。〔按〕：《韻譜》不以爲韻。　頻中躬《召旻》六章。

群經　躬鄰《易・震・上六》。〔按〕：《韻譜》不以爲韻。

冬元合韻譜

《楚辭》　（蜓）〔蜒〕蜿鶱躬《大招》。

蒸侵合韻譜

《詩經》　膺弓縢興音《小戎》三章。　林蒸夢勝憎《正月》四章。〔按〕：《韻譜》「林」字不入韻。　林興心《大明》七章。　登長歆今《生民》八章。〔按〕：《韻譜》以「登」、「升」爲韻，「歆」、「今」自爲韻。　乘縢弓綅增膺懲承《閟宮》四章。

蒸陽合韻譜

《楚辭》常懲《離騷》。〔按〕：《韻譜》謂「常」應作「恒」。

蒸諄合韻譜

《楚辭》門冰《遠遊·重》。

蒸元合韻譜

《詩經》陾薨登馮興勝《緜》六章。

蒸之合韻譜

《詩經》來贈《女曰雞鳴》三章。

群經　疑徵《書·洪範》「次七曰明用稽疑」一句。

蒸職合韻譜

《詩經》螣賊《大田》二章。

侵談合韻譜

《詩經》萏儼枕《澤陂》三章。

侵耕合韻譜

《詩經》今政《抑》三章。

群經　形今《大戴禮・保傳》篇「明鏡者所以察形也」二句。〔按〕：《韻譜》不以爲韻。　城金《周語下》伶州鳩引諺。

## 侵之合韻譜

群經　任治《大戴禮・五帝德》篇「舉舜彭祖而任之」二句。

## 侵黝合韻譜

群經　守念咎受《書・洪範》「有猷有爲有守」五句。

《楚辭》　任丑《九章・橘頌》。〔按〕：《韻譜》以「道」、「丑」爲韻。

## 侵毒合韻譜

群經　耽逐《易・頤・六四》。〔按〕：《韻譜》不以爲韻。

## 談陽合韻譜

《詩經》　瞻相臧腸狂《桑柔》八章。　監嚴濫遑《殷武》四章。

《楚辭》　亡嚴饗長《天問》。

## 陽耕合韻譜

《詩經》王刑《抑》三章。〔按〕：《韻譜》不以爲韻。

群經　行正《易・同人・彖傳》。　亨情《乾・文言》。　姓明《書・堯典》「平章百姓」二句。

成明《洪範》「百谷用成」二句。　成明寧同上，「百穀用不成」四句。

陽真合韻譜

《群經》　岡薪《車（輦）〔舝〕》四章。

《楚辭》　糧芳明身《九章·惜誦》。

陽元合韻譜

《詩經》　言行《抑》九章。

陽語合韻譜

群經　旅廣鼓武雅語古下《禮記·樂記》「今夫古樂」十三句。

陽御合韻譜

《楚辭》　迎故《離騷》。

耕真合韻譜

《詩經》　天定生寧醒成政姓《節南山》六章。　領騁七章。　令鳴征生《小宛》四章。人陳聲身人天《何人斯》三章。〔按〕：《韻譜》「聲」字不入韻。　領屏《桑扈》二章。　人刑聽傾《蕩》七章。〔按〕：《韻譜》「人」字不入韻。　天星贏成正天寧《雲漢》八章。　天寧定《瞻卬》一章。　成淵聲平聲聲《那》。〔按〕：《韻譜》「淵」字不入韻。

群經　新正賢天《易・大畜・彖傳》。　盈信《坎・彖傳》。　信正《萃・彖傳》。　成命人同上。　貞人《兑・彖傳》。　成民《節・彖傳》。　正命《臨・彖傳》。　賓民平《觀・彖傳》。　正命正《晉・彖傳》。　臣身成《繫辭傳》「君不密」六句。　名身「善不積」四句。　精情天平《乾・文言》。　偏平《書・洪範》「無黨無偏」二句。　正令《儀禮》三加祝詞。　靈名身《大戴禮・五帝德》篇「生而神靈自言其名」四句。　生天《少問》篇「吉凶並興」四句。〔按〕：《韻譜》不以爲韻。　天人成《誥志》篇「政不率天」三句。　人情平信《文王官人》篇「故事阻者不夷」七句。〔按〕：《韻譜》不〔以爲〕韻。　人生情《易本命》篇「凡易之生人」六句。〔按〕：《韻譜》不以爲韻。　盈人《禮記・少儀》「執虛如執盈」二句。　命幸《中庸》「故君子居易以俟命」二句。　敬信「故君子不動而敬」二句。　盛神姓《表記》「牲牷禮樂齊盛」三句。〔按〕：《韻譜》「神」字不入韻。　挺扃令定《左傳・襄公五年》引《詩》。　刑人天生形成《越語下》「死生因天地之刑」六句。〔按〕：《韻譜》「天」字不入韻。

《楚辭》　名均《離騷》。　天名《九章・哀郢》。　征零成情《遠遊》。　榮人征同上，《重》。　耕名身生真人清楹《卜居》。　清清人新平生憐聲鳴征成《九辯》。　天名同上。　盛命盛定《大招》。

## 耕諄合韻譜

《詩經》　倩盼《碩人》二章。　訓刑《烈文》。

群經　聘問《禮記・儒行》「儒有席上之珍以待聘」二句。

耕元合韻譜

《詩經》　菁（芨）〔睘〕姓《唐風・杕杜》二章。

元質合韻譜

《詩經》　筵秩《賓之初筵》一章。

群經　實願願亂《易・泰・象傳》。

元脂合韻譜

《詩經》　山歸《東山》一二三四章。　嵬萎怨《谷風》三章。

群經　援推《大戴禮・曾子制言》上「己先則援之」二句。〔按〕：《韻譜》不以爲韻。　遠微《五帝德》篇「聰以知遠」二句。〔按〕：《韻譜》不以爲韻。

元旨合韻譜

《詩經》　泚瀰鮮《新臺》一章。

元祭合韻譜

《詩經》　拔兑駾喙《緜》八章。

群經　觀列藝《禮記・禮運》「以四時爲柄故事可勸也」六句。

元月合韻譜

《詩經》　桀怛《齊風・甫田》二章。　發偈怛《匪風》一章。

群經　勸鉞《禮記・中庸》「是故君子不賞而民勸」二句。

元御合韻譜

《楚辭》　賦亂變譔《大招》。

歌支合韻譜

群經　知爲《禮記・儒行》「靜而正之」四句。

《楚辭》　離知《九歌・少司命》。　佳規施卑移《大招》。

歌紙合韻譜

群經　解施《大戴禮・誥志》篇「山不崩解」二句。

歌忮合韻譜

《詩經》　地裼瓦儀議罹《斯干》九章。

歌脂合韻譜

群經　河遺《易・泰・九二》。〔按〕：《韻譜》不以爲韻。　腓隨《艮・六二》。〔按〕：《韻譜》不以爲韻。　和畏《禮記・樂記》「喜則天下和之」二句。〔按〕：《韻譜》不以爲韻。

《楚辭》　雷蛇懷歸《九歌·東君》。　妃歌夷蛇飛佪《遠遊·重》。

歌旨合韻譜

《楚辭》　偕毀弛《九辯》。

歌䪗合韻譜

群經　義謂《易·家人·彖傳》。〔按〕：《韻譜》不以爲韻。　味和氣《禮記·月令》「薄滋味」四句。

〔按〕：《韻譜》「和」字不入韻。

歌魚合韻譜

《楚辭》　居戲霞除《遠遊·重》。　瑕加《九辯》。

歌候合韻譜

《詩經》　寇可詈歌《桑柔》十六章。

歌笑合韻譜

《楚辭》　暴罷麾施爲《大招》。

支脂合韻譜

群經　支壞壞支《周語下》衛彪傒引周詩。

《楚辭》　訾斯咿兒《卜居》：「喔訾栗斯，喔咿儒兒。」

紙旨合韻譜
《詩經》 濟積秭醴妣禮《載芟》。〔按〕：《韻譜》「積」字不入韻。
群經 枳濟死《考工記》「桔窬淮而北爲枳」三句。
錫月合韻譜
錫止合韻譜
《詩經》 幭戹《韓奕》二章。
錫屋合韻譜
群經 鬩里《周語中》富辰引古人言。
至脂合韻譜
《詩經》 局蹐脊蜴《正月》六章。
群經 泥至《易・需・九三》。
至旨合韻譜
《楚辭》 濟至死《九辯》。
至鞳合韻譜
《詩經》 濟閟《載馳》二章。〔按〕：《韻譜》不以爲韻。 疾戾《抑》一章。 疾屆《瞻卬》一章。

群經　疐貴《大戴禮・武王踐阼》篇杖銘。〔按〕：《韻譜》不以爲韻。　至匱遂類《禮記・月令》「四方來集」九句。〔按〕：《韻譜》「至」、「類」二字不入韻。

《楚辭》　至比《九章・悲回風》。

質術合韻譜

《詩經》　鴥鬱《晨風》一章，鴥（烕）與鬱韻。

群經　畢橘《爾雅・釋天・月陽》。

質月合韻譜

《詩經》　葛節日《旄丘》一章。　結厲滅烕《正月》八章。　毖恤熱《桑柔》五章。〔按〕：《韻譜》「熱」字不入韻。

群經　吉滅《大戴禮・武王踐阼》篇丹書言。〔按〕：《韻譜》不以爲韻。　節潔節《誥志》篇「齊戒必敬」六句。　蓋閟泄《禮記・月令》「土事毋作」六句。

《楚辭》　摯罰説《天問》。

質職合韻譜

《詩經》　子室《鴟鴞》一章。

群經　福室《儀禮・少牢饋食禮》上纂嘏詞。〔按〕：《韻譜》不以爲韻。　閉翼《大戴禮・誥志》篇

「龍去不閉」二句。

《楚辭》　節服《離騷》。

### 韐祭合韻譜

《詩經》　旆瘁《出車》二章。　滅戾勩《雨無正》二章。　嘒淠屆寐《小弁》四章。　淠嘒駟屆《采菽》二章。　翳栵《皇矣》二章。　旆穟《生民》四章。　惠厲瘵《瞻卬》一章。

群經　内外《易・家人・象傳》。〔按〕：《韻譜》不以爲韻。　位快逮《旅・象傳》　外大位害《復・象傳》。　外内類退《雜卦傳》。〔按〕：《韻譜》「外」字不入韻。　二大《大戴禮・曾子立事》篇「見其一，冀其二」四句。〔按〕：《韻譜》不以爲韻。　大位《禮記・月令》「命太尉贊桀俊」五句。　蓋閉泄「土事毋作」六句。　害悖《中庸》「萬物並育而不相害」二句。　制利《越語下》「必有以知天地之恒制」二句。　世位「先人就世」二句。

《楚辭》　慨邁《九章・哀郢》。　帶介慨邁穢敗昧《九辯》。　沬穢《招魂》。

### 術月合韻譜

群經　大月物《大戴禮・哀公問五義》篇「故其事大」五句。　孛竭《誥志》篇「則日月不食」五句。　歠骨骨《禮記・曲禮》「毋摶飯」七句。

### 脂之合韻譜

《詩經》 資疑維階《桑柔》三章。

群經 龜違《易・損・六五》、《益・六二》。〔按〕：《韻譜》不以爲韻。 違時《乾・文言》。 齊時《禮記・月令》「秫稻必齊」二句。〔按〕：《韻譜》以「齊」、「絜」爲韻。

旨止合韻譜

群經 子己禮紀子弟婦里己起《禮記・禮運》「各親其親」十六句。〔按〕：《韻譜》「弟」字不入韻。采禮《禮器》「甘受和」四句。〔按〕：《韻譜》不以爲韻。

鞊志合韻譜

群經 事器《易・繫辭傳》「負也者小人之事也」四句。〔按〕：《韻譜》不以爲韻。 事氣待事《禮記・月令》「毋舉大事」四句。 類異《左傳・成公四年》季文子引史佚之志。 事器《論語・衛靈公》「工欲善其事」二句。〔按〕：《韻譜》不以爲韻。

《楚辭》 玆沫《離騷》。 佩異態誒出《九章・思美人》。

鞊黝合韻譜

《楚辭》 繼味飽《天問》。

盍緝合韻譜

《詩經》 業捷及《烝民》七章。

群經　法合《禮記・儒行》「忠信之美」四句。

盍鐸合韻譜

《詩經》　赫業作《常武》三章。〔按〕：《韻譜》「赫」字不入韻。

群經　劫迫《禮記・儒行》「儒有可親而不可劫也」二句。

緝職合韻譜

《詩經》　熾急國《六月》一章。　式入《思齊》四章。〔按〕：《韻譜》不以爲韻。

群經　食惻汲福《易・井・九三》。　急服《大戴禮・五帝德》篇「順天之義」五句。　得及息《禮記・檀弓》「始死」六句。

緝黝合韻譜

《詩經》　猶集咎道《小旻》三章。

之魚合韻譜

《詩經》　膴謀《小旻》五章。　呶僛郵《賓之初筵》四章。　膴飴謀龜時茲《緜》三章。

《楚辭》　都䰰䰰失災《招魂》。

止語合韻譜

《詩經》　雨母《蝃蝀》二章。　股雨野宇户下鼠户子處《七月》五章。　者謀虎《巷伯》

六章。

群經　女子下錯《易・序卦傳》。　虎野志《大戴禮・五帝德》篇「教熊羆貔貅豹虎」四句。　里海里舍《勸學》篇「是故不積跬步」八句。〔按〕：《韻譜》「里」、「舍」二字不入韻。　户下俎鼓瑕祖子下所祜《禮記・禮運》「故玄酒在室」十六句。　舉子士處所射譽《射義》引《詩》。

之侯合韻譜

《楚辭》　廚牛之《九章・惜往日》。

職屋合韻譜

群經　穀食《大戴禮・五帝德》篇「務勤嘉穀」二句。　禄或服德息極《公冠》篇孝昭冠辭。〔按〕：《韻譜》據《後漢禮儀志》改「息」字作「德」。

之幽合韻譜

《詩經》　紑俅基牛鼐觩柔休《絲衣》。

《楚辭》　疑浮《遠遊》。

止黝合韻譜

《詩經》　造士《思齊》五章。　有收《瞻卬》二章。　茂止《召旻》四章。　子造疚考孝《閔予小子》。

群經　道已始《易・恒・彖傳》。　道咎制久道《乾・彖傳》。　久丑咎《大過・彖傳》。　咎道久《離・象傳》。　保母《繫辭傳》「元有師保」二句。　始咎「懼以終始」二句。　守久《大戴禮・千乘》篇「依固可守」二句。〔按〕：《韻譜》不以爲韻。　起始道理紀《禮記・月令》「兵戎不起」五句。

《楚辭》　首在守《天問》。

志幼合韻譜

《詩經》　好食《有杕之杜》二章。

群經　壽富《大戴禮・武王踐阼》篇帶銘履銘。〔按〕：《韻譜》不以爲韻。　戴幬《禮記・中庸》「譬如天地之無不持載」二句。〔按〕：《韻譜》不以爲韻。

《楚辭》　佩好代意置載備異再識《九章・惜往日》。

職毒合韻譜

《詩經》　穋麥《七月》七章。　殖覺《斯干》五章。〔按〕：《韻譜》不以爲韻。　備戒告《楚茨》五章。　夙育稷《生民》一章。　匐嶷食菽四章。　告則《抑》二章。　稷福穋麥國穡《閟宮》一章。

群經　逐得《易・震・六二》、《既濟・六二》。〔按〕：《韻譜》不以爲韻。　覆誡《大戴禮記・保傅》篇引鄙語。　治貸治繆福服德《虞戴德》篇「是以天下平而國家治」九句。

《楚辭》　默鞫《九章・懷沙》。

之宵合韻譜

群經　摇謀《大戴禮·武王踐阼》篇户銘。〔按〕：《韻譜》不以爲韻。

魚侯合韻譜

群經　駒圖《大戴禮·誥志》篇「蜂蠆不螫嬰兒」三句。　珠虘《易本命》篇「蜯蛤龜珠」二句。　汙瑕垢《左傳·宣公十五年》伯宗引諺。

語厚合韻譜

《詩經》　禡附侮《皇矣》八章。

群經　下后下后下《禮記·樂記》「是故德成而下」七句。　舉取《儒行》「懷忠信以待舉」二句。

魚幽合韻譜

《詩經》　休逑恤憂休《民勞》二章。

群經　修團《爾雅·釋天·月陽》。

語黝合韻譜

《楚辭》　莽草《九章·思美人》。

御宵合韻譜

《楚辭》　固鑿教樂高《九辯》。　昭遽逃遥《大招》。

侯幽合韻譜

《詩經》　檦趣《棫樸》一章。　楡蹂叜浮《生民》七章。

群經　走流《大戴禮・曾子制言》上「人非人不濟」四句。〔按〕：《韻譜》不以爲韻。

厚黝合韻譜

群經　道欲《禮記・樂記》「君子樂得其道」二句。　道道欲「獨樂其志」四句。

侯幼合韻譜

《詩經》　欲孝《文王有聲》三章。

屋毒合韻譜

《詩經》　蠋宿《東山》一章。　緑匊局沐《采緑》一章。

群經　告瀆告《易・蒙彖辭》。　族睦《書・堯典》「以親九族」二句。　沐浴肉《禮記・曲禮》「頭有創則沐」三句，《雜記》引孔子言同。　蹙壼《禮器》「是故七介以相見也」四句。〔按〕：《韻譜》不以爲韻。禄畜《儒行》「難得而易禄也」二句。

厚小合韻譜

群經　椒沼《禮記・禮運》「鳳凰麒麟」三句。〔按〕：《韻譜》不以爲韻。

侯笑合韻譜

《詩經》 豆飫具孺《常棣》六章。

幽宵合韻譜

《詩經》 舟髦《鄘風・柏舟》一二章。 陶翿敖《君子陽陽》二章。 滔儦敖《載驅》四章。 蔞蜩《七月》四章。 譙翛翹搖《鴟鴞》四章。 酒殽《正月》十二章，又《車舝》三章。 舟瑤刀《公劉》二章。

群經 驕憂《乾・文言》。 求燥同上。

《楚辭》 流昭幽聊由《九章・惜往日》。

黝小合韻譜

《詩經》 皎僚糾悄《月出》一章。 廟猷《巧言》四章。 肅廟保《思齊》三章。 酒紹《抑》三章。 糾趙蓼《良耜》。

群經 州道廟草擾獸牡《左傳・襄公四年》魏絳引虞人箴。

毒宵合韻譜

群經 廟朝學《禮記・禮運》「故宗(視)〔祝〕在廟」三句。

三韻通合例

東冬蒸合韻譜

群經 中應中蒙功《易・蒙・彖傳》。 從中應窮《比・彖傳》。 降騰同動《禮記・月令》

騰降通冬命有司辭。「天氣下降」四句。

東冬侵合韻譜

《詩經》　詭宮臨《思齊》三章。

群經　深中容禽終凶功《易・恒・象傳》。

《楚辭》　中湛丰《九辯》。

東冬陽合韻譜

《詩經》　邦崇功皇《烈文》。

群經　明功容明聰窮《大戴禮・勸學》篇「是故無憤憤之志者」十句。

東止語合韻譜

《詩經》　士祖父戎《常武》一章。

東語厚合韻譜

《詩經》　後鞏祖後《瞻卬》七章。〔按〕：《韻譜》「祖」字不入韻。

冬侵耕合韻譜

群經　正聽心躬正終《〔易〕・艮・象傳》。

冬耕真合韻譜

群經　中成正淵《易·訟·象傳》。

蒸諄元合韻譜

《楚辭》　云先言勝陵文《天問》。無「先」字者非。

侵真諄合韻譜

群經　限夤心身《易·艮·九三》、《六四》。〔按〕：《韻譜》「心」字不入韻。

陽耕真合韻譜

群經　享正命《易·萃·象傳》。〔按〕：《韻譜》不以爲韻。

陽諄元合韻譜

《楚辭》　聞患亡完《九章·抽思》。

耕真諄合韻譜

群經　牽賓牽民正命吝《易·姤·象傳》。　倩盼絢《論語·八佾》子夏引《詩》。

《楚辭》　天人千侁淵瞑身《招魂》。

耕真元合韻譜

群經　元天形成天命貞寧《易·乾·象傳》。

諄元質合韻譜

群經　順實巽順《易・蒙・象傳》。

諄元旨合韻譜

《楚辭》　先還先兕《招魂・亂》。

歌忮藥合韻譜

《詩經》　翟髢揥（晢）〔晳〕帝《君子偕老》二章。

質術月合韻譜

群經　質物末《易・繫辭傳》「原始要終」七句。〔按〕：《韻譜》不以爲韻。　獝狘失《禮記・禮運》「鳳以爲畜」六句。〔按〕：《韻譜》不以爲韻。

緝職毒合韻譜

群經　極德直力服急息德毒忒食告則慝職鞫《爾雅・釋訓》「子子孫孫」以下三十二句。

止語厚合韻譜

群經　主母矩海下《大戴禮・五帝德》篇「爲神主」十句。　俯止女子語古《禮記・樂記》「今夫新樂」九句。

宋人叶韻之説固非，而陳季立竟謂古無叶音，則又非也。古韻所謂通協，非與今韻相協也。

嚴鐵橋曰：「其合也，一統無外；其分也，毫釐有辨。廣其變通之路，審厥出入之由，夫而後群經有韻之文皆可讀。古人假借之法，無不包矣。」見《説文聲類》。清代言合韻者，始於段氏，而鉤玄抉要，並舉兼包，則先生合韻之説爲最密矣。

余述《韻譜》、《合韻譜》之例既竟，而有以知先生爲學之勤也。先生韻學之稿凡數十册，穿穴百家，排比衆類，莫不旁行斜上，細字朱箋，雖義例數更，而衷於一是，其用力之勤如此。始從段説，終更孔義，雖屢加駁辯，而要渺知歸，其服義之篤如此。蓋由博大以造精深，擷衆長而止至善，德進乎日，不可幾已。至於二十一部與二十二部之分，特示韻學嬗變之跡，轉不足以窺先生之深也。

夷考乾嘉諸儒韻部分合之説，莫不論次精審，排比黎然，上稽先代之遺文，下證後世之韻書，條分總貫，綱舉目張。蓋其分部之説，已成不刊之論已。或迺别據例外，駁難舊説，單證孤辭，未可置信。如據《書·金滕》「沖人」，以「沖」爲「童」字之借，謂東冬可合之説。若此，則《詩》「烝在栗薪」，毛傳明「烝」爲「衆」之借，是又冬蒸無别矣。又如據「蒙戎」、「尨茸」諸詞，以爲東冬無分之理。考駢詞連語，雖以聲韻組合，然口語流轉，變化無方。《莊子》有「迷陽」之詞，爲「迷茫」、「望陽」之變。不諳其故，則又脂陽之界無分矣。此皆義存私見，心(鶩)〔騖〕異辭，好爲新奇可喜之説，不顧平易正直之理。成人之美，不其闕如。

【説明】

陸宗達先生二跋，筆者未見其數十年前之刊本，今採自《陸宗達先生語言學論文集》，以助讀者閲讀王氏韻譜，進而瞭解王氏古音學。《論文集》中二跋文字校對不精，筆者重新校對一過，不知是否得當。

# 書札

## 一、致王念孫

### 盧文弨致王念孫書二通

#### 一

#### 與王懷祖念孫庶常論校正《大戴禮記》書　庚子

讀所校《大戴禮記》，凡與諸書相出入者，竝折衷之以求其是，足以破注家望文生義之陋。然舊注之失，誠不當依違，但全棄之，則又有可惜者。若改定正文，而與注絶不相應，亦似未可。不若且仍正文之舊，而作案語繫於下，使知他書之文固有勝於此之所傳者。觀漢魏以上書，每有一事至四五見，而傳聞互異，讀者皆當用此法以治之，相形而不相掩，斯善矣。此書尚有管見所及，欲請正者。如《夏小正》：「五月，初昏大火中，種黍菽糜。」

傳云：「大火者，星家諱改〔一〕。也。星中，種黍菽麋時也。」竊意經於「種黍」句絶，「菽麋」當作「菽麋」，下所以云「菽麋已在經中，又言之」也。其傳之「菽麋」，當爲衍文。蓋星中可以種黍，見於《尚書考靈耀》及《尚書大傳》等書，所言相同。若菽則非五月所種，不可以「種黍菽」連讀而去「麋」字，傳此處於菽麋蓋無釋也。或云當作：「初昏大火中，種黍。大火者，星也。星中，種黍之時也。」下以「菽麋」二字作經，以「記時也」三字作傳。亦可備一說。《保傳》篇「工誦正諫」，「正」當如《詩》「正大夫離居」之「正」，蓋大夫之長也。故注於此句下先釋「工誦」，即云「大夫諫之以義」，後於瞽史并釋「正諫」也。似不必依《漢書》、《白虎通》改「正諫」爲「箴諫」及增「大夫進諫」一句，古人作文亦知避就之法，未必疊用兩諫字爲句也。又「行雖有死不能相爲」，《漢書》作「行有雖死不能相爲」。竊意此較《漢書》爲勝，蓋「有死」二字是成文，《左氏傳》「有死無二」、「有死而已」，此類不一。作「行雖有死」，語勢較健，似不當反改從《漢書》也。《曾子事父母》篇中有云：「諫而不用，行之如由己。」足下疑此語有誤。此不必致疑也。行之者，從之也。從父母之過，如己實爲之，而非出於父母之本意然，所謂引慝也。《少閒》篇「君曰足，臣恐其不足，君曰不足」，此下脱一句，方本補「臣恐其足」四字，竊所未安，前者已略論之矣。蓋君曰足，則有過於自信之意，而臣之進辭也當婉，故可以云恐也。若君曰不足，則但謙讓未皇而已，其臣之進辭也當決，施恐字則爲不當。故注於上二句云：「未足而君謂足，則臣恐未足，告以不足也。」於下二句云：「實足可行，而君曰不足，則臣云足，所謂可不也。」一有恐字，一無恐字，注可謂善體語意矣。此愚向所以欲補以「臣則云足」四字也。然不敢即入正文，附見之而已。方本專輒改易古字古語，多不可信。注中引《詩·節南山》但稱《節》，《左氏·昭二年》「季武子賦《節》之卒章」，已有此例矣。若「伏」之與「服」，本可通用，《本命》篇「婦人伏於人也」，即其證。「采地」之「采」本作「菜」，音注疏中多有作「菜地」者，不可謂誤。《文王官人》篇「醉言悴也」，「言」疑是「猶」之誤。《少閒》篇注：「言有可同不可同也。」「不可」二字疑誤倒。足下其爲我更審之。既觀足下所校本，因并求官本觀之，其中復有鄙意所未愜者。以東原之博雅精細，與衆人共事乃亦不能盡其長邪？曩日曾共校此書，其中是者亦棄而不録，何邪？今摘其當更定者數條於左，與足下共商搉之。

《夏小正》：「來降燕，乃睇。」傳云：「百鳥皆曰巢，突穴又謂之室，何也？操泥而就家，入人内也。」案語云：「突穴，即燕之所爲似穴而突出者也。『入人』或作『人入』，今從關本。」文弨案：「皆曰巢」下本作「室穴也與之室何也」。蓋經「乃睇」下必本有「室」字，故傳作如是解。今仍從別本作「突穴」，而所釋者頗失之於鄙俚，大不可解。「與之室」，作「與」字，爲古與猶許也，不當改作「謂」。下當作「操泥而就家人句入内也」。家人猶今言常人家耳。《哀四年左傳》：「公孫翩逐蔡昭侯而射之，入于家人以卒。」《漢書》中類此者尤多。云「入内」正以足「與之室」之義。若作「操泥而就家」，語頗不足。既言家，又言人，參錯複疊，亦不成文理。似不當從闕本。竊疑「室穴也」亦當本是「室内也」，與末句正相應。穴與内形近致誤。

「菽糜已在經中，又言之，是何也？時食矩關而記之」。案語云：「上『初昏大火中』，説曰『星家諱改。中，種黍菽糜時也』，謂種黍與菽糜二事，皆以星中爲候。此民事之常，記星中，則二事自見，故云『已在經中，又言之』，非經重出此文也。『矩』當爲『巨』。夏時以菽爲糜，乃時食之大關。」文弨案：上文「大火中」下本有「種黍菽糜」四字，或脱去耳。今仍其脱而又曲爲之説。君子之於幽也不言。審經文本無「菽糜」，而鑿言之云「已在經中」，斷無是理。以星中見種黍之候，容可通，此種黍必當在此月也。以星中見菽糜之候，將非此月即無菽糜者乎？「食矩」本作「食短」，「關」本作「閔」。是月也舊穀行盡，新穀未升，農民於此時常苦食短，故以菽爲糜。菽以佐食之不足，非常食也，何大之有？《記》言啜菽飲水，《史》言半菽不飽，菽是穀之粗者，故用以爲況耳。《小正》閔而記之，故辭之重如此。然則上文本有「菽糜」二字明甚。下「隕麋角」亦再見。若「食巨關」，從未見他書有引用者，於複舉之意亦不顯。

《保傅》篇：「有司齊肅。」案語云：「各本譌作『參夙』。今據《李彪傳》改正。」文弨案：「參」乃「叁」字之譌，今即作「齊」，亦無不可，唯「夙」字斷不可改「肅」。注云：「齊夙謂三月朝也。」夙訓爲早，與朝義合。若「齊肅」而直訓爲「三月朝」，不太遠乎？

「燕度地計衆」。案語云：「『度』各本譌作『支』，今從方本。」文弨案：「度」本作「支」，故注云「支猶計也」。後世尚有度支之官。若正文本是「度地」，則是常辭，可不加注，即注亦當以度量爲義，不當轉以計字相比況，蓋計字之義不顯於度字故也。此亦失之。

《曾子制言中》：「無怱怱于賤。」案語云：「『怱怱』各本譌作『勿勿』。據《立事》篇『君子終身守此勿勿』，注云：『勿勿猶勉勉。』今從方本。」文弨案：《立事》篇「君子終身守此悒悒」、「君子終身守此憚憚」，與所舉「勿勿」凡三言。此篇言「君子無悒悒於貧，無勿勿於賤，無憚憚於不聞」，正與前三言其辭同，其所指則異。前則憂其所當憂、勉其所當勉者，故曰終身守之。若貧賤則在天，不聞則在人，於君子何與而何所憂焉，而何所勉焉？今獨改「勿勿」爲「怱怱」，殊不可通。

《曾子天圓》篇：「龍非風不舉，龜非火不形，家諱改〔二〕。鳳非梧不棲，麟非藪不止。」案語云：「各本脱此十字，今從《永樂大典》本。」文弨案：此好事者妄增入也。本文「龍非風不舉，龜非火不形」，下即接云「此皆陰陽之際也」。注云：「龜龍爲陰，風火爲陽，陰陽會也。」今以鳳麟梧藪閒其中，其於陰陽之義何所當乎？此之謬妄，顯然易見，柰何信之！

《武王踐阼》篇：「王齊三日，端冕奉書而入，負屛而立。」案語云：「各本作『王端冕，師尚父亦端冕』。《學記》疏云：『師尚父亦端冕』，《大戴禮》無此文，鄭所加也。」文弨案：唐人所見《大戴禮》偶脱此一句，遽斷以爲鄭所加，於文義全不考究，竟似王「奉書而入，負屛而立」，與下言「王下堂南面而立」皆成齟齬。果古本脱去而鄭增成之，亦當從鄭，況漢人所見本在前，唐人所見本在後，烏知鄭之時必無此一語乎？曩時但以《學記》正義之説附於後，於本文卻不敢遽删，不知何以不見從也？

「以仁得之，以不仁守之，其量十世」。案語云：「各本『以不仁得之以仁守之』。今從《禮記疏》。」文弨案：「以不仁得之，以仁守之」，正所謂逆取而順守也。若創業之君既能以仁得天下，安有忽反而爲不仁者？如有之，則始之仁也亦僞耳，可曰以仁得之哉？且未見夫開創不仁之主之可以待至十世者也。不斷之以理，而惟誤書之是信，夫豈可哉！

《衛將軍文子》篇：「終日言，不在尤之內。」注：「在尤之外。」案語云：「此四字各本譌作正文，今從方本。」文弨案：《立事》篇亦有此語，無「在尤之外」四字。今以爲衍文可，以爲申殷勤亦可，唯以爲注則大不可。鄉學究作此語以曉童蒙尚不爾，況作注乎？

《勸學》篇「於越、戎貉之子」。文弨案：舊本「於越」竝作「于越」。《荀子》作「干越」，字形相近。前不依《荀子》而仍作「于越」者，以《漢書・貨殖傳》云「戎翟之與于越不相入」，孟康曰：「于越，南方越名也。」師古曰：「于，發語聲也。于越猶句吴也。」皆作「于」字。若《荀子》之作「干越」，《莊子》、《淮南》亦有之。説者或以爲漢餘汗等地，是干亦音寒。然則各仍其本文可矣。今以《春秋》有「於越入吴」，遂改「于」爲「於」，所謂知其一不知其二也。凡舊本作「於」者，官書普改爲「于」，獨此又改舊「于」字作「於」。

《文王官人》篇「志殷而㴱」，注：「殷，盛也。㴱蓋深也。」文弨案：舊本作「志殷如浚」，注「浚蓋深字」。今檢字書無「浚」字，或古有之而字書失載，要爲傳寫已久，故注有此語。抑或校書者所加，後來誤併入注中。今既改正文作㴱字矣，㴱與深有古今之分，實則一字，作注者寧此之不知而猶疑其辭曰「㴱蓋深也」邪？竊以爲當作案語云：「㴱，舊本作浚，注末有『浚蓋深也』四字，或校書者之辭。」斯爲得之。「而」與「如」古通用，今竝從方本改易矣。

他如《四代》篇「睾然」，睾即皋字，亦見《莊》、《列》、《荀子》，今誤作「睪」。《朝事》篇不補「侯伯於中等，子男於下等」二語，亦不加案，皆不可曉。「偷墮」、「懈墮」即是「惰」字，乃以爲譌。其他脱句《武王踐阼》脱「於户爲銘焉」。脱字《公冠》「立於席北」，脱「北」字。及注中脱誤之處，非本校者之失，固可以共諒也。

## 二

盧文弨敬候懷祖老先生近安。違教以來，歲星倏一周矣。遥想名山之業，定已傳諸其人，而弨也衰頽日甚，滯邇毗陵〔三〕，不獲窺見一二，悵惘奚似！向有意欲詮《廣雅》，畏詁訓之煩難，乃從後逆推而上，已成第九、第十兩卷。中遭大故，繼復爲它事所奪，閣寘又五六年矣。有學徒好事，欲請付雕。今年謀再纂輯，而精力更非復前時，外擾又難盡絶，假年之想，豈可倖邀！聞老先生於此書首數卷已有成編，敢請惠寄，以爲弁冕，庶更爲此書增重，弨亦可免於續貂之誚，未知肎俯允否。向來拙刻凡得之友朋者，雖一字一句，必明所自，諒高明素能洞鑒也。陽湖洪太史處〔四〕，當有便人往來，賜札可交彼處，是望。文弨頓首。壬子三月廿一日邗江寄。

**【説明】**

第一通原載《抱經堂文集》卷二十《書四》，作於乾隆四十五年庚子。第二通據《昭代經師手簡》謄正，作於乾隆五十七年三月二十一日。

**【校注】**

〔一〕家諱：盧文弨之父盧存心，此處諱「心」改作「星」字。

〔二〕此處諱「兆」改作「形」字。未詳何人名諱。

〔三〕毗陵：地名，今屬江蘇省常州市。

〔四〕洪太史：洪亮吉，江蘇陽湖今屬常州市。人，乾隆朝任編修。有《洪北江集》等。

## 劉台拱致王念孫書二通

### 一

劉台拱叩首，石臞太親翁大人執事：月前聞執事有安仁之戚〔一〕，竊不勝驚怛之至！執事仕官三十年，家事毛髮絲粟以上，無不由恭人經理，不但繕完無缺，而且饒裕有加。郎官俸薄，長安米貴，千里輕齎，應時而至。此可比蕭何之完治關中，不絶饋運，爲漢家功臣第一。今以中年一旦化去，執事能無失左右手之歎？況曼卿昆仲孝思純篤，摧痛之餘，復相感動，此不能不爲執事懸切者也。顧恭人一生遭際，爲人生所願望而不可必得者，閨閤中如此獲福之全，非獨今世所稀，抑且古人所僅。言念及此，執事亦可以少釋其悲懷矣。至于曼卿昆仲，望時時諭以節哀順變之旨，尤所禱切！台拱連年憂患頻仍，衰老之態日增月益。今秋兒女輩皆病暑熱，而大小兒染患最深，醫家之貽誤亦最甚。幸天意垂憐，得有更生之慶，而台拱已衰之精力，經此震悸，更不可支。形容之蕉萃，見者駭爲非人；脈息之細微，診者驚其欲脱。此時藥裹之外，槩不經心。然如此虛羸，不知費幾許調攝，然後得爲康彊無恙人也。愛我如執事，能不爲之怦怦已乎！聚五兄弟歸里〔二〕，略悉近狀。今因候補章君之便，肅此奉慰，並問起居，伏惟珍重。臨書馳系，不宣。台拱叩首。

曼卿昆仲並此聲啃。病中作字極不易，伏祈恕之。十月十日。

## 二

行旌已臨袁浦〔三〕，不過一二日之留，而適届冬至，有先人魚菽之祭〔四〕，必須躬親。若侍節後，恐不相及。執事使事有程，勢難久駐，而台拱以百里之迎，不獲晤言，甚悵然也。黄河由大清河入海，乃其就下之性，因勢利導，是爲上策。聞乾隆初年，孫文定公執此議甚堅，但不知究於運道如何。執事履勘詳明，必有定見。坐言起行，實在今日，草莽中可得與聞一二否？他所欲就正甚多，匆匆不及覼縷。雪後益寒，途中惟珍重是禱！台拱叩首。冬至前一日。

【説明】

二札均據《昭代經師手簡》謄正，分别作於嘉慶九年、八年。見劉文興《劉端臨先生年譜》。

【校注】

〔一〕安仁之戚，指王念孫喪妻之痛，見《元配吴恭人行略》。

〔二〕聚五：朱聯奎，字聚五，朱彬堂弟，王念孫長壻。

〔三〕袁浦：清江浦，當時河道駐地。

〔四〕魚菽之祭：用魚、豆等常見食品祭祀，即薄祭。見《公羊傳·哀六年》何休注。劉文興《劉端臨先生年譜》作「盂菽」。

## 孔廣森致王念孫書一通

自都門分手，別我良友，忽忽不知何以爲懷。續緣《蓼莪》之痛〔一〕，偷存視息；又喪一弟兩姪女一胞孀，功緦之喪，三年中凡更十有七人；今春加以喪偶。中年哀樂，遽至于此！讀書一道，幾將無緣。昨承魚門先生惠書〔二〕，教以潛心體究，不可草率著述，銘之心版，且感且愧。即如音學，每讀《三百（篇）〔篇〕》，反復紬繹，覺江、顧、段諸家皆未當於心〔三〕，然不敢輒信有定論，因復又有所得。竊見古人用韻，亦有一定章法，略如後世詩律，如七句、九句、十一句，凡單句而兩韻者，其多一句必在上半章。又如疊韻恒在第三句及末句之上一句，而第三句入韻者，則首句必無韻。若通章用韻，則偶空一句者，又必第三句及末句之上一句。凡此之類，共得數十條。恨道遠，不獲面陳其詳。近已抄集爲《詩聲略例》一卷〔四〕，又無從呈教定。至詩韵之密，不但隔叶、半句叶，且有兩字韵，如高岡、朝陽；鴻飛、公歸之類。以至《小星》一（篇）〔篇〕，「星」「征」隔叶矣，而「小」與「宵」亦三聲之通，「五」與「夜」、「參」與「衾」半句又隔叶，（實）「〔寔〕命」之「命」又在半句中與「星」、「征」隔叶。其繁密有如此者。再舉《鴟鴞》一（篇）〔篇〕，拮据、將（荼）〔荼〕、卒瘏、室家，並兩字有韵，而「蓄租」一句獨否，不欲其板滯也。末章連句疊字，亦變一句不同，然「漂搖」雖非雙字，亦雙聲矣。所謂「危苦之詞，變而愈促」。而其首章首三句皆不入韵，蓋後爲促節，則前爲曼聲，是一（篇）〔篇〕之法也。然「恩斯勤斯」一句兩韵，前爲曼聲，則後爲促節，又一章之法也。其精妙有如此者。《假樂》四章，章六句，前二章上兩韵下四韵，後二章上四韵下兩韵。其整齊有如此者。《瓜瓞》九章，首章一樣韵法，二章三章皆比句韵法，「膴」，《韓詩》作「腜」，與「原田每每」之「每」同義。四章空一句韵法，五章六章皆上下平分三句韵法，六章雖同韵，而上三句用「之」字體，下三句「屢」、「堵」、「鼓」隔叶，大體六句詩平分之，則三句爲半章，自是正格。故《信南山》四章之「廬」、「瓜」、「菹」皆平聲，而「祖」與「祜」上聲自相叶。五章「酒」、「牡」、「考」一韵，「刀」、「毛」、「膋」一韵。《殷武》亦正用此體，上半章「監」、「嚴」、「濫」一韵，下半章三句而兩韵。析觀之，則「不敢怠遑」一句不入韵，正如三句詩，首句無韵，「蔽芾甘棠」之類。故愚見，審於詩律，則江、顧諸家割裂牽强之說，又可以汰去太半。狂哉斯言。七章又獨自一樣韵法，八章九章又皆上兩句、下四句韵法，奇偶相間而成文。其錯綜而兼整齊又有如此者。摘斯梗槩，不識吾兄謂可竟其説否也。雲山間阻，略以年來所得佈之左右，乘便先繳尊謙。《國語》未有刷印現成者，容俟續寄。餘不盡。廣森頓首上懷兄大哥座右，惟辛丑三月二十有六日也。

【説明】

札原載《昭代經師手簡》，據此謄正。孔氏作於乾隆四十六年辛丑三月二十六日。

【校注】

〔一〕《蓼莪》：《詩·小雅》篇名。《毛詩序》：「孝子不得終養爾。」

〔二〕魚門：程晉芳，字魚門，號蕺園，《四庫全書》纂修官。

〔三〕江：江永。　顧：顧炎武。　段：段玉裁。

〔四〕《詩聲略例》：孔氏有《詩聲類》十二卷、《分例》一卷。《詩聲略例》殆指此而言。

## 孫星衍致王念孫書三通

### 一

唐《一切經音義》送覽，中訥舛甚多，緣急急隨中丞移官中州，幾不能蕆事也。明日須到西苑銷簽，遲日再趨聆老前輩教訓可乎？星衍頓首於紙。

送粉坊琉璃街

工部王大老爺

## 二

三春于役潞河，未及奉札，伏稔老前輩政祉潭禧，與時並茂爲頌〔一〕。衞河督浚、諸仗壁畫賢勞，此時水長〔二〕，似可無虞，叨芘不淺。侍于月初交糧完竣，望後舟過東光〔三〕，計廿前可以抵署。節前後有上省之行，須秋間方到泲上謁晤。數月睽違，不勝企戀耳。舟中爲《書今古文義疏》，成《臯陶謨》一篇，抄出清本，再爲奉政〔四〕。細繹舊注，始知今文之義俱勝古文，由伏生親見百篇全書，授學夏侯〔五〕、歐陽，比之賈逵諸人推究古篆立説者，自爲有據〔六〕。史遷雖右古文説，而用今文甚多。惜江、王、段三君子皆右鄭〔七〕，而忽《大傳》〔八〕、《史記》之文。即如十二章之説，似不及《大傳》五章之義。今作文一篇，略爲證釋，附寄老前輩訓正，恕未録清本。侍之爲疏，則各就今古文疏通之，並不敢折衷，使觀者自覺今文之勝。便中乞示教，不一。專此，即候升安〔九〕。伯申大兄來署否？聞新刻成《書詁》〔一〇〕，乞賜一册。懷祖前輩閣下，館後學期孫星衍拜啟。

張同年宗源已到京爲道候，《尸子》已刻。今宋定之近狀何如？稍有定所，當邀其疏《尚書》也。

## 三

客年因足疾卧床〔一一〕，屢承存問〔一二〕，並荷關愛深情，至今感激。聞令郎高捷〔一三〕，喜而不寐。閣下注《廣疋》又得幾〔一四〕？所有心得，乞示一二。侍自抵任後，即奉檄辨案。又以兼司都水南北履勘濬工，無一日之息，書麓俱未發視〔一五〕。然山左多古蹟，所到之處，手執桑《經》〔一六〕、唐宋人地里書，尋求古跡古碑，頗有所獲，此可告前輩者。外間彫敝，非清心寡欲不能稍養地方元氣，未免官貧之慮耳。此候升安，不一。石渠給諫大人閣下〔一七〕，侍孫星衍頓首。令郎同候。前借《經詁》一册，祈抄寄，當爲梓行。又及。

【説明】

第一札李宗焜《高郵王氏父子手稿》作致王引之書，誤。由「老前輩」、「送粉坊琉璃街工部王大老爺」可知是致王念孫書。乾隆四十六年，王念孫改工部主事，寓粉坊琉璃街。到乾隆四十九至五十二年，王氏仍在工部，由主事而郎中。再有「到西苑銷簽」一事，應在孫氏五十一年中式後，故此札應作於乾隆五十二年。王章濤《年譜》力主此説，極是。第二、三札載《昭代經師手簡》，王重民輯入《孫淵如外集》卷五。第二札作於嘉慶十二年四月，第三札作於乾隆六十年。

【校注】

〔一〕「與」，《手簡昭代經師》以下簡稱《手簡》。作「与」。

〔二〕「時」，《手簡》作「时」。

〔三〕「東」，《手簡》作「东」。東光，地名，清代屬河間府，今屬河北省滄州市。

〔四〕〔六〕「爲」，《手簡》全篇作「为」。

〔五〕「學」，《手簡》全篇作「学」。

〔七〕江：江聲，有《尚書集注音疏》。王：王鳴盛，有《尚書後案》。段：段玉裁，有《古文尚書撰異》。

〔八〕「傳」，《手簡》全篇作「传」。

〔九〕「即」，《手簡》似「希」又似「布」，未敢斷定。

〔一〇〕「聞」，《手簡》作「闻」。

〔一一〕「床」，《手簡》作「牀」。

〔一二〕「問」，《手簡》作「问」。

〔一三〕「聞」，《手簡》作「闻」。高捷，指王引之於乾隆六十年應順天鄉試中試，榜發在九月。

〔一四〕「閣」，《手簡》作「阁」。

〔一五〕「麓」，通「簏」。

〔一六〕桑《經》，即《水經》。《新唐書·藝文志》題爲漢桑欽撰。

〔一七〕「諫」，《手簡》作「诛」。

## 汪中致王念孫書二通

### 一

老母素苦痰嗽，比年以來，飲食盡化爲痰，肌肉銷鑠。六月二十三日之夜，忽然昏厥。用仲景半夏湯，次日始醒，神氣頗清，而呼吸甚促，藥物不能爲功。至七月之朔，竟至棄養。老母自歸汪氏，貧無童妾，親操井臼。及先君子下世，重以歉歲，三旬九食，冬無衣被，某所親見。養育兒女，旦夕作勞。及某長成之日，傭書負米，謀一日之養，思以返哺之勤，償集蓼之苦〔一〕。而終歲呻吟，少有寧宇，末路之猝變，由於積年之久病。而致此之故，實以中歲之摧剥，雖則考終，未盡其天年也。某入世以來，飢寒困辱，汲汲無歡，徒以老母之故，不復言苦。今顧此餘年，生亦何益？早衰多病，今更劇於向時。昔爲賈、李二君作《墓志》〔二〕，以足下與之交契，故於文中並及之，他日足下爲我操筆，當叙此情事也。

## 二

六月二日，汪中敬問懷祖大兄無恙。春仲得手書，良慰飢渴〔三〕。早衰鮮食，法在補火生土，建中理中，諸方備矣。北土方旱，不可過燥，惟隨宜處之。中病後甚健，大約有飲食，無男女，是以解爾〔四〕。所恨昏厥之證，間一二月一發。適來順也，適去時也〔五〕，又何足治乎？年來，諸經多束高閣，惟《左氏春秋》時所究心，少間當一一質之良友。《泰伯廟銘》、《講學釋義》二篇〔六〕，伏乞教之。今時古學大興，經學則程、戴〔七〕；史學則錢、邵〔八〕；小學則若膺及足下父子；若文章一道，中欲置身其間，蓋有志未逮也。紀尚書向未識面〔九〕，乞以二篇視之，而不言何人所作〔一〇〕，向堂下之言〔一一〕，或庶幾乎！聊以爲賢〔一二〕，非有求也。端臨生子已二歲〔一三〕，觀其眉宇，真是英物，伯申不可及矣。中之子亦頗可教〔一四〕。三家子弟再同講習，斯盛事也。附問起居，不盡馳想。中頓首。

【説明】

第一通原載汪喜孫《容甫先生年譜》，作於乾隆五十二年丁未。第二札據《昭代經師手簡》謄正，《新編汪中集·文集·第五輯》亦收入。第二札作於乾隆五十九年六月二日。

## 【校注】

〔一〕集蓼：語出《詩·周頌·小毖》：「未堪家多難，予又集于蓼。」毛傳：「我又集于蓼，言辛苦也。」鄭箋：「集，會也。」

〔二〕賈：賈田祖，字稻孫，號禮耕，高郵知名學者。李：李惇，詳見《〈群經識小〉序》校注。汪中爲賈、李作墓志銘，見《汪中文集》第八輯。

〔三〕「尉」，《汪中文集》作「慰」。

〔四〕「解」，《汪中文集》作「能」。據汪喜孫《容甫先生年譜》乾隆五十八年下引王念孫致汪中書云：「今又晤錢竹汀子，爲言足下所患頗劇，幸而得解，驚喜交集者久之。」「幸而得解」，與「是以解爾」句意正同。《手簡》此字作「解」爲是。

〔五〕「適去時也」，與「適來順也」正相對。《汪中文集》作「適時去也」，誤。

〔六〕二篇見《汪中文集》第六、第一輯。

〔七〕程：程瑶田。　戴：戴震。

〔八〕錢：錢大昕。　邵：邵晉涵。

〔九〕紀尚書：紀昀，官至禮部尚書，總纂《四庫全書》。

〔一〇〕《新編汪中集》頁四四〇此句作「而不言何人」，句意不完，誤。

〔一一〕《新編汪中集》此句作「仰叔向堂下之言」，以「所作」作「仰叔」，連下句讀，莫知所云。「之」「言」二字，《手簡》互倒，當乙正。向堂下言之，向紀昀屬員言之也。

〔一二〕「賢」，《汪中文集》作「資」，莫知所云。聊以爲賢，僅以之爲賢也。

〔一三〕端臨生子：劉端臨長子劉源岷生於乾隆五十八年。

〔一四〕中之子：汪中之子汪喜孫生於乾隆五十一年。

## 與王懷祖

姚鼐

累年未通啟候，但遥相念，時有都門人來，詢知佳勝而已。鼐頻歲居江寧，此地巨都，而所對人物乃與下縣荒邨不異，良可慨息。聞世兄乃能繼武家學，使人欣快無已。不知先生近日常相接談論者，復是誰邪？敝門人陳用光，江西新城人。其人篤學好古，作古文已入門逕，是後來佳士。玆入都鄉試，因慕仰，瞻謁階墀，必蒙鑒知，非庸士也。鼐《九經説》、《三傳補注》刻本新就，即坿呈教。鼐欲破門户偏黨之見，遂不免以臆爲斷，恐當獲罪于海内學者。先生試評論其謬妄，鼐必不敢專執自是也。寒初，惟珍重，不具。

【説明】

札原載《惜抱先生尺牘》卷二，王章濤《王念孫王引之年譜》列在乾隆五十九年，可從。

# 上王侍御書

陳用光

懷祖侍御執事：用光聞之：「學莫貴乎得其本。」通經，學之本也。知通經，則得其本矣。是故古之學者，三年而通一經，其爲時之久如此也。旁求之諸子百家、傳記、方言、小説，靡不參互攷訂，以求一當，其所務之博又如此也。時既久，故思慮有所必通；務既博，故有以濟其聞見之所不及。漢之儒者，莫不從事乎此。及其弊也，穿鑿傅會之失益滋，則反昧於爲學之本。宋儒揭其本以救之，而及其弊也，空疏無據之病復起。故今之學者，以漢學相倡和，而考據之精，冠于前代。其著書立説，馳聲譽于海内者，肩相望而踵相接也。執事以鴻才實學，爲前輩之魁傑，而郎君之賢，能繼其志，純終領聞〔一〕，修業不遑息版〔二〕。用光伏處下風，聞而思慕，如景星慶雲之在天，企而欲見之者久矣。昨者，謀應都下之試，求得姬傳先生之書〔三〕，將以介於從者而謁於左右，見盧南石督學而以達于執事之觀覽〔四〕。小儒穴見，無足當乎大雅，而比諸候蟲之時吟則氣機所感，固有不能自已者。他日因緣得至都下，而進謁階墀，將有深於是者以執經而請業焉，惟執事之不鄙棄之！

【説明】

札原載陳用光《太乙舟文集》卷五。陳用光，姚鼐門人。乾隆五十九年，姚氏致函王念孫，推介陳用光謁見。札中稱「王侍御」，而王氏乾隆五十八年至嘉慶四年十一月任職吏部給事中。又姚札、陳札均語及入都鄉試。故此札應作於乾隆五十九年秋。

【校注】

〔一〕揚雄《法言序》「君子純終領聞」，李軌注：「領，令也。聞，名也。言善於終而有令名也。」

〔二〕《管子・宙合》：「退身不舍端，修業不息版。」注：「版，牘也。」戴望校正：「宋云：案《曲禮》『請業則起』，鄭注曰：『業，謂篇卷也。』此言『修業不息版』，古人寫書用方版。《爾雅》『大版謂之業』，故書版亦謂之業。鄭訓業爲篇卷，以今證古也。」

〔三〕姬傳：姚鼐，字姬傳，又字夢穀，安徽桐城人。乾隆二十八年進士，《四庫全書》纂修官，後主鍾山書院，門人衆多。論學主集義理、考據、詞章之長，不拘漢、宋門户，是方苞以後桐城派代表人物。有《古文辭類纂》、《惜抱軒全集》、《九經説》等。

〔四〕盧南石：盧蔭溥，字南石，山東德州人。乾隆四十六年進士，官至體仁閣大學士，加太子太保。

# 錢大昕致王念孫書一通

大昕頓首謹啟，石臞先生閣下：前歲曾蒙賜寄大製《廣雅疏證》一部，體大思精，於文字、聲音之原本，燭照數計，其啓佑後學，功不在許祭酒、張博士下。隨附寸函謝教，於去春由都門轉遞，未審得達左右否。嗣以夏秋雨漲泛溢，致干吏議，聖恩寬大，即加曲宥，仍許任事河干，益信清白吏自邀天佑也〔一〕。前讀尊製，間有一二未及詳者。謹就鄙見，録於別紙，伏希示其然否。茲因汪芝亭西曹北上之便〔二〕，附請近安，不任依切之至！弟錢大昕再頓首。壬戌四月三日。

《廣雅·釋言》：「賝，貰也。」案：《廣韻·侵部》：「賝，賚也。」「貰」當是「賚」之譌。

「疊，懷也。」「懷」或是「慴」之譌。

「醒，長也。」醒、長義雖不相近，而聲則相近，知、澄兩母音多通也。

「蓋，黨也。」「黨」讀如「儻」，蓋、儻皆疑詞，可互訓。

「脰，饌也。」「脰，錯也。」此兩「脰」字，當爲「俎豆」之「豆」。或漢隸「俎豆」字有从肉旁者。

「免，隤也。」古兔、免同文，兔與妥聲相近。《易·繫辭》：「夫坤隤然。」孟喜「隤」作「退」，陸績、董遇、姚信俱作「妥」。是「兔」與「隤」、「退」亦相近。

「子、巳，似也。」「巳」當即十二支「巳午」之「巳」，以音相近取義。《詩》：「似續妣祖。」鄭箋讀爲「巳午」之「巳」。鄭氏《詩譜》謂子思論《詩》「於穆不已」，孟仲子曰「於穆不似」。

「位、莅，褖也。」古文「位」與「立」同，立、莅、褖聲皆相近。

「牒，㝅也。」「㝅」當即「疏」之異文。

「酌，漱也。」「酌」當作「酌」。

《釋訓》：「管管，浴也。」案：《詩》：「靡聖管管。」〔三〕傳云：「管管，無所依繫。」箋云：「管管然以心自恣。」蓋自恣之人不肎遵守法度，所爲皆無所依傍。」毛、鄭兩義本相承也。「浴」當是「恣」字之譌。

【説明】

札原載《昭代經師手簡》，作於嘉慶七年，錢慶曾《竹汀居士年譜續編》嘉慶七年下亦有記録。

【校注】

〔一〕此指嘉慶六年永定河決口，王念孫被革職，旋蒙加恩，仍留永定河工次任事。

〔二〕汪芝亭，即汪恩。

〔三〕引《詩》見《大雅·板》。

## 段玉裁致王念孫書七通

### 與王懷祖第一書

懷祖先生閣下：日前短札，想登記室。邇惟長夏恢台〔一〕，起居安適，河工政務辦理裕如，令郎書信往返甚近〔二〕，想亦甚安。弟七十餘耳，乃昏眊如八九十者，不能讀書。唯恨前此三年爲人作嫁衣而不自作，致此時拙著不能成矣，所謂一個錯也〔三〕。有陳芳林先生之子名啓宗〔四〕，渠因失館出門。其人品行端方，亦翩翩書記。執事倘能教誨之，必能不負。芳林，固亦先生之故人也，念舊之誼當何如？敬請陞安，不縷。棘人段玉裁頓首〔五〕。

### 與王懷祖第二書

制愚弟段玉裁頓首上懷祖大兄先生坐右：邸抄中每閱恩命〔六〕，深爲忭喜〔七〕。年來想勷勞茂著，道體佳勝。弟鹿鹿如常耳〔八〕。前月乍聞尊嫂夫人仙逝之信〔九〕，吾兄當此，能勿哀傷？況老嫂之才賢，健持門户，内助之美，疇能過之？令嗣大兄應已南奔盡禮〔一〇〕，吾兄愼勿因此過傷，宜斟酌于莊生、荀令之間爲禱〔一一〕。弟春夏多病，秋冬稍可，欲讀書而欠精力。數年以文章而兼通財之友〔一二〕，唯藉阮公一人。拙著《説文》，阮公爲刻一卷〔一三〕，曾由邗江寄呈，未知已達否？能助刻一二否？竹汀已仙逝，十月事也。易田八十，常有書來，尚康健。端臨消息乃絶少。便中乞示新著並德音爲望〔一四〕。敬候陞安。諸惟雅鑒，不戩。玉裁再拜。嘉平〔一五〕廿二。

## 與王懷祖書三

寂寥中得手書及《經義述聞》〔一六〕，快讀一過，何減麻姑蛘處搔也〔一七〕。橋梓何啻漢之向、歆乎〔一八〕？邇來興居大佳〔一九〕。弟落魄無似，時觀理學之書〔二〇〕。《説文注》近日可成，乞爲作一序〔二一〕。近來後進無知，咸以謂弟之學竊取諸執事者〔二二〕，非大序不足以著鄙人所得也，引領望之。竹汀、端臨皆逝。竹汀近年相益最多，今乃無友矣。易田今歲未得其書，執事不得一晤，我勞如何！舍弟玉立蒙愛最久〔二三〕，今貧而入京，乞推分助其資斧，則弟同身受矣。敬候懷祖觀查大兄大人陞安〔二四〕，弟玉裁頓首〔二五〕。

今年得手書，已作覆札矣〔二六〕。四月初二日。

此上年嘉平作也，今舍弟四月方從此起行，輒又題數字于後〔二七〕。

## 與王懷祖書四

愚弟段玉裁頓首上懷祖先生執事〔二八〕：自上年奉書後，接令嗣手札，知天眷優渥，起居萬安〔二九〕。邇者河道安瀾〔三〇〕，漕舟迅速，勤勞茂著，可勝翹企！玉裁老病貧三者兼之，向者恥言貧，今日乃更不能自諱也。鄙著《説文注》已竣，蒙阮公刻成一卷，一以爲唱，用呈請政，并量力佽助〔三一〕，庶乎集腋成裘。向時尊處書價二十金〔三二〕，爲寄書人龔繩正所失〔三三〕，尚未暇還〔三四〕，抱愧之甚，如同拜賜之感而已。春夏則病乘之〔三五〕，秋冬而後稍可。年祇七十而老耄過于八九十者〔三六〕，是可歎也。執事清臞勞鹿〔三七〕，萬宜頤養性真〔三八〕，勿如賤子之蒲柳易彫也。敬請升安〔三九〕。諸惟雅鑒，不具。玉裁再拜。外書二卷。十月望日。

## 與王懷祖書五

愚弟段玉裁頓首，懷祖大兄先生執事：去冬得大著並手書，業經雒誦，布陳傾倒之懷〔四〇〕。嗣頻接手函，近者又惠以四十金，俾得刻資〔四一〕。此種高誼，不勝感泐。弟夏天體中極不適，冬日稍可。當汲汲補竣，依大徐三十卷，尚有未成者二卷也，十二之下、十三之下。今冬明春必欲完之。已刻者僅三卷耳。精力衰甚〔四二〕，能成而死，則幸矣。所賜當即刻之。弟以《説文》轉寫未必皆本字，如「㥑，愁也」、「愁，㥑也」爲轉注，而今本「㥑」作「憂」，行和之貌與愁何涉乎〔四三〕？他書可用叚借字，許書説解中用叚借多窒礙而不可通。曾舉數十事發明之，今擬將此等字不下數百通舉出，爲《釋例》以附於其後〔四四〕，就正有道焉。子田《鈎沈》蒙補刻，幸甚。而端臨《遺書》恐碎簡不成片段，非執事精心，恐不能成書也。《經義述聞》橋梓之學俱精詣造極〔四五〕，將來更有《讀書雜志》，如竹汀《養新録》最妙。令郎南歸未得晤，曾作札布候，並自陳筆誤〔四六〕，恐未達。四舍弟入都，恐其資粮之或不給也。爲作數行奉瀆，想執事又有以資之〔四七〕，令人感泣也。易田二年來未得其消息，近日正擬作札問之，今八十二矣。蘭泉少寇六月仙逝〔四八〕，海内又少一個〔四九〕，竹汀已宿草矣〔五〇〕。肅比述闊懷〔五一〕，並陳謝悃〔五二〕，伏惟近安，臨紙不勝瞻愬〔五三〕。玉裁頓首。

《經義述聞》已抄一部，與張涵虚〔五四〕。令郎先生均此候安。

（求序出於至誠，前函已詳）

## 與王懷祖書六

愚弟段玉裁頓首啓，懷祖大兄先生閣下〔五五〕：《直隸河渠書》一事〔五六〕，誠如尊諭，但鳩同志輯費刻之，此事恐難，安得此等同志也？故命孫輩抄一部藏之而已。方保岩制府進京〔五七〕，已託其清理改正，不知彼能辨否。吾兄眠食無恙，令郎任滿入都，可以就其禄養，似無庸盡疲于衰耄也〔五八〕。弟今年七十有六，心脈甚虚。既不能讀書，又不喜閒坐，甚有暇日〔五九〕，幸有以教之。東坡云：「疾病連年，人皆相傳已死〔六〇〕。」柳州《與王粲元書》：「因人南來，致書訪死生。」《説文注》未能刻，吾兄之相助者他用矣。東原師著作皆簡嚴〔六一〕，此書詳贍，亦各有體也。謹候近安，諸惟珍攝自重，不宣。玉裁再拜。

東原師曾與弟書云：「僕生平著述，以《孟子字義疏證》爲第一，所以正人心也。」今詳味其書，實實見得宋儒説理學其流弊甚大。閣下可曾孰之覆之〔六二〕？弟擬刻此書以廣其傳，俾言義理者有所折衷。又拜。

## 王懷祖書七〔六三〕

愚弟段玉裁頓首啟，懷祖大兄先生閣下：今歲接手札二、大序一，感謝之甚。拙著得此序，如皇甫之序《三都》，聲價倍增。獎借處能見其大，行文尚于鄙意有未愜處，容小更易，再呈大教。陳兄啟宗以鄙札奉謁，中有「棘人」字，彼于裁服未闋時取有拙札，遲之又久而後行，乃又取札，不用後札而用前札，殊憒憒也。先生念舊，廣爲推轂，甚善。又于文襄公之孫在東河候補別駕，倘能照拂，裁有榮施。執事去年有摺子而部駁，未見尊稿，乞示之。河事日非，伊于胡底，可勝杞憂！執事尚能出所見一言否？裁《説文注》已成，而無大力者爲主。所賜四十金，曾命工刻之，而刻甚劣。目下裁惟讀書，做古文，精神尚好。薪水之資，有太倉書院爲助，委心任去留而已。執事倘解組南歸，倘羊至蘇杭，猶可聯床風雨，共談所得也。今日之弊，在不尚品行政事，而尚剿説漢學，亦與河患相同，然則理學不可不講也，執事其有意乎。順候升安，玉裁載拜。

【説明】

段氏致王念孫書前六通，原併載《昭代經師手簡》，劉盼遂一起採入《經韻樓集補編》卷下。第一通作於嘉慶十年六月，劉盼遂《段玉裁年譜》列在九年；第二通作於嘉慶九年十二月二十二日，《手簡》中列爲第三通；第三通原作於嘉慶十年十二月，未寄出，十一年四月二日補綴數語，由其弟玉立入京面呈，《手簡》中列爲第二通；第四通作於嘉慶九年十月望日；第五通作於嘉慶十一年；第六通作於嘉慶十五年，段氏是年正七十六歲；第七通轉録自陳鴻森《〈段玉裁年譜〉訂補》嘉慶十三年下，爲照顧《經韻樓集補編》原有次序，故殿末。

【校注】

〔一〕長夏恢台：《楚辭·九辯》：「收恢台之孟夏兮。」王逸注：「恢台，廣大貌。」洪氏補注：「恢，大也；台即胎也。言夏氣大而育物。」 又，《手簡》「閣」作「閤」，「邇」作「迩」。

〔二〕劉盼遂按：「嘉慶九年，王石臞在濟寧，伯申在濟南，故曰『甚近』。」

〔三〕「個」，《手簡》作「个」。嘉慶五年庚申，段氏爲黄蕘圃作《重刊明道二年〈國語〉序》；七年壬戌，段氏爲謝墉校《荀子》；自七年至八年，段氏在杭州詁經精舍爲阮元作《〈左傳〉校勘記》；八年癸亥，爲嚴元照序《〈爾雅〉匡名》。札云「爲人作嫁衣」、「所謂一個錯」，指此數事。

〔四〕陳芳林：見《經韻樓集》卷八《陳芳林墓志銘》。

〔五〕棘人：語出《詩·素冠》，指服喪之人。段玉裁之父於嘉慶八年卒。

〔六〕「抄」，《手簡》作「鈔」。

〔七〕「爲」，《手簡》作「为」。 忭喜：歡喜。

〔八〕鹿鹿，同碌碌，優閑無事。

〔九〕劉盼遂按：王石臞妻吴恭人卒于嘉慶九年七月二十九日。詳《元配吴恭人行略》。

〔一〇〕「盡」，《手簡》作「尽」。

〔一一〕莊生、荀令，分别指莊子、荀粲。莊子齊生死，一壽夭。其妻死，惠子往弔，「莊子則方箕踞，鼓盆而歌。惠子曰：與人居，長子老身，死不哭亦足矣，又鼓而歌，不亦甚乎？」《至樂》荀粲，三國魏荀彧之子，字奉倩，妻曹洪女。《世説新語·惑溺》劉孝標注引《荀粲别傳》：「婦病亡，未殯，傅嘏往唁粲。粲不哭而神傷……痛悼不已，歲餘亦亡。」段云「宜斟酌于莊生、荀令之間」，意爲哀痛自不能免，而不能哀毁傷身。

〔一二〕「數」,《手簡》作「数」。

〔一三〕阮公：阮元。　又,《手簡》「爲」作「为」。

〔一四〕「新」上,《手簡》有「以」字,當據補。

〔一五〕嘉平,指臘月。

〔一六〕「寂」,《手簡》作「宗」。

〔一七〕麻姑蛘處搔：典出《神仙傳·麻姑》。

〔一八〕橋梓,喻父子,此喻王氏父子。　典出《尚書大傳》。

〔一九〕「邇」,《手簡》作「迩」。　「大佳」上,《手簡》有「想」字,當據補。

〔二〇〕「時」,《手簡》作「时」。　「學」,《手簡》作「学」。

〔二一〕「爲」,《手簡》作「为」。

〔二二〕「以」,《手簡》作「有」,當據改。　「學」、「竊」、「執」,《手簡》作「学」、「窃」、「执」。

〔二三〕玉立：段玉裁四弟,字清標,又字鶴臺,乾隆丙午科副榜。

〔二四〕「查」,《手簡》作「察」,當據改。

〔二五〕「弟」上,《手簡》有「愚」字,當據補。

〔二六〕「覆」,《手簡》作「復」,可通。

〔二七〕「轍」,《手簡》作「輒」,屬下讀,當據改。　「數」、「于」,《手簡》作「数」、「於」。　又,文後劉盼遂有按語：「先生四弟玉立於嘉慶十一年丙寅入都以後居龔麗正家,觀《定庵文集補·丙戌秋遊法源寺詩》注可證也。」

〔二八〕「執」,《手簡》作「执」。

〔二九〕「萬」,《手簡》作「万」。

〔三〇〕「邇」,《手簡》作「迩」。「瀾」,《手簡》作「澜」。

〔三一〕「并」下,《手簡》有「希」字,當據補。

〔三二〕「時」,《手簡》作「时」。

〔三三〕「爲」,《手簡》作「为」。

〔三四〕「暇」,《手簡》作「繳」,當據改。

〔三五〕「乘」,《手簡》作「条」,當據改。

〔三六〕「于」,《手簡》作「於」。

〔三七〕「執」,《手簡》作「执」。

〔三八〕「萬」,《手簡》作「万」。

〔三九〕「升」,《手簡》作「陞」。

〔四〇〕「陳」,《手簡》作「陈」。

〔四一〕「得」,《手簡》作「为」,當據改。

〔四二〕「衰甚」以下二行天頭批注:「求序出於至誠,前書已詳。」

〔四三〕「貌」,《手簡》作「憂」,當據改。

〔四四〕「爲」,《手簡》作「为」。

〔四五〕「學」，《手簡》作「学」。

〔四六〕「陳」，《手簡》作「陈」。

〔四七〕「執」，《手簡》作「执」。

〔四八〕「蘭」，《手簡》作「蔺」。

〔四九〕「個」，《手簡》作「个」。

〔五〇〕「草」，《手簡》作「艸」。

〔五一〕「比」，《手簡》作「此」。肅此，古書札中常用語，當據改。

〔五二〕「陳」，《手簡》作「陈」。

〔五三〕「紙」，《手簡》作「帋」。

〔五四〕「與」，《手簡》作「与」。

〔五五〕「閣」，《手簡》作「𬮤」。

〔五六〕《直隸河渠書》，戴震纂修。

〔五七〕方保岩：方維甸，字南耦，號葆岩，官至總督。

〔五八〕「盡」，《手簡》作「尽」。「疲」，《手簡》作「瘦」，當據改。

〔五九〕「有」，《手簡》似「若」字，義較勝。

〔六〇〕「傳」，《手簡》作「传」。其下有「为」字，當據補。

〔六一〕「嚴」，《手簡》作「顓」。宋戴埴《鼠璞·十五國風二雅三頌》：「《周頌》簡嚴，《商頌》敷暢，已非一體。」康有爲《〈日本雜事詩〉序》：「《春秋》萬九千字，簡嚴矣，而其指數千。」簡嚴，謂文辭簡樸而嚴謹也。

〔六二〕「閣」，《手簡》作「冏」。　「覆」，《手簡》作「復」。

〔六三〕陳鴻森有訂正語：

此札原自「裁有榮施」處斷裂爲二。《羅譜》繫上半於本年，云「此札缺下半」；另繫下半於十五年，云「缺上半」。今以王念孫覆函見下文十四年條下。證之，知二者當合爲一札，羅氏自失考耳。知者，王氏覆函有「拙序本不愜意，得蒙教訓」之語，正與段札上半「行文尚于鄙意有未愜處，容小更易」合；而王札「並無摺子上聞，經部駁飭。來札所云，以告者過也」一節，復與段札下半「執事去年有摺子而部駁」云云者契合，則此二斷片原係一札，要無可疑。

今據此札言王序「行文尚于鄙意有未愜處，容小更易」，及王氏答書「拙序本不愜意，得蒙教訓」之語觀之，可知今《段注》書前所冠王序，已經段氏改易，非盡王氏原文也。

## 陳鱣致王念孫書一通

鱣稽首，懷祖侍御先生執事：

承假《埤倉》集本〔一〕，喜不自勝。昨以窮日之力寫録一過。竊疑所采尚有未盡，即如《廣韻》引此書，當不止三數條，不識究竟何如，乞示知爲感。鱣所補得聲類附標卷額，急于奉趙，未暇細撿也。率泐申謝，並問即安，不宣。鱣稽首。

【説明】
札據《昭代經師手簡》謄正，未詳年月。

【校注】
〔一〕《埤倉》：三國魏張揖撰，後佚去。陳鱣有《〈埤倉〉拾存》。

## 朱彬致王念孫書六通

### 一

朱彬頓首，石臞先生年丈閣下：久未奉書候問，疎闊之咎，想蒙諒之。比惟河壖鞅掌〔一〕，王事爲勞。春間桃華水發，吾鄉幾有其魚之患。彬來京忽忽半載，杜門却埽，求一談論之處，不可得。回憶戊午、己未間，彬寓楊梅斜街，與先生橋梓朝夕過從，質疑請益，惘然如夢。端臨自去秋積勞成疾，寒熱間作，歲杪甫得告平。頃接家言，渠入夏轉劇，已於五月廿二日棄人間，海内通人又弱一个。先生聞之，必當爲唤奈何也。彬少小相依，骨肉兄弟之愛，數十年如一日，痛何可言！即行奔馳上道，而兒子以溽暑苦留，俟秋凉返里，輯其遺文，就正有道，亦後死者之責也。春間群士公車，時貴鄉吴、賈諸君及泰州人士欲興造會館，以先生爲五邑之望〔二〕，丐一言爲之提唱，屬彬奉書，因循未報。今當南歸，恐歲試將及，無以副諸君延望之意。然其興廢曲折，未能了然，仍祈先生指示，南中便可傳送。專此布達。敬請升祺，臨楮翹企，不備。又六月初八日，彬再行。

## 二

朱彬叩頭，懷祖先生年丈閣下：闊别二年，人事之推遷，仕途之倚伏，不知凡幾。而先生困而得亨，嗣君亦獲膺顯擢〔三〕，未嘗以一言通於左右，恃知愛之深，非苟焉以竿牘爲媚悦也〔四〕。前聞奉命巡視直隸河道桑乾、易水以南，必有治河方略，當勒爲一書，以垂永久。頃聞來南視運河一帶，國計民生將于是乎攸賴，（試）〔拭〕目俟之。彬本擬與聚五同來，奈痁疾後畏寒特甚，是以不果。寸心耿耿，勞結如何〔五〕！隆冬，伏惟珎重自愛，不宣。彬恐懼再拜。

## 三

朱彬頓首，石臞先生年丈閣下：前歲奉手教，當即肅函申謝，諒已達左右。入春來，伏惟道體康泰，勤定貞吉。彬在皖城二年，日日塵世中，與深山窮谷無異。《經傳考證》續得若干條，謹繕寫成帙，乞先生誨正。彬於三月間買舟旋里，故鄉風景大不如前。鍵户緍書之外，一無所事，唯夢想杖履追陪，邈不可得，未嘗不念之而神往也。《漢書校正》當付剞劂〔六〕。《經義述聞》曾否重刊？如有印本，幸賜一部。率此布達，並候興居。臨楮依戀，不宣。彬頓首再拜。

曼卿少宰，統此致意。

## 四

朱彬頓首，石臞先生年丈閣下：冬杪，李宗伯自西江寄到手示〔七〕，並批定拙著二本，兼承賜弁言〔八〕。捧讀之餘，欣幸奚似！彬自念時過後學，勤苦難成。先生不遺葑菲，加以褒揚，如日月在上而爝火之光不息也。前書詢及《管子》，夏間始知已刊木，然私心所大願者，安得周秦古書一一皆經先生手定乎？又有請者，孝臣之書不可得見〔九〕，任侍御《小學鈎沈》尚存鄴架中，先生力不能付剞劂，若作字與芸臺制府，亦所以表潛德也。先生年臻大耋，神明不衰，所謂天授，非人力也。明年三月爲八十攬揆之辰〔一〇〕，彬不獲與賓僚之末，摳衣鞠跽〔一一〕，悚仄之至。謹此布謝，諸惟朗鑒，不宣。彬再拜。

曼卿少宰統此不另。

## 五

彬頓首，年丈石臞先生函丈：違侍教言，久疏候問。遥想道體安康，杖履順適爲慰。伏生九十猶能授經，以今準昔，奚適過之！曼卿晉秩司空〔一二〕，簡在久膺，本非意外。所幸先生神明不衰，杜門著述，殆天與之年，以啟古書之橐鑰耳。彬近輯《禮記訓纂》四十九篇，以其書迺亞於經也者，自來注家，多則繁而無統，少則簡陋不文。方艸創甫就，俟一二年後，便可寫定，呈上教削。在浙一年，人士絶無慕古者，遽挂彈章〔一三〕。又遭幼子之喪，心緒無賴。今年四月，束裝詣壽春。其俗刁悍，不可久居，將於明春返里，從此息影埋頭，不復作遠游之想矣。風便艸此，敬問起居。司空統此致意，不宣。彬再拜。

## 六

朱彬頓首，石臞先生年丈函丈：久疎修候，遥想道履康彊，起居佳勝爲慰。夏間得宗伯書并寄示《荀子雜志》〔一四〕、刻成《經義述聞》卅二卷。一家作述，爲漢以來經生所未有。捧讀之餘，以忻以慰。回憶壬辰、癸巳間與孝臣、容甫諸君相徵逐，輒稱誦先生不去口，豈知五十年來諸君墓木已拱，而先生巍然一老，如魯靈光〔一五〕。彬以垂暮之年得以飫聞高論，而讀其成書，未嘗不自歎遭逢之幸。所恨天各一方，末由親炙耳。志學時見《禮記陳氏集説》太疎陋〔一六〕，不洽於心，慨焉欲有所撰述。年踰耳順，始克見前儒所言，並當世通人碩彦之著作，迺以注疏爲主而附以後儒之説，精力專注，十年於兹。所恨見聞孤陋，不能廣搜博取，然大醇而不收、甚駁而妄取者亦尠矣。先生爲海内儒宗，謹以寫成一部呈教。望先生讀書之暇，賜以覽觀，爲之存其是而去其非，幸甚幸甚。彬恐懼再拜。

宗伯統此致意，不另。

【説明】

朱彬六札，均據《昭代經師手簡》謄正。第一札作於嘉慶十年六月初八日，劉台拱卒於是年，可證。第二札作於嘉慶八年隆冬，《王念孫年譜》所記王念孫嘉慶八年行止可證。第三札作於道光元年，與王念孫《與朱郁甫書》互參自明。第四札作於道光二年冬末，「明年三月爲八十攬揆之辰」一句可證。第五札作於道光八年，王引之七年五月由侍郎徑擢司空，朱彬道光八年四月前在浙，與「在浙一年」合。詳王章濤《王念孫年譜》。第六札作於道光十年，與朱彬致王引之書第一通所述「奉到手書，承賜《荀子雜志》、《經義述聞》二書」相吻合。

【校注】

〔一〕河壖鞅掌：治河事務煩勞。

〔二〕五邑：指當時揚州府所轄高郵、寶應、泰州、興化、揚州五地。

〔三〕指王念孫嘉慶六年坐永定河漲水决堤被革職，次年蒙恩復署永定河道。是年，王引之擢侍講學士。

〔四〕竿牘：竹簡木牘，代指請托説情之信函。

〔五〕「結」，《手簡》上又似「德」字。

〔六〕《漢書校正》，即《漢書雜志》。

〔七〕李宗伯，殆即李宗昉，字静遠，號芝齡，江蘇山陽人，嘉慶進士，道光二年任禮部尚書職，是爲宗伯。

〔八〕弁言：見《〈經傳考證〉序》。

〔九〕孝臣：李惇，字成裕，號孝臣。詳見《〈群經識小〉序》注。

〔一〇〕攬揆，又作「覽揆」，指生日。《離騷》：「皇覽揆余初度兮，肇錫余以嘉名。」

〔一一〕摳衣鞠丞：提起衣服曲身下跪以示敬。

〔一二〕司空，此指工部尚書職。

〔一三〕彈章：彈劾官員的奏章。

〔一四〕宗伯，此指王引之。王引之道光十年九月調禮部尚書，故稱。

〔一五〕魯靈光：漢景帝之子魯恭王興建之靈光殿，後屢遭禍亂而獨存。後世以此比喻僅存之人或物。

〔一六〕《禮記陳氏集説》：元陳澔撰《禮記集注》。

# 臧庸致王念孫書四通

## 一

後學期臧庸再拜，石臞先生觀察大人閤下：趨謁請正之心切切於中。向遊山左，阮中丞面述先生説《詩·卷阿》「鳳皇鳴矣」章字字有韻，心竊善之。近讀《經義述聞》，疑《儀禮》「冠昏辭命」亦字字有韻。竊著其説，陳恭甫編修斥爲破碎煩亂，移書再争，言《三百篇》無其例。嘗舉《匏有苦葉》、《鴟鴞》、《卷阿》篇復之，亦未能信。孔氏《詩聲類》特爲發凡，然猶僅舉其半，不言字字有韻。蓋創始之功大而難密，聖經之神化不測，究非例之所能盡也。如《皇矣》六章「無矢我陵，我陵我阿；無飲我泉，我泉我池」，學者無不知「阿」與「池」韻，而不知「我陵」、「我陵」，「我泉」、「我泉」，「我阿」、「我池」字字韻也。又「無飲」，「飲」韻二「陵」。第三句「陟我高岡」，「我」字韻下六「我」、「阿」、「池」。第八句「度其鮮原」，「鮮」讀爲「獻」，「鮮原」二字別爲疊韻，與「侵自阮疆」之「阮」遥協，「侵」韻下「陵」、「飲」，「自」韻下「無矢」之「矢」，「無」韻下「度其」之「度」。孔氏不知「阿」、「池」、「鮮原」顯分二韻，而援《東門之枌》二章例，爲歌麻元寒通協，誤矣。又孔以《君子偕老》首句爲無韻，而不知韻下文「子之不淑」句，「君子」韻「子之」，「偕老」韻「不淑」，「子」與「之」、「老」與「淑」皆同部同類也。即如第一篇《關雎》，「鳩」、「洲」、「求」爲韻，皆以第三句「窈窕淑女」爲無韻，而不知通篇四句，「窈窕」、「淑女」自爲韻也；如依鄭箋分五章，則第三章「德」、「服」、「側」爲韻，第三句「悠哉悠哉」無韻，而不知兩「悠」兩「哉」自爲韻也。又言「窈窕」爲疊韻，而未言「好逑」、「展轉」、「關關」皆疊韻也。「在河」之「河」又與六「差」六「左」韻矣。字字有韻，竊謂於第一篇已見端。倘先生亦以爲破碎煩辭，《三百篇》無此例，庸閉口不敢言韻矣。世無先生，不能破其惑也。聞大著有言韻之書，附便誨以大略。奚不刊布，嘉惠來學？近爲阮中丞校補《經郛》〔一〕，《廣雅疏證》略讀一過，悦服之至。凡橋梓先生精義名言，多所采摭，偶有一得，另名附録。不嫌異趣，極欲請政，文煩未及録也。三舍弟和貴禮堂天性孝友。持先考喪，三年不入内，寓西湖，阮中丞三次枉顧〔二〕，持服不見。後阮公許以墨縗，進學院署中撰輯《經詁》〔三〕。母病，割股療之，對天請減己年以延親壽。事庸如父，庸亦敬之如師。不幸於閏月廿八日疾終于家。治小徐本《説文》，輯《古今孝子傳》數百卷，著述尚多。殺此賢孝，幾疑造物之不仁矣。庸流落京師，益覺無聊，先生將何以教之？倘憫其學行，一字之褒，榮於華衮矣。謹訃，並請日安，餘不盡。後學期庸再拜。乙丑八月廿日。

## 二

後學臧庸再拜，石臞先生觀察大人閤下：　夏間由京信中接到手訓，並撰賜挽辭一首〔四〕，捧讀之下，哀感交至。　以亡弟之學行，企仰先生十餘年，而一旦奄逝，不得執贄門下，親承訓誨，悼惜之至。　乃蒙先生憫其學行，特操椽筆表揚於身後，又不幸中之幸也，感謝何可言！　庸質薄學淺，有志於古，而阨於境不能成，亦蒙閤下不棄，答誨勤惓，獎借逾分。　惜去年殘臘因母老弟喪，倉卒歸里，未及迂道走謁，悔不可言。　回南即荷阮雲臺中丞、伊墨卿太守舊雨情深〔五〕，招至揚州編纂《廣陵圖經》〔六〕，藉以餬口。　秋間有事返舍，以致稟謝稽遲，伏乞原宥。　專此肅復，謹請邇安。　羽便仍求賜教。　大著《經義》已有成書，并乞頒讀是荷。　庸再拜。　九月廿一日，揚州鎮淮樓。

## 三

### 與王懷祖觀察書　庚午季夏

庸私心敬仰，已二十餘年。　一旦獲親承提命，幸何如之！　且獎所已能，勉其未至，飲食教誨，感何可言！　先生清德著於海内，承諭學問、人品、政事三者同條共貫，尤爲至論。

即先聖微言，不外乎是。先生蓋真能以實學、實心而行實政者，雖不合乎流俗，而至誠所感，動契主知，蓋以此，庸當終身佩之。於學問一塗，粗涉津涯，或能黽勉萬一。至舉業荒落，科名或有辜雅望也。拙著二册呈政，《古韻臆説》未全，俟録出再寄上。昔劉端臨訓導知庸最深，待庸至厚，每述先生篤於友朋之誼，接待後學始終如一，謁見之下信而有徵矣。所有庸激仰之忱，肅函致謝。阮侍講如留都，寄書可達也。

## 四

### 與王懷祖觀察論校《小學鉤沈》書 辛未仲夏

凡《一切經音義》所云字體作某者，謂字之形體如此，或言正體當如此，非別有字體之書也。故卷九《大智度論三十三》曰：「磓磔，字體宜作磓礶二形。」言「宜作」，則非本有此書，尤爲明證。《鉤沈》采《音義》所引字體五十則，其《叙録》亦言史志及書目俱不載，似不當承訛襲謬，擬盡删之。又《華嚴經音義》每引《珠叢》、《韵圃》二書，《鉤沈》有《韵圃》而無《珠叢》。其實《唐書·藝文志》、《儒林傳》皆有《桂苑珠叢》，《玉篇》及《太平御覽》引《桂苑》，《晉書音義》引《珠叢》，《華嚴經》卷上引《珠叢》三十四則，卷下引十八則，皆即其書，擬補其闕。又《隋志》有《説文音隱》，《唐志》但稱爲《音隱》。《經訓堂叢書》有《説文舊音》

一卷，殊嫌疎略。乃《鉤沈》載《音隱》，僅《一切經》卷四一則，將删之，抑仍其舊？或博考羣籍以補之？以上三事，均祈示奪。粗校一過，恐舛漏百出，貽誤後世。若逐條細勘，又未能倉卒了事。庸篤學不倦，但精力不如前耳。

**【説明】**

第一、二通據《昭代經師手簡》謄正，臧氏《拜經堂文集》不載；第三通載《拜經堂文集》；第四通載《王石臞文集補編》所附《與臧鏞堂論校〈小學鉤沈〉書》後，《拜經堂文集》亦附録。四通分別作於嘉慶十年八月二十日、十一年九月二十一日、十五年季夏、十六年仲夏。

**【校注】**

〔一〕《經郛》：由阮元授意陳壽祺編定《條例》，見《左海文集》。並鳩集同人撰成。是書薈萃經説，探討源流，是乾嘉考據學力作。

〔二〕「枉顧」下有小注一行：「此事著《定香亭筆譚》。」是書作者阮元。

〔三〕《經詁》，即《經籍纂詁》。

〔四〕王念孫所撰臧禮堂挽辭，今未見，王引之有《臧禮堂小傳》。

〔五〕阮雲臺：阮元。　伊墨卿：伊秉綬，字墨卿，號默庵，福建人，乾隆進士，曾任揚州知府。有《留青草堂集》。

〔六〕《廣陵圖經》：伊秉綬主編之廣陵地理圖集。廣陵，舊郡名，清時爲揚州府。

## 汪喜孫致王念孫書二通

### 一

通家子汪喜孫頓首，謹奉書懷祖老伯大人侍右：二世兄來（刊）〔邗〕上〔一〕，敬奉手劄，詢知起居曼福，欣頌無已。先君古文詞二本收訖，因數年前久病心悸，去春入京，匆匆檢録遺稾〔二〕，有已經編入，還復寄呈鑒訂者。昏瞀之餘，怔營何似！段先生處尚有一本，内多《程安人傳》一篇〔三〕，家内亡底稾，俟寄到時奉往鈞攬，即付剞劂也。稾内有爲先君手訂篇目所載者，擬名《〈述學〉補遺》，仍照舊序次分内外篇。其餘續編之文，擬名《〈述學〉别録》，不與原書相混，以存先君著書之例。喜孫孤生失學，不知所裁，伏乞長者教誨之。承改正誤字，謹誌不忘，感涕無似。程先生《通藝録》，喜孫所藏是其數年前刻本，頃已致書程世兄〔四〕，俟其寄到，即寄上也。喜孫自少依人，久覊籬下，非仕禄無以自立。重以老母教養二十餘年，家道矗立，精力已衰。上年下第南歸，老母相對抑塞，至於病卧兩月。準毛生奉檄之誼〔五〕，以世俗之榮利娱其親，浮湛流俗，入貲爲吏，負罪引慝，尚何言哉！

自以通家子不敢自匿，裁書叙心。坿呈近乍〔六〕，録奉鈞誨，不勝感企之至。五月十九日，喜孫謹狀。

坿啟者：喜孫近得影宋本《九經三傳沿革例》，是汲古閣毛氏故物，與任御史、鮑以文本并異〔七〕，謹景寫一本，奉往鑑定，伏乞照入。喜孫再上。

## 二

十二月九日，世侄汪喜孫頓首，懷祖老伯大人執事：冬至前，由朱詠齋詹事寄呈寸緘〔八〕，以史館纂録《文苑傳》，先君行事與袁江寧、蔣苕生太史同列〔九〕，愳無以定千秋之公論，哀求老伯大人寄書漕督阮公辨正之，諒蒙俯加甄録。伏念老伯大人學術、政術焯赫一時，重以先君文章道誼之交，當世廑有存者。老伯靈光巍然，阮公及史館從事俱諸公，莫不信從執事。儻蒙致書阮公，屬其改入《儒林》，庶幾先君身後之名，自執事一言論定，可以信今，可以傳後，先君亦且含笑九原矣。老伯大人與先君講學垂二十年。先君賚志没地，箸乍未成，其子不傳讀父之書，紹述先人之業。今日以萬世不朽之令名，待老伯一紙之書以爲定論。喜孫烏鳥之情不足重輕，即先君車笠之盟〔一〇〕，亦不可以持公議。惟是一代史傳之例，舍執事，其誰辨之？喜孫奉侍母疾，葯裹經時，體氣素羸，見在亦服藥餌。

韓江千里〔一一〕，北顧怔營，坿叩曼安，不勝哀感悽惻之至。喜孫謹狀。

【説明】

二札均據《昭代經師手簡》謄正，分别作於嘉慶十七年五月十九日、十二月九日。

【校注】

〔一〕二世兄：尊稱王念孫次子王敬之。

〔二〕匆匆：恍忽，義同下文「怔營」、「䁃瞀」。

〔三〕《程安人傳》：《汪中集》中無此篇。

〔四〕程世兄，指程瑶田之子，名號未詳。

〔五〕毛生奉檄：毛生指後漢廬江人毛義，事見《後漢書·趙淳于江劉周趙傳·序》。毛義以世俗之榮利娱其親，與汪喜孫心情一致。

〔六〕乍，通作。

〔七〕任御史：任大椿。　鮑以文：鮑廷博，字以文。

〔八〕朱詠齋：朱士彦，字休承，號詠齋，江蘇寶應人，嘉慶進士。

〔九〕袁江寧，即袁枚，時任江寧知縣。蔣苕生，即蔣士銓，字心餘，又字苕生。袁、蔣俱以文學知名。

〔一〇〕車笠之盟，喻不因富貴而改變貧賤之交，典出晉人周處《風土記》。

〔一一〕韓江：福建汀江與廣東梅江合流，稱韓江。

# 江有誥致王念孫論韻學書二通

## 一

### 復王石臞先生書

石臞先生閣下：十月二十八日接胡竹邨中翰寄到先生手書〔一〕，反覆觀誦，不勝雀躍。伏念有誥以無師之學，鼓其臆説，雖篤于自信，而絶尠知音。後得段茂堂先生推許，竊自幸得一知己，可以不恨。今又蒙先生如此嘉獎，有誥益可以無恨矣。來書謂拙著與先生尊見如趨一軌，所異者惟質、術之分合耳。曩者有誥于此條思之至忘寢食，而斷其不能分者有數事焉。論古韻必以《詩》、《易》、《楚辭》爲宗，今此部于《詩》、《易》似若可分，而《楚辭》分用者五章：《九歌·東君》之節、日，《遠遊》之一、逸，《招魂》之日、瑟，《高唐賦》之室、乙、畢四條爲質部字，《高唐賦》之物、出一條爲術部字；合用者七章：《九章·懷沙》之抑、替，替从白聲。白，古自字。《悲回風》之至、比，《九辨》六之濟、至、死，《風賦》之慄、欻，《高唐賦》之出、忽、失，《笛賦》之節、結、一、出、疾，《釣賦》之失、術。《楚辭》而外，則尤犬牙相錯，平側不分〔二〕。其不能離析者一也。段氏之分真、文，孔氏之分東、冬，人皆疑之，有誥初亦不之信也。細紬繹之，真與耕通用爲多，文與元合用較廣，此真、文之界限也；東每與陽通，冬每與蒸、侵合，此東、冬之界限也。今質、術二部，《詩》中與祭部去入合用十一章：《旄丘》之葛、節、日，《正月》之結、厲、滅、威，《十月之交》之徹、逸，《賓之初筵》之設、逸，此質之與祭合也；《候人》之薈、蔚，《出車》之旆、瘁，《雨無正》之滅、戾、勩，《小弁》之嘒、届、淠、寐，《采菽》之淠、嘒、駟、届，《皇矣》之翳、栵，《生民》之旆、穟，此術之與祭合也，亦無平側賓主之辨。其不能離析者二也。《唐韻》去入二聲分承平上，統系分明，今若割至、霽與質、櫛、屑別爲一部，則脂、齊無去入矣。二百六部中，有平去而無上入者有之，未有有平上而無去者也。且至、霽二部爲質之去者十之二，爲術之去者十之八，賓勝于主，無可擘畫。若專以質、迄、櫛、屑成部，則又有去聲數十字牽引，而至非若緝、盍九韻之絕無攀緣也。有誥于四聲之配合，有《入聲表》一卷，言之甚詳。此段氏質、術之分，有誥所以反覆思之而不能從也。先生又謂《賓之初筵》詩以二「禮」字韻，「至」字不入韻，然下三句以壬、林、湛韻，末六句以能、又、時韻，則此二句自當以禮、至韻，二「百禮」、二「其湛」恐非韻也。《玄鳥》篇亦當以祁、河、宜、何韻，二「來格」亦恐非韻也。考古人歌、脂二部合用甚多。《楚辭·九歌·東君》以雷、蛇、懷、歸韻，《遠遊》篇以妃、歌、飛、夷、蛇、徊韻，《高唐賦》以螭、諧、哀、悽、欷韻，《荀子·成相》一章以罷、私、施、移韻，

《文子·上德》篇以類、遂、施韻。漢人合用尤廣，其書可覆按，有誥所以不敢爲苟同之論也。辱蒙糾正各條，俱甚切當，有誥于《總論》已芟去，于大文已改正矣。承索拙著各種，但拙著甚繁，家貧無力刊布。今將已刻數種敬呈座右，仍望先生糾其紕繆而賜教焉，則幸甚幸甚。有誥再拜。

## 二

### 再寄王石臞先生書　壬午冬月

去秋接奉手書，比即裁函奉覆，未審有當高明否。近者有誥復有新知，敢再臚陳管見，望先生賜教焉。古韻一事，至今日幾如日麗中天矣，然四聲一説，尚無定論。顧氏謂古人四聲一貫〔三〕，又謂入爲閏聲。陳季立謂古無四聲〔四〕。江脊齋申明其説者不一而足〔五〕，然所撰《古韻標準》仍分平上去入四卷，則亦未有定見。段氏謂古有平上入而無去，孔氏謂古有平上去而無入。有誥初見，亦謂古無四聲，説載初刻《凡例》。至今反復紬繹，始知古人實有四聲，特古人所讀之聲與後人不同。陸氏編韻時，不能審明古訓，特就當時之聲，誤爲分析。有古平而誤收入上聲者，如享、饗、頸、顙等字是也。有古平而誤收入去聲者，如訟、化、震、患等字是也。有古上而誤收入平聲者，如「偕」字是也。有古上而誤收入去聲者，如「狩」字是也。有一字平上兩音而僅收入上聲者，如「怠」字是也。有一字平上兩音而僅收入平聲者，如「愆」字是也。有一字平去兩音而僅收入去聲者，如「信」字是也。有一字平去兩音而僅收入平聲者，如「居」字是也。有一字上去兩音而僅收入上聲者，如「喜」字是也。有一字上去兩音而僅收入去聲者，如「顧」字是也。有一字去入兩音而僅收入去聲者，如「意」字是也。有一字去入兩音而僅收入入聲者，如「得」字是也。有一字平上去三音而遺其上去者，如「時」字是也。有一字平去入三音而遺其去入者，如「來」字是也。有一字上去入三音而遺其上入者，如「至」字是也。有一字平上去三音而遺其平聲者，如「上」字是也。有一字平上去三音而遺其平去者，如「靜」字是也。偶舉一以見例，其餘不可枚數。有詒因此撰成《唐韻四聲正》一書，倣《唐韻正》之例，每一字大書其上，博采三代兩漢之文，分注其下，使知四聲之説非創于周、沈。其中閒有四聲通押者，如《詩經·揚之水》之晧上繡去鵠入憂平，《大東》之來去服入裘平試去；《易·遯·象傳》之栽平志僃事去否上疑平；《楚詞·九辯·六》之鑿入教去樂入高平。此亦如二十一部之分，瞭然不紊，而亦閒有通用合用者，不得泥此以窒其餘也。其四聲具備者七部，曰之曰幽曰宵曰侯曰魚曰支曰脂。有平上去而無入者七部，曰歌曰元曰文曰耕曰陽曰東曰談。有平上而無去入者一部，曰侵。有平去而無上入者一部，曰真。有去入而無平上者一部，曰祭。有平聲而無上去入者二部，曰中曰蒸。有入聲而無平上去者二部，曰葉曰緝。一以三代兩漢之音爲準，晉宋以後遷變之音不得而疑惑之，于此悟古無四聲之説，爲拾人牙慧。而古人學與年俱進之説，誠不誣也。其中有《唐韵》本不誤，而《集韵》誤采者，則不復致辨。如「館」字本無上聲，《唐韵·上聲》不收，《集韵》收之。今人幾不知「館」字爲去聲矣。鄙見如此，未審先生以爲然否。仍望誨正而賜示焉，則幸甚幸甚。有誥再拜。

【説明】

二札原載江氏《音學十書》。第一札作於道光元年辛巳十月二十八日，第二札作於道光二年壬午冬月。

【校注】

〔一〕胡竹邨：胡培翬，字載屏，號竹邨，安徽績溪人，嘉慶二十四年進士，出王引之之門。有《儀禮正義》、《研六室文鈔》等著作。

〔二〕平側，同平仄。

〔三〕顧氏：顧炎武，字寧人，號亭林。有《日知録》、《音學五書》等著作。

〔四〕陳季立：陳第，字季立，號一齋。有《毛詩古音考》、《屈宋古音義》等著作。

〔五〕江昚齋：江永，字慎修、慎齋。昚同慎。有《古韻標準》、《音學辨微》、《四聲切韻表》等著作。

# 復王懷祖先生書

丁履恒

履恒謹啓：履恒自束脩鼓篋，讀亭林先生《音學五書》，即私心嚮往。年十八，從先師盧紹弓先生遊，以《音論》三篇爲摯介而見段若膺先生，繼又與莊濰縣述祖〔一〕、張編修惠言爲師友〔二〕，益得擴其新知。顧以牽涉制舉，馳鶩辭章，未能專精致思，講明切究。比歲司諭贛榆學舍，縣匏居多，暇日乃復從事編簡。瀕海孤陋，篋書未備，向壁捫隙，虚説肊造，麤成《部分》、《通合》二篇〔三〕。無從質疑問難，一至都下，亟亟就正于大君子，幸蒙不棄譾劣〔四〕，詳加簽正〔五〕。昨奉手教，抉摘疵纇，指示迷謬，往復省覽，昭然發矇。感激歡欣，何可方喻！履恒竊論文字音聲之學〔六〕，自兩漢以來千餘年，榛蕪盲晦，至我朝而始闢，栞鑿之功，斷推顧氏。今日釃二渠而播九河，疏瀹通會，微先生，誰與歸？兹事體大，雖曰小學，實一代之鴻業。會當博采衆議，集成一書，以信今而傳後。〔履〕恒雖檮昧，亦既粗識門徑，不容自外。今蒙進而教之，益不勝雀躍鶴望。尊恉分二十二部，祭、月别出，發耑先生，幸得承教。其于鄙見十九部中復出至質一部，緝、盍二部，履恒心知其是，顧尚未重加蒐討，未敢强爲苟同。先生自有成書及他所論著，得使受而卒業，幸甚幸甚。天時溽暑，静攝惟宜。履恒雖切埽門願見之誠，不敢瀆結夏頤神之杖履〔七〕。容俟新涼，再圖上謁，侍領誨言。具牘陳謝，伏希綜詧。履恒再拜上。

【説明】

札據《昭代經師手簡》謄正，作於道光二年夏。丁氏《形聲類篇》《大亭山館叢書》作《形聲類編》。亦收録，文字小有出入。互見王念孫《與丁大令若士書》。

【校注】

〔一〕莊濰縣述祖：莊述祖，字葆琛，號珍藝，江蘇武進人。乾隆四十五年進士，歷官山東濰縣知縣、湖南桃源同知。有《珍藝宧文鈔》等著作。

〔二〕張編修惠言：張惠言，字皋文，號茗柯，江蘇武進人。嘉慶四年進士，任編修。通詞賦，精《易》學，有《茗柯文集》等著作。

〔三〕《部分》、《通合》二篇：見《形聲類篇》一、二卷。其第三卷論入聲分部，第四卷形聲餘論，第五卷校勘。全書在王念孫古韻二十二部基礎上定古韻十九部，并提出正轉、遞轉、對轉、旁轉、雙聲五種轉音之法。

〔四〕「劣」，《形聲類編》本作「陋」，誤。

〔五〕簽正：見王念孫《籤記〈形聲類編〉》。

〔六〕《形聲類編》本奪「之學」二字。

〔七〕結夏：《荆楚歲時記》：「四月十五日，天下僧尼就禪寺掛搭，謂之結夏。」此指消夏。

## 二、致王引之

### 莊述祖致王引之書一通

昨承示校正《説文》古文「續」字，反復疏證，義極精確〔一〕。又惠《周秦名字解故》刊本珍斂〔二〕。下問《梓材》「斁」訓爲「終」，俾引申其説。按：《梓材》曰：「惟其塗塈茨。」又曰：「惟其塗丹雘。」又曰：「用懌先王受命。」《古文尚書》「塗」與「懌」皆作「斁」。《尚書音義》「懌」字下云〔三〕：「音亦。字又作斁，下同。」按：古無懌字〔四〕，和斁之斁，假借也，訓説，經典通用釋〔五〕。《説文》云：「斁，終也。」亦見《廣雅》〔六〕。孔氏《正義》云：「室器皆云其事終〔七〕，而考田止言疆畎，不云刈穫者，田以一種，但陳修終至收成，故開其初，與下二文互也。」義本明白，以作偽《传》者讀「斁」作「塗」，又傅會以爲二文皆言「斁」即古「塗」字〔八〕，明其終而塗飾之。以下破碎經文以曲就其説。然賴此尚知古文本作「斁」字，後人從《传》妄改耳。塈茨、丹雘爲室器之終事，以喻周自文武受命，至作雒毖殷，致刑錯，而後其事克終。先王封建規橅，及周公所以成文武之法者〔九〕，略具是篇。墨凍筆膠，不能暢所言〔一〇〕，遲日面陳，不備。述祖再拜上。

世講大兄先生師事世叔大人座前，祈叱弟名請安〔一二〕。

【説明】

札載《昭代經師手簡》，今據以謄正。又見於《珍藝宧文鈔》卷六，題作《荅王伯申問〈梓材〉書》，文字與《手簡》稍異。此札前後未著年月。王引之於乾隆五十五年撰成並刊行《周秦名字解故》，且動手草擬《經義述聞》，曾先後以《尚書古義》求教汪中、翁方綱。此時王引之以《周秦名字解故》爲贄，求教莊述祖，正合情理。王引之此年尚未中式，又比莊氏小十五歲，札中語氣身份亦合。又《珍藝宧文鈔》卷五有《任子田〈小學鈎沈〉序》，劉盼遂考定作於乾隆五十五年。王章濤先生以爲王引之知莊氏始於乾隆五十九年，不確。此則時間相合。

【校注】

〔一〕「確」，《珍藝宧文鈔》以下簡稱《文鈔》。作「核」。

〔二〕「珍斂」，林瓊雯《箋釋》同，《文鈔》作「珍荷珍荷」。《手簡》「珍」下一字不易認，似左半爲「荷」，「感荷」之「荷」，右半似是重複記號，故以《文鈔》爲是。「珍斂」不詞。

〔三〕《尚書音義》之上，《文鈔》加「陸德明」三字。

〔四〕「古無懌字」上，《文鈔》脱「按」字。

〔五〕此小注，《文鈔》作「和斁之斁，當訓作説，叚借也。經典通用釋字，音同」。似較《手簡》順暢。

〔六〕「亦見《廣雅》」，《文鈔》作小字注。

〔七〕「事」，《文鈔》譌作「字」。

〔八〕「又」上，《文鈔》加「故」字。　「以爲」，《文鈔》作「之云」。

〔九〕「法」，《文鈔》作「德」。依字形似應作「治」。

〔一〇〕「不能」上，《文鈔》有「艸率奉復」四字。　「暘」，《文鈔》同，林瓊雯《箋釋》作「暢」。按：《博雅》：「暘，長也。」《説文》徐註云：「借爲通暘之暘。今俗別作暢，非。」

〔一一〕「述祖再拜上」以下文字，《文鈔》全無。

## 阮元致王引之書八通

### 一

兩接手書，具蒙關愛，謝何可言。生治理葬事略畢，惟封樹、碑石之事，須俟來年次弟料理〔一〕。蒙示《經義述聞》，略為翻閱，並皆洽心，好在條條新奇，而無語不確耳。見索拙論曾子一貫之義〔二〕，詳在《詁經精舍文集》內。今以一部奉寄，其言「郵表畷」似亦有可採者〔三〕。拙撰《曾子注釋》，出京後又有改動。因今年正月鳩工刻《雅頌集》，工已集而書未校寫，不能衆工閒居，因即以此稿付刻，其实不能算定本。其中講博学一貫等事，或可少挽禪悟之横流。至于訓詁，多所未安，頃翻《經義述聞》「勿」、「慮」等訓，尚當采用尊府之說，將板挖改也。《注釋》一本呈覽，初印不過三十本，概未送人，乞祕之，勿示外人，緣將來改者尚多也。宅兆想已卜定〔四〕，冬寒，嗽疾聞常舉發，尚望珍重。肅此，奉问孝履〔五〕，不具。

伯申宮庶年兄閤下〔六〕，生制阮元稽首〔七〕。

## 二

《古韻廿一部》刻字之事〔八〕，若元在粵，十日即成，而至今杳然。吴蘭修办事有名疲緩〔九〕，亦不催之矣。堂中《經解》若非夏道與厚民緊緊催办〔一〇〕，必致中輟。夏升去，即無人可出力，巧巧刻完即升。因思年兄大人此时居鄉無事〔一一〕，何不將《廣韻》取出送一教館之人，令其排寫，字要似《廣韻》大字之大。特須至、祭等一一指示耳。單寫大字，不寫小字，不過數万字，寫成交舍下刻之甚易。舍下管事者，張茂才鶴書，號琴堂。舍親，付之即可刻也。如有書函，揚州太守官書最便。四十餘日即到。

## 三

前接手函并課卷，已照來單出榜，榜上并寫明會同學院云之矣。濟寧老大人處，已將

《文選》八十三條送到；又荐陳君啓宗，乃注《春秋外传》樹華之子。來覓館，一时無地，且延入署暫住矣。昨摺差回接軍機水部童萼君書，云廿九日曾有一書与生，并文正卿詩稿等件交年兄處〔一二〕，摺差帶回。計此差十日到京，仍須七八日始能回到彰德，如此差由彰德回省，想已令其帶回，否則即加封包好，交与提调专差差人遞省，勿致遲舛爲囑。以歲作科之例，已據禮部行文到豫，可以毋庸具奏矣。肅此，并候行祺，不具。

伯申宫庶年兄學使，生阮元頓首。初七日大梁發〔一三〕。

## 四

承示經訓數十條，皆細阅過，條條精確不磨。鋭見卓識，不勝贊歎。必如此，乃真能讀經也。所詮釋虚字十餘條〔一四〕，尤为精美，得未曾有。元嘗謂今人实事求是固多，而于虚文等處，轉未能細意體認。昔嘗有意作《詞氣釋例》一書，凡經典中用詞氣體例，逐一解釋本訓；又以經典中嚮來注疏之誤會者附于下，如「之」、「乎」、「也」、「者」，一概全載。原簡眉批：「如焉字即將『焉始乘舟』等注于下；而、如相通，亦將各處而、如互誤者附于下。」首以《說文》、《尔雅》，以及子史中可證者，亦旁通之。呂氏《東萊博議》卷末曾有解釋虚字文意一卷，惜乎太淺陋。今用此例为之，以为讀經者之助，亦甚妙也。元此刻心亂如蓬，不能执筆；即为之，亦不及弟之精博。據鄙意，何不將「逢，大也」諸條删去，别入他藁，专將詞氣注成一帙乎？詞氣，古人最先者發聲，《堯典》中「都」、「俞」可证；《尔疋》中「爰」、「粤」、「于」諸詞是也。至于轉聲、收聲，後世乃多有之，不甚古也。故「也」、「焉」等，皆假借字；而「曰」、「于」等，皆本字也。匆匆具覆。

引之仁弟足下，元頓首。

## 五

前接手函，欣悉近祉安和，著述日富。昨過濰縣，晤莊葆誠〔一五〕，得讀《尚書》數條，極爲精核。閱來函中言體中欠豫，此正宜留意。吾弟賦質似弱，而治經又太鋭。尚宜静思息動，以攝養之，至囑之！春間，曾將吴中珩《廣雅》本寄上，未知曾收到否，曾校畢否，念之。元近作《尔疋名義考》、《毛詩補箋》二種，卷帙尚少，秋間可有規模。又作《釋且》文一篇〔一六〕，内有一條：言「且」與「祖」同義，同訓爲始。凡經傳中言「既○且○」者，皆終而又始之義。如此似可为老伯「終風」、「終窶」、「終温」加證〔一七〕，未知是否？刻考事已畢，旋省，日日在大明湖，水木明瑟，軒中坐卧，尚饒清趣。武虚谷及杭州朱朗齋，現已延致脩纂《山左金石志》〔一八〕，此書若成，頗有可觀。草此奉佈，並候近安，不具。

伯申仁弟足下，阮元頓首。

## 六

### 一

接到兩次手書，知近來下榻敝居〔一九〕，讀礼刻石，體中安善，为慰！葬地在天長、六合之間，想在冶山、棠山一帶，必有佳城。昔生看地至冶山，冶山山口南嶂開下，明明一脈至上陈庄。不必言佳城，即山水環抱，亦頗可樂，因買其庄，此處曾到過否？拙集蒙看出多少錯字〔二〇〕，希隨時語舍弟改之。

本朝戴氏等發明漢學固透矣〔二一〕，而自晉、宋以來蒙錮之疾尚未説明，此事在魏收《志》及《十八賢行狀》之内，明明有其來路，大端皆道安、慧遠之所爲〔二二〕。即如慧遠《毛詩》精博之至，陸德明《叙録》不避其为方外人，而特著之，是道安、慧遠皆博精《詩》、《禮》，深明《倉》、《雅》之儒。試問《華嚴一切經音義》中，所解釋之字半在《詩》、《禮》、《倉》、《雅》，此豈西域番僧之所知耶？生若有暇，尚欲在《毛詩釋文》内尋出慧遠師之説，再在佛經音義内證之，如有相近、相合者，則是真是儒者造佛經之確據矣。今年會榜殊不慊意，策題索性不撰，不過一空而已；會元乃生所定，知其人甚静細，京中公論，亦以为此元乃近科所無，特惜其人兩耳全聾，雖分部而無志于为官为为可惜耳。潘仕成已中而斥去，乃禮部之所斥，遂为户部之所首舉。生到值不病为幸，而又办地震之灾，殊爲慘懼。肅此奉復，并候孝履，不具。

伯申大宗伯年兄〔一三〕，生期阮元頓首。八月廿八。

二

前説寫誌銘高姓，爽泉，名塏。頃问潘紅茶方伯云已回杭，老尚能寫，但須润筆數十方耳。山舟先生之字，元人字耳。高乃唐以上碑版之字，世之貴耳而賤目者不知也。生丁憂時，其人字尚未成。尊阡不知在何處？闻在天長界内〔一四〕，然耶？舍下觀風巷宅子空著，如上郡城，頗可住得。又啓。仍有杭人何臻，乃高塏之弟子，其字可以有其師七分光景。如高不能寫，此人亦可。

三

冬半，接京中來書，知墓銘已收到〔一五〕。冬间想已到家鄉矣！頃接粤中曾釗書，知《廿一部古韻》已上板，冬初前有等語。然則前書欲在揚另刻者不必矣。曾公書内又云，如「風」、「芃」等字亦須提出，究不知其所提者若干字也。此致，并候孝履！不一。生阮元頓首。

## 七

前接手函，具知近況，墓誌亦已收到。生近年傷逝，心境殊劣，因思古人絲竹之說，殊爲不確之事。公餘，仍以遊園把卷自遣哀情耳！

《説文》「有」字之説，前接大意，誠爲要論。今另又叙成一則，抄以奉覽，以爲何如？亦欲年兄知生用心于此等事，尚不過昬憒耳。家鄉後進，不知尚有可談者否？肅此奉致，並候

孝履！不既。

伯申尚書年兄，生阮元頓首。

## 八

一〔二六〕

有，《説文》：「日有食之，不宜有也。」此乃直是反話，于心久有不安。竊疑《説文》此處不能明晰，當曰：「有，從月又，又亦聲；月食也。《詩》曰：『彼月而食，則惟其常；此月而食，于何不臧。』〔二七〕《春秋》曰：『日有食之，不宜有也。』〔二八〕」

如此似于心为安，未知是否？希商訂之。段氏言「《春秋》言有，皆不宜有」，此似不然。「有蜚」等誠不宜有，「有年」豈亦不宜耶？況《虞書》言「有」者，皆對無爲言，「有鰥有德」、「有能奮庸」、「懋遷有無」，豈皆不宜耶？有字乃倉頡造于《虞書》之前，「不宜有」之訓，自是後起。

二

伯申大弟手啓：前曾有一函奉致，想已入覽。兹瀆者，在山东尋得吴中珩《廣雅》本，特为寄上老伯校正《廣雅》之用。元又鈔得一分，乞吾弟即用吴本代为一校，校畢存于尊處，俟桂未谷來京引見，將此二部統交彼帶回山东可也。

草此，並候

即安！不一。阮元頓首。

【説明】

阮元致王引之書八通，全在羅振玉輯印之《昭代經師手簡》内，原序失次，姑仍其舊，并據以謄正。八通均未署年份，僅一通署日期，一通署月日。依札中稱呼及二人行迹，第四通當作於乾隆五十七年，最早；第五通及第八通之二當作於乾隆六十年，是其次；第一通當作於嘉慶十年，又其次；第三通當作於嘉慶十三年，又其次；第二通、第六通、第七通、第八通之一均當作於道光十三年，最晚。

**【校注】**

〔一〕嘉慶十年，阮元丁父憂里居守制。

〔二〕曾子一貫之義：阮元有《論語一貫説》，載《詁經精舍文集》卷八。又有《曾子注釋》四卷。

〔三〕鄭表畷：《禮記·郊特牲》注：「鄭表畷謂田畯所以督約百姓於井間之處也。」

〔四〕是年秋，王引之奉母柩至安徽天長彭家庵安葬，事畢返高郵家中。

〔五〕王氏丁母憂，故問「孝履」。

〔六〕嘉慶九年六月，授王引之右春坊右庶子，故阮氏稱之「宫庶」。

〔七〕制，守父母之喪爲制。

〔八〕《古韻廿一部》：王念孫撰，梗概見《經義述聞》卷三十一《通説上》。

〔九〕吴蘭修：字石華，廣東人。通經史，富藏書，任學海堂學長。

〔一〇〕《經解》，即《皇清經解》。　夏道：廣東督糧道夏修恕。　厚民：嚴杰之字。

〔一一〕是年，王引之爲父卜地，寓揚州舊城覲光庵。

〔一二〕文正卿：未詳。

〔一三〕嘉慶十三年，王引之在河南學政任上，阮元在河南查辦事件。王章濤《王念孫王引之年譜》考定「初七日」爲正月初七，可從。　大梁：今河南開封市。

〔一四〕乾隆五十六年，王引之在都受庭訓，始作《經傳釋詞》。見王引之自序及阮元《王伯申〈經傳釋詞〉序》。

〔一五〕莊葆誠：周夢芬《箋釋》疑爲莊葆琛莊述祖之字。之誤，誠可從。莊氏官山東濰縣知縣，而乾隆六十年正月至八月，阮元任山東學政，時、地均合。

〔一六〕《釋且》，見《揅經室集》。

〔一七〕見《經義述聞·毛詩上》「終風且暴」條。

〔一八〕武虛谷：武億，字虛谷，號授堂，河南偃師人。乾隆五十四年進士，長於金石學。朱朗齋：朱文藻，字映漘，號朗齋，浙江仁和人。長於金石學。《山左金石志》：二十四卷，畢沅、阮元撰，今見《續修四庫全書·史部·金石類》。

〔一九〕道光十三年，王引之爲父卜地，曾寓阮元揚州宅第。

〔二〇〕拙集，指《揅經室集》增補本。此從王章濤說。

〔二一〕戴氏，即戴震。

〔二二〕道安：東晉高僧。慧遠：晉代高僧。

〔二三〕道光十年，王引之調禮部尚書，可稱大宗伯。而十一年復署工部尚書，十二年正月丁父憂，十三年仍稱大宗伯，失當。阮氏遠在雲南，或一時誤記。

〔二四〕王念孫墓地在江蘇六合縣東岳廟鎮南癸山丁向，不在安徽天長。

〔二五〕阮元撰《王石臞先生墓志銘》。

〔二六〕王章濤以爲第八通之一當與第七通合爲一通，誠是。作爲第七通之附片，於內容及行款更加脗合。

〔二七〕見《詩·小雅·十月之交》。

〔二八〕「日有食之」，見《春秋·隱公三年》。「不宜有也」，經文無此句，殆爲自古相傳經說。《公羊

# 焦循致王引之書三通

## 一

循頓首啓，伯申先生足下：接讀手書〔一〕，欣慰之至。又晤鄭君星北，言足下以鄙作《釋橢》寫録置之座间〔二〕。相愛之深，一至于此，叩頭叩頭！循于祘術，生平最篤信而深好之，蓋十數年于兹矣。自謂學問之道在體悟，不在拘執，故不憚耗精損神，以思其所以然之故，雖知無用，不能舍也。向亦爲六書訓故之學，思有以貫通之，一滌俗學之拘執，用力未深，無所成就。阮閣學嘗爲循述石臞先生解「終風且暴」爲「既風且暴」，與「終窶且貧」之文法相爲融貫〔三〕。說經若此，頓使數千年淤塞，一旦決爲通渠。後又讀尊作《釋辭》，四通九達，迥非皃爲古學者可比。循嘗怪：爲學之士自立一考據名目，以時代言，則唐必勝宋，漢必勝唐；以先儒言，則賈、孔必勝程、朱，許、鄭必勝賈、孔。凡鄭、許一言一字，皆奉爲圭璧，而不敢少加疑辭。竊謂此風日熾，非失之愚，即失之僞。必使古人之語言皆佶厥聱牙而不可通，古人之制度皆委曲緐重而失其便。譬諸懦夫不能自立，奴于强有力之家，假其力以欺愚賤；究之其家之堂室、牖户，未嘗窺而識也。若以深造之力，求通前儒之意，當其散也，人無以握之；及其既貫，遂爲一定之準。其意甚虚，其用極實，各獲所安，而無所勉彊，此亦何據之有？古人稱「理據」、「根據」，不過言學之有本，非謂據一端以爲出奴入主之資也。據一端以爲出奴入主之資，此豈足以語聖人之經，而通古人聲音訓故之旨乎？循每欲芟此考據之名目，以絶門户聲氣之習。敢以鄙見相質，吾兄以爲何如？石臞先生《廣疋疏證》，梗概稍聞于阮公，刻成望賜一部。吾兄《釋辭》亦宜早出，與《疏證》相輔而行也。嘉慶三年三月望日。外《宫室圖》一部呈政〔四〕。

## 二

循頓首覆伯申先生閣下：六月十三日接得手書一通、大作《經義述闻》一部。第一條辨「夤」字〔五〕，便見精核之至。東吴惠氏爲近代名儒，其《周易述》一書，循最不滿之。大約其學拘於漢之經師，而不復窮究聖人之經。譬之管夷吾，名曰尊周，實奉霸耳。大作出，可以洗俗師之習矣！循自壬年出都後，一遊于越，即以母疾，遂訓蒙里中；兼之患水濕之疾，闭门不出者近三年矣。《周易》爲先祖、父世業，此三年中，耑理此經，稍有所見，筆之於楮。大約經文往往自相發明，孔子《十翼》又反覆申明之。如「《臨》、《觀》之義，或与或求」〔六〕，以求屬《觀》，而凡《觀》所变之卦，如《坎》之「求小得」，《觀》上之五；《蒙》之「求我」，《觀》五之二；《頤》之「自求口實」，《觀》五之初；《屯》之「求而往」，《觀》上之初，皆本《觀》爲辭，如此類者甚夥。又如「先甲」、「後甲」，傳明曰「終則有始」；「先庚」、「後庚」，經明曰「无初有終」。然則甲取始義，庚取終義。且《蠱》之六五，變而成《巽》，故先庚之辭即發明于《巽》之九五，其義可推而知，不必牽合於納甲等術。又如：《未濟》六爻皆失位，五正成《訟》曰「元吉」，三正成《鼎》曰「元亨」，初正成《睽》曰「元夫」，此可推「元」之義。《既濟》六爻皆得位，初不正成《蹇》为「難」，三不正成《屯》爲「難生」，五不正成《明夷》爲「大難」，此可推「艱」之義。又如：《遯》初之三成《无妄》爲「災」，而《遯》則曰「不往何災」，可知往謂「往三」。《大壯》取宫室之象，而五之初則成《大過》爲「棟橈」，可知上棟下宇，棟指上五兩陰。又如：重《坎》而一陽浮于上成《涣》，象舟之浮于大川，故《涣》有舟楫之象。水澤《節》而一陽浮于上成《中孚》，亦象舟之浮于水，故《中孚》有乘舟之象。又如：《離》宜在下，在上則成火焚之災；《坎》宜在上，在下則爲寇。《比》陽在五爲樂，凡陽在五者多有喜慶之象；《師》陽在二爲憂，二正則有勿憂勿恤之象。凡若此者，約有百餘條。一家之言，未敢自信，曾略举以告沈君匏村〔七〕，蒙其許可，然仍未定也。略举其概，以就正于高明，幸为教正是荷。焦循頓首。

## 三

丙寅郡城晤後，循以病居湖者十年，故未通一柬奉候。《經義述聞》又增若干條否？循十年來，專學於《易》，視向日録呈請教者，已改易七八次。蓋於全《易》有不通處，即舍去，從頭看起，乃悟得其比例全似九數。竊謂伏羲以六十四卦教人，有畫無辭。其畫之奇⚊偶⚋，亦如祘筴之有正負。當時通神明之德，（累）〔類〕萬物之情，皆以爻之所之示人。至文王時，所之不明，故文王繫辭，即指其所之。孔子則贊翼之，亦即明其所之，大旨在教人改過，即以寡天下之過，明人倫，定民志，全在所之之得失，以爲吉凶。惟以辭指其所之，故辭之所繫，第如祘法之用甲乙丙丁，四聲之取「天子聖哲」，用以爲標，令人緣是以推卦畫之變動。義悉存乎辭之外，而不在辭。「密雲不雨」，「先甲」「後甲」，「先庚」「後庚」，「用拯馬壯」，以及「頻復」「頻巽」，「敦艮」「敦臨」，「冥豫」「冥升」之類〔八〕，一言一字，屈曲相導，所指甚明。有用轉注以貫之者。如溼即下；定即甯；字即飾；敕即勞，亦即輪；鴻即代，昬亦即代；顯即揚，亦即庚是也〔九〕。有用假借以貫之者。如髮即拔；鶴即隺；楊即揚；約即酌，亦即礿；握即渥；胏即積；袂即夬；豶即賁，亦即奔；賁又即焚；祗即羝，亦即震，震亦即振；屯即純，又即臀；鼈即敝，亦即罷是也〔一〇〕。各隨其文，假借成章，而陰以行其比例，即指其所之。因悟得其例有三[一一]：曰旁通。如蒙之與萃、屯之於鼎是也。惟旁通，乃有孚；惟有孚，乃合一陰一陽。伏羲定人道，制嫁娶，使夫婦有別，而後有父子、君臣，上下全在此。曰相錯。如乾、坤錯爲泰、否，坎、離錯爲既濟、未濟是也。天下事物以相錯而治。錯而得乎道，惟在旁通。旁通，情也。在舜爲善與人同，在孔子爲忠恕一貫，在《大學》爲「絜矩」。後人自視爲君子，不能旁通情，故與人相錯，遂互相傾軋，不能孚於小人，亦不利君子貞，而易道泯矣。曰時行，即變通以趨時。元亨利貞，全視乎此。如：乾二之坤五爲大中。坤初之乾四，應之爲下應。坤三之乾上，應之爲上應。上下一齊俱應，則成兩既濟，終止則亂矣。下應成家人、屯，則家人必變通於解，屯必變通於鼎。上應成革、蹇，蹇必變通於睽，革必變通於蒙。若革四之蹇初，屯三之家人上，則非時行，其道窮。故屯，「君子幾，不如舍」，謂舍家人而通鼎也。家人反身，謂反而孚於解也。蹇，「不利東北」。蹇下艮爲東北，不可使初往革四，故往蹇而宜待也。革，改命，即改而通蒙也。惟屯通鼎，故屯，見也；鼎，象也；而「見乃謂之象」一句，全指屯。鼎，旁通屯，通鼎爲象。革，通蒙亦爲象。革通蒙，蒙二之五成觀，爲夬二之剥五之比例，孔子贊《剥》之觀象也。於屯通鼎，指之爲象；於剥成觀，又指之爲象，於是四象之義可明。大極者，大中也；兩儀者，上下應也；四象者，家人通解、屯通鼎、革通蒙、蹇通睽也。其象四，而卦則有八，故「四象生八卦」也。易者，變通之謂。因變通而有大中，上下應有四象，故曰「易有大極」。《易》有四象：大中，元也；上下應，亨也；變通不窮，利也；終則有始，利而貞也。聖人教人，存有餘而不可終盡。故如是乃宜，如是乃不窮。儀即宜也，象即似也。似者，繼續也。繼善而續終，則長久不已矣。此當位之變通也。若不當位，則先不大中。而乾四之坤初，成小畜、復；乾上之坤三，成謙、夬，是爲失道，失道則凶。然小惡猶可改也，是宜辨之於早。令小畜通豫，復通姤，夬通剥，謙通履，一經改悔，則「不遠復」而「其旋元吉」。此不當位之變通也。未變通則厲，既變通則无咎，而无咎存乎悔。不能即悔，困而復變，窮而後通，則如復又成明夷，夬又成需。而後需乃旁通晉，明夷乃旁通臨，爲吝，雖吝亦歸於无咎。聖人教人改過如此，皆於爻所之示之。蓋當位，則虞其盈盈不可久；不當位，則憂其消消亦不可久。故盈宜變通，消亦宜變通，所謂時行也。其教人之義，文王、周公已施諸政治；孔子已質言之於《論語》、《大學》、《中庸》，傳之七十字。此《易》辭全在明伏羲設卦觀象，指其所之，故不言義理。但用字句之同以爲鄉導，令學者按之，而知三百八十四爻之行動。如讀句股割圓之書，按其甲乙丙丁等字，於其同者，即知線之所移；亦如曲之字譜，按工切四合，即知聲之高下，義理自具。畫之所之之中指明其所之，則義理自見。文王述伏羲，孔子贊文王如此，志在使伏羲當日通德類情之故，從卦爻中顯出。

宜按辭以知卦，泥辭以求義理，非也。惟其顯然者易見，而用轉注、用同聲之字假借者，非明六書訓詁，鮮克信之。循近年得力於《廣雅疏證》，用以解《易》，乃得涣然冰釋。因歎聲音訓故之妙用，以通他經，固爲切要，而用以解《易》，尤爲必不可離。蓋《易》之辭，文王、周公、孔子，大半用此，以自爲比例，舍此則不知所謂，尤亟亟也。或謂《易經》可以空言了之，真不知而妄作耳。兩年來，以宮保阮公幾次催令成書，已於去年草成《章句》十二卷，《通釋》二十卷，《圖略》八卷，共爲《雕菰樓易學》四十卷〔一二〕。屢欲寄呈論正，以卷帙多，苦於抄寫，先撮大略奉聞，容更將全稿呈誨。臂痛腕掣，兼以呵凍，草草書不成字，（祇）〔祗〕候台祺。十二月初一日。

【説明】

第一、二通，據羅振玉輯印《昭代經師手簡》謄正，第三通載《焦理堂先生軼文》。徐乃昌輯《鄦齋叢書》。第一通，末署「嘉慶三年三月望日」；第二通有「循自壬年出都後……閉門不出者近三年矣」之語，壬年即嘉慶七年壬戌，則第二通作於嘉慶十年；第三書作於丙寅之後第十年，即嘉慶二十一年。

【校注】

〔一一〕見王引之《致焦理堂書》第一通。

〔一二〕《釋橢》：一卷，焦氏撰，見《里堂學算記》。《中西算學叢書初編》。

〔三〕見《經義述聞・毛詩上》，又見《經傳釋詞・終》。

〔四〕《宮室圖》：全名《群經宮室圖》，二卷，焦氏撰，今見於《清經解續編》。

〔五〕見《經義述聞・周易上・夕惕若厲》。

〔六〕引文見《易・雜卦傳》。

〔七〕沈覍村：沈魴，字覍村，焦氏摯友，見《雕菰集》。

〔八〕密雲不雨：見《易・小畜》、《小過》；先甲後甲：見《蠱》；先庚後庚：見《巽》；用拯馬壯：見《明夷》、《涣》；頻復：見《復》；頻巽：見《巽》；敦艮：見《艮》；敦臨：見《臨》；冥豫：見《豫》；冥升：見《升》：均爲卦辭。

〔九〕溼即下：《爾雅・釋地》「下溼曰隰」、「下者曰隰」，《詩・簡兮》毛傳作「下濕曰隰」。漢隸以「濕」作「溼」，「溼」、「隰」又音近義通，故「溼」有「下」義。但《易・乾》「水流濕，火就燥」與此義不協，而《易》中別無「溼」、「濕」字，未詳所出。　定即甯：《易・屯》：「利建侯。」王弼注：「得主則定。」釋文：「本亦作『則寧』。」　字即飾：見《廣韵・志韵》引《春秋説題辭》，指「表字」而言。《廣雅・釋詁二》：「字，飾也。」《玉篇・子部》同。而《易・屯》「女子貞不字，十年乃字」，李鼎祚集解引虞翻釋作「妊娠」，惠棟《周易述》釋作「許嫁」，焦循章句釋作「猶養」。《易》中別無「字」字，未詳所出。　敕即勞，亦即輪：《易・噬嗑》：「先王以明罰勑法。」釋文：「勑，《字林》作勅。」勑、敕同。陸氏釋作「猶理」、「一云整也」，則是通「飭」。　輪通侖，《説文・亼部》：「侖，思也。从亼从冊。」段注：「思與理義同也，思猶䚡也。」一爲治理，一爲條理。又《爾雅・釋詁》：「倫，勞也。」《易・説卦》焦循章句：「輪猶倫，勞也。」　鴻即代，昬亦即代：鴻，僅見於《漸》，王弼注：「鴻，水鳥。」焦循章句：「鴻，代也。」用《爾雅・釋詁》義：「鴻、昬、於、顯、間，代也。」顯即揚，亦即庚：《易・夬》焦循章句：「揚猶顯也。」庚通賡，續也。見《廣雅・釋言》王念孫疏證。《易・大有・象傳》焦循章句：「揚，續也。」

〔一〇〕髮即拔：見《釋名・釋形體》。又《易・既濟》、《説卦傳》有「髮」。二字并在月部，旁紐。鶴即隺：《説文・鳥部》：「鶴，从鳥，隺聲。」《易・中孚》焦循章句：「鶴同隺。」約即酌，亦即礿：三字并从勺聲。《易・坎》焦循章句：「約，要也。」《易・損》焦循章句：「酌，猶約也。」礿，見《易・既濟》。握即渥：二字并从屋聲。《易・萃》焦循章句：「握與渥同。」胏即積：二字并在精母，脂錫通轉。《易・噬嗑》焦循章句：「胏猶積也。」袂即夬：《易・歸妹》焦循章句：「袂猶決也。」俞樾《群經評議・周易一》：「按：決者行也。」夬、袂、決音義通，《易・夬》、《履》王注、孔疏、釋文、李氏集解可證。豶即賁，亦即奔：《易・大畜》焦氏章句：「豶猶賁也。」《墨子・備蛾傳》孫詒讓閒詁：「賁士，猶奔士也。」賁又即焚：《易・離》焦循章句：「焚與賁通。」祇即羝，亦即震，震亦即振：王念孫《讀書雜志・餘編下・楚辭・離騷》：「祇之言振也。」又《後漢書》：「震讀爲祇，祇，敬也。」《易・大壯》焦循章句：「羝猶氏也。」朱駿聲《説文通訓定聲》：「氏借爲羝。」屯即純，又即臀：《易・乾・文言》焦循章句：「屯猶厚也。」《周禮・地官・鄉師》鄭注：「故書屯或爲臀。」鼈即敝，亦即罷：《易・説卦傳》焦循章句：「鼈猶敝也。」又《歸妹・象傳》焦循章句：「敝猶罷也。」

〔一一〕旁通、相錯、時行三例，是焦循治《易》三術，由測經文、傳文而發明。詳見《易通釋》、《易圖略》。

〔一二〕見《焦氏叢書》，嘉慶、道光間江都焦氏雕菰樓刊，上海圖書館藏。

# 孫星衍致王引之書四通

一

接奉手示並寄大著《書詁》〔一〕，循誦回環，佩服無既，訓詁聲音之學至是而大明，後學可為一隅之反。弟所考「爰」字即「曰」、即「于是」，如「土爰稼穡」之亦作「曰」，「思曰贊贊」之即「爰思」，「夔曰戛擊鳴球」之即「夔爰」，《史記》作「夔于是」，可以類求。恬谿之説「迪」〔二〕，想呈台鑒矣。弟嘗以為讀三代之書，當知三代时之訓詁；考三代之天文，亦應用先秦已前天文之学。《巫咸》〔三〕、《甘石》〔四〕、《援神契》〔五〕、《考靈耀》〔六〕諸書皆宜引证，次則《淮南・天文訓》、《史記・天官書》。近世輙据《大衍歷》及西法证之〔七〕，率云「古疏而今密」，亦不合轍也。

閣下以为何如？衍考《尚書大傳》及《史記》，知《金縢》「秋大熟」已下，实非《金縢》之詞，蓋《亳姑》逸文〔八〕。彙抄一册，馬孝廉見而韙之〔九〕，細加考核，以为信然。俟抄出質之大雅。至委撿《白孔六帖》〔一〇〕，此書尚未攜来，無從奉寄。章逢之《古史考》〔一一〕、《琴操》等，俱可輯本〔一二〕，略为編次，未能妥善。安德孔道應酬〔一三〕，録録實無餘间。所刊《大象賦》亦因刻字人跑逃〔一四〕，未能速竣，比之南中，一切不便。肅此布復，並候伯申先生素履〔一五〕。同館愚弟孫星衍頓首。

## 二

月之十三日，在歷下接手示並寄《經義述聞》，纔一披閱，深佩学識過人，立言不苟。中有《書》義，沾溉甚多，當借重大名也。比为《尚書今古文義疏》，甫成《臯陶謨》一篇，《泰誓》逸篇一帙，牽于人事，时有作輟，不能見功。出月爲泲上之行〔一六〕，南攜以就正大雅。《金縢》「予仁若考能，多才多藝」，尊解極是！若讀为「予仁若順也。巧能」，則句法更順。以「能」字下屬为句，不如上屬，不必援下句「能事鬼神」为例也。弟又疑《尚書》「幾」字，俱應訓为「事」。據《易》「幾事不密，則害成」，是「幾」亦「事」，則《書》之「萬幾」即「萬事」；《臯陶謨》之「惟时惟幾」〔一七〕，言敕謹天命，惟是思事也。下文有「萬事康」、「萬事叢脞」之語〔一八〕，知其指事言之。釋「幾」为「微」，殊不確矣，姑以質之高見。宋本《初学記》多有勝今本者，而讹錯轉甚，還屬友校核明本，以朱書注改簡端。弟處又有舊抄本《北堂書抄》，是陳禹謨未改前之本，亦多讹字。而所載《尚書》「攸」俱作「逌」，「俊民」作「畯民」之屬，頗有開元未改文字，惜無人校刻耳。

勿勿布復，並候文祉！不一。

伯申先生同館，愚弟孫星衍頓首。

尊甫前輩前請安！

## 三

前聞大魁捷報，喜不自勝，同輩以樸学受上知，一时必多弃華就实之士耳。尊甫前輩曾有札來，弟關心足下前示《書詁》一編，未知刊出否。并尊甫《廣雅注》〔一九〕及《古姓名考》〔二〇〕均祈惠一册，望之至切。弟伏處南中，薄遊負米，近狀無足述者。惟不肯尽荒舊業，書笈自隨，到處亦有古人捧手之樂，可告知己。都门素心人深有幾輩，新科好学者諒不少，張皋聞〔二一〕定相得也。此候文祉，不一。

同學愚弟制孫星衍叩首。

## 四

昨奉手書，詢及《御覽》所引《埤蒼》，後半部尚未抄寄弟處，無從撿復。连日歲事匆忙，甚以为苦。章逢之有輯本《琴操》、《物理論》、《先賢行狀》等，適有馬同年宗璉之夫子来此，好学深思，屬为編次。前寄尊處之《漢儀注》等，未知閣下得暇能为撰次否？·凡撰次成帙以後，必宜録出副本存友人處，以防遺失。弟生平考证古書甚多，在秋帆先生處时，精力亦好，惜編次書多已失之，可为前鑒。

閣下所撰任子田《小学》〔二二〕，如可録本，當屬舍弟借録一分。即在泲上办理，不虞遺失也。逄之後有《漢官儀》，撿出并寄。此須合聚珍板本阅定。抱經先生曾補其遺，未知備否。

閣下所撰《尚書故闻》，可再彙諸經改名，亦思抄一副本。頃細繹《金縢》「秋大熟」已下云云，竟是《亳姑》逸文，後儒誤入《金縢》篇者。合《尚書大传》、《史記》觀之，甚悉。曾作一考，文多，惜不及録以奉质。专此布復，並候，不一。

伯申先生閣下，同館愚弟孫星衍頓首。

**【説明】**

此四通書札，均據羅振玉輯印之《昭代經師手簡》謄正。四通書札釋文，又見於《孫淵如外集》卷五。札末均未詳年月。四通當分别作於嘉慶六年、十二年、四年、六年。理由如次：一、王、孫均爲朱珪典試所得士，孫中乾隆五十一年丙午科，王中嘉慶四年己未科。故第三書前有「前聞大魁捷報」語，末署「同學愚弟制」。二、王、孫均補散館，孫在乾隆五十四年己酉，王在嘉慶六年辛酉。故一、四通末尾署「同館愚弟」。三、第二通內容，與孫星衍致王念孫書第一通相仿佛，均應作於嘉慶十二年。此「月之十三日」，應是五月十三日。

【校注】

〔一〕《書詁》及第四書《尚書故聞》，殆即《尚書述聞》原名。乾隆五十五年寄汪中時，又稱《尚書古義》。

〔二〕「恬谿」，《昭代經師手簡箋釋》作「恬顛」，誤，字右半作草書「谷」。清畢亨，字恬谿，曾從戴震游。

〔三〕《巫咸》，殆即《巫咸占》，記商人巫咸占星術之書，唐代《開元占經》記録有巫咸占辭。

〔四〕《甘石》，即《甘石星經》，上古天文學著作，相傳戰國時魏石申夫和齊甘德撰，見《史記・天官書》。

〔五〕《援神契》：漢代緯書之一，見《古微書》。

〔六〕《考靈耀》：漢代緯書之一，見《古微書》。

〔七〕《大衍曆》：唐代曆法。

〔八〕《亳姑》：《尚書》逸篇，見《書・序》孔傳。

〔九〕馬孝廉：馬瑞辰，有《毛詩傳箋通釋》。

〔一〇〕《白孔六帖》：應制用類書，唐白居易撰，宋孔傳續。

〔一一〕章逢之：章宗源之字，乾隆時舉人，有《隋唐經籍志考證》。

〔一二〕「可」，《孫淵如外集》作「有」。

〔一三〕安德孔道應酬，指官場交際，迎來送往。

〔一四〕《大象賦》：漢張衡撰。嘉慶五年，孫氏得之浙中，手抄本。

〔一五〕素履：《易·履·初九》：「素履往，无咎。」此祝一切順遂无咎之意。《箋釋》作「京履」，誤認。

〔一六〕泲上：「泲」又作「濟」，濟水兩岸。

〔一七〕《臯陶謨》之「惟時惟幾」，因僞孔分《臯陶謨》「帝曰來禹」以下別爲《益稷》篇，故今十三經本此句在《益稷》。

〔一八〕「萬事康」、「萬事叢脞」，今《尚書》作「庶事康」、「萬事墮」。

〔一九〕《廣雅注》，即《廣雅疏證》。

〔二〇〕《古姓名考》，殆即《春秋名字解詁》原名。

〔二一〕張臯聞：張惠言之字，王引之同科進士。

〔二二〕《小學》，即《小學鈎沉》。

## 張敦仁致王引之書二通

### 一

月前肅布一械，交高郵孫牧奉致〔一〕，知世長先生大人已赴天長〔二〕，茲承翰示，得悉營兆之期須俟秋後，現在暫居城北。節候漸暑，伏惟起居珍重。貴鄉水勢尚未消退，惟望天氣多晴，早得涸，復爲幸耳。寄惠《經義述聞》大著，快讀之下，曷勝佩服。内《正月》箋「富人猶可」〔三〕，相臺岳氏本「猶」作「已」，「已」字是也。此鄭申毛。哿，可。言有屋之富人已可矣。正即大著中「快意惬心」之誼，惟《正義》誤解爲「富人猶有財貨以供之」耳。今注疏本之作「猶因此」，其實全失鄭意。鄙見當據岳本以還《箋》舊，而駁《正義》之誤。未知是否？屬寄府報一函，已加封速遞矣。專此奉覆，並謝大教。即候近履！不一。

世愚弟張敦仁頓首。

## 二

從公歷鹿〔四〕，音敬少稽〔五〕。比惟世長先生大人，動定綏和，曷勝馳仰？兹有懇者，尊大人所著《廣雅疏證》暨大作《周秦名字解詁》，皆儒林不朽之盛業，爲學士必讀之寶書。同人託求者甚衆，敢祈惠賜各數部，以便分貽，實所切禱。刷價若干，當即奉繳。再未刊撰述，必尚有多種，并望示以定本，則先睹爲快。感荷教思，更無紀極矣。专此奉候孝履！惟希丙照〔六〕，不宣。

世愚弟張敦仁頓首。

【說明】

張氏書二通，據羅振玉輯印之《昭代經師手簡》謄正。張敦仁，字古餘，又作古愚，山西陽城人，乾隆四十年進士，經學家，尤長於算學，《清史稿》有傳。據書中言及營兆之事，第一書當作於嘉慶十年夏；第二書有「奉候孝履」一語，當亦作於是年。是年，王引之奉母靈柩由山東濟寧歸里暫厝，並卜地於安徽天長汴子橋東南彭家庵。

【校注】

〔一〕孫牧，殆即高郵州州牧軍政長官，清代稱知州。孫某。

〔二〕世長先生：尊稱有世交的平輩，此指王引之。

〔三〕見《經義述聞·毛詩中》。

〔四〕從公歷鹿，指公務繁忙。

〔五〕音敬少稽，即少有音問。稽，至。

〔六〕丙照，同炳照，義同明鑒。《手稿》中「丙」作「丙」，林孟君先生釋作「兩」，不確。

## 戚學標荅王伯申侍講書

轉注之說不一。裴務齊《切韻》猥云：「考字左回，老字右轉。」〔一〕戴仲（逵）〔達〕〔二〕、周伯琦據叔重書〔三〕，老屬會意，考屬諧聲，已正其失，而别舉「側山爲𠂤」、「反人爲匕」等象形之變轉者當之，則仍左回右轉之説也。徐鍇、鄭樵等就「考」字傅會〔四〕，謂「祖考」之「考」，古銘識用「丂」，於「丂」之本訓轉其義，而加「老」字註明之。此以轉義爲轉注。而蕭楚〔五〕、張有諸人〔六〕，又謂轉注即轉聲。近戴東原以《説文》訓「老，考也；考，老也」，轉注者猶互相訓也，并以《爾雅・釋詁》有多至四十字共一義者，皆六書轉注之法〔七〕，則離形聲以爲説，尤失之泛。竊以叔重言轉注，「建類一首，同意相受」，指「考」「老」二字明之，而於「考」「老」本注轉未言及。以「考，老也」、「老，考也」互相訓，其爲同意不待言。二字上皆从耂，建類一首，亦易明。因「考」而及「老」謂之轉注，猶云挹此而注彼也。然建類一首，有取類在上者。如：「譱，吉也。从羊。此與義、美同意。」「苟，自急敕也。从羊省。从羊，與義、美、善同意。」「奔，走也。从夭，賁省聲。與走同意，俱从夭。」有取類在中者。如：「爾」注：「麗爾，猶靡麗也。从冂从㸚，其孔㸚，尒聲。此與爽同意。」「央，中央也。从大在冂之内。大，人也。央、旁同意。」有取類在下者。如：「官，(吏)〔史〕事君也。从宀从𠂤，𠂤猶衆也。此與師同意。」有取類偏旁者。如：「勺，挹取也。象形。中有實，與包同意。」「弢，弓衣也。从弓从叏。叏，垂飾，與鼓同意。」由是以推：「裘」與「衰」同意。裘，皮衣。衰，草雨衣。建類同爲衣也。「臺」與「室」、「屋」同意，建類同爲至也。「⿱至土」與

「畱」同意，建類同爲丣也。「高」與「倉」、「舍」同意，建類同爲口也。「皿」與「豆」同意，建類同爲一也。「無」與「庶」同意，建類同爲廿也。「尋」與「毀」同意，建類同㐅工交口也。「罕」與「爵」同意，今「爵」注無「从吅」字，則文之脱也。「疐」與「牽」同意，今「疐」注誤作「牽」，則字之譌也。凡此皆轉注之字，初不拘體之變左轉爲右回。而「奔」下云賁省聲，則轉注兼諧聲。若皿若罕，又竝云象形，可悟制字六法，義本相兼，非若後人之滯於一體。至於〔芊〕〔羋〕羊鳴，牟牛鳴，此但取意同，而不必建類之一。丮夕爲夙，晨辰爲晨，早匕爲卓，匕卩爲卬，云同義亦即同意，均之爲轉注之字。叔重即考、老二字明其大恉，使人推類求之，故於字下或注或不注。有互相注者，「工」曰「與巫同意」，「巫」曰「與工同意」是也。有止注一字者，「韭」曰「與耑同意」，「耑」下即不復注也。義類甚明，可以隅反。習許書者，不求之本注，紛爲異説。如「置」注：「赦也。从网直。」徐鍇曰：「从直，與罷同意。」試問，从直與罷何與乎？徐氏兄弟於會意字既誤解，轉注之理尤非其所及也。

**附片**

向面論六書會意，猶有未盡，今再申之。用武期於止戈，戒忿兵也。相信謹於人言，懼無實也。止戈非武，人言叵信，皆以相反見字意，須會而得之。推類以求，如：言从口，辛聲；辛，辠也。訟，争也，从言，公聲。醉，卒也；卒其度量，不至於醉也。肥，多肉，从肉从卪，卪即節也。利从和省。稼在野而从家。静，審也，从青，争聲。寇，暴也，从攴完。夙，早敬也，从丮；持事雖夕不休，早敬者也。步，行也，从止少相背。達義爲行不相遇。足，人之足也，从止口。走，趨也，从夭止，止者屈也。毋，止也，从女，有奸之者。皆於制字隱然寓垂戒之恉，意非一直，故曰會意。二徐所云會意，悉義之顯然者。試問，古人何字無意耶？以《説文》證《説文》，妙義即在眼前，卻從無人拈出。多少疑團，得此涣然冰釋。朱春泉。

【説明】

戚學標致王引之書，載《鶴泉文鈔續選》卷二，未著年月。王引之於嘉慶十三年戊辰晉翰林院侍講學士，而戚書稱王伯申侍講，書殆作於此年。次年王引之轉侍讀學士。

戚學標，字翰芳，號鶴泉，今浙江温嶺人。著有《漢學諧聲》二十四卷、《説文補考》一卷《又考》一卷、《諧聲補證》一卷《補》一卷、《鶴泉文鈔》二卷等。

【校注】

〔一〕裴務齊説，原文不存，見戴侗《六書故》引。

〔二〕戴侗，字仲達，宋末元初人，籍隸永嘉。今浙江温州。有《六書故》三十三卷《通釋》一卷，是徐鍇《説文解字繫傳》之後系統解釋《説文解字》的重要著作，有不少發明，對元明以來《説文》學有直接影響。

〔三〕周伯琦，字伯温，元代饒州鄱陽今江西鄱陽。人。有《説文字原》一卷、《六書正訛》五卷、《近光集》三卷。

〔四〕鄭樵，字漁仲，號夾漈山人，宋代興化軍莆田今福建莆田。人。鄭樵説六書，見《通志·六書略》。

〔五〕蕭楚，字子荆，宋人。其轉注説見清曹仁虎《轉注古義考》。

〔六〕張有，字謙中，宋代湖州今浙江吴興。人，道士。有《復古編》二卷。

〔七〕戴震説六書，見《六書論》。

## 郝懿行致王引之書五通

### 一

奉别以來，幾將再稔，未通尺素，傾注如何！伏惟大兄高材碩學，海内所欽，著作承明，蘭臺繼躅。乃者懋膺簡命，視學中州〔一〕，輶軒奏言，實兼兹選。二南〔二〕，故典籍之淵林；三川〔三〕，實人文之舊地。洛陽賈生〔四〕，里居安在？汝南徐孺〔五〕，故宅猶存？偃師輔嗣墓〔六〕，問守冢尚有幾家？召陵公乘里〔七〕，訪許君今復有後不耶？至於二室三塗〔八〕，地形可按。桃林慕休牛之風〔九〕，孝水嘉濯纓之蹟〔一〇〕。凡于役所經，可以證經史，攬輿圖，洵足樂也。前者出都，曾有欬欶之疾，比加調養，知當平復，但遇秋冬，尚須防其間作，計取温黀爲佳耳。嵩山何首烏，以大而新者爲勝。此物甚能滋益，如得此者，庶望波及其餘，以踐宿諾，幸甚。嘉慶十四年己巳六月十八日。

## 二

某近爲《爾雅義疏》，《釋詁》一篇尚未了畢。竊謂詁訓之學以聲音文字爲本，轉注、假借各有部居，疏通證明，存乎了悟。前人疏義但取博引經典以爲籍徵，不知已落第二義矣。鄙意欲就古音古義中博其指趣。要其會歸，大抵不外同、近、通、轉四科以相統系。先從許叔重書得其本字，而後知其孰爲假借，觸類旁通，不避繁碎，仍自條理分明，不相雜廁。其中亦多佳處，爲前人所未發。如兄澹雅之才，儻謂斯言爲是不耶？某爲此事，存之數年，頗減交遊，欲求閒静，庶竭鄙才。而公私敦迫，擺脱爲難，方知一行作吏，此事那復可爲，自念生平作學僮時亦何可得耶？嚴寒自愛，安黀爲佳。十一月十三日。

## 三

奉别以來，遂離寒暑，望風企想，能不依然？文旌所莅〔一一〕，校藝爲勞。齊魯之士多才氣，而少術學，是其一病。閣下稟經酌雅，涵育薰陶，可令從風而靡，幸何如之！計此時回轅歷下，暫以蕭閒侍慶椿庭，游心竹素，喜樂如何！弟養痾廢業，偶讀沈約《宋書》，箋記備忘，遂多著録。其書無《刑法》、《食貨》二志，沈《序》仍云分見紀、傳中，此謂缺所當補；又增《符瑞志》一篇，此謂補所當缺也。今竟欲删除《符瑞》，都無存留，仍剌取沈書，補還二《志》。如謂删去非宜，姑存其半，中、下二篇。併入《五行志》，奚不可也？又《後漢》以還，遂缺《藝文》，今欲撰《晉宋藝文志》，不列古書於前，但採晉宋人著述，標其最目，各爲條流，亦如《漢志》藝文之體。然難於檃栝，失在罣漏，恐見聞短淺，將來未易可成也。聊擬度之耳，惟高明裁而正之。

## 四

《山海經牋疏》者，本自末學，不叓師授，湥槧踈拙，未敢效劉舍人於車下干沈隱矦也〔一二〕。謬承吾兄激賞，敢遂仰丐高明，亟加是正，兼冐賜之教言，登諸簡首，俾亯帚之珍，緘石之謬，得以流布人间，亦鼠坻牴糞後一種話頭也〔一三〕。昨聞書篚未以自随，謹上書五種以資撿校，計《廣雅疏證》、畢氏《山海經新校正》、吴氏《廣注》及《玉篇》、《廣韻》等，外有需撿看者，仍開書目刺取，再當呈上。肅兹奉瀆，即候伯申大兄大人日安，不具。愚弟郝懿行頓首。

## 五

近讀孫卿書而樂之。其學醇乎醇，其文如《孟子》，明白宣暢，微爲繁富，益令人入而不能出。頗怪韓退之謂爲大醇小疵〔一四〕，蒙意未喻，願示其詳。推尋韓意，豈以孟道性善，荀道性惡；孟氏尊王賤霸，荀每王霸竝衡？以是爲疵，非知言也。何以明之？孟遵孔氏之訓，不道桓文之事；荀矯孟氏之論，欲救時世之急。《王霸》一篇，剴切錞于，沁人肌骨。假使六國能用其言，可無暴秦并吞之禍。因時無王，降而思霸，孟、荀之意，其歸一耳。至於性惡、性善，非有異趣。性雖善，不能廢教；性即惡，必假人爲。「爲」與「僞」古字通。其云人之性惡，其善者僞也，僞即爲耳。孟、荀之指，本無不合，惟其持論各執一偏。準以聖言相近，即兼善惡而言。言習相遠，乃從學染而分。後儒不知此義，妄相毁詆。閣下深於理解，必蚤見及，願得一言以袪所蔽。孫卿與孟，時勢不同，而願得所藉手，救弊扶衰，其道一也。本圖依託春申，行其所學。迨春申亡而蘭陵歸，知道不行，發憤著書。其指歸意趣盡在《成相》一篇，而託之瞽矇之詞，以避患也。楊倞何人〔一五〕不知其字、里居，事實尤所未聞。《唐書·世系表》檢無其人，頗具示之。其注大體不誤，而中多未盡，往往喜加「或曰」云云，知其持擇未精，亦由詁訓未明，不知古書假借之義，故動多疐礙。蒙意未安，欲復稍加訂正，以存本來。久疏摳謁，茅塞蓬心，聊述近所省存，用代奉面，匆匆不宣。道光四年甲申二月日具。

【說明】

郝懿行與王引之書凡五通：第一通載《曬書堂外集》卷上，題《與王伯申學使書》；第二通載《曬書堂文集》卷二，原題《又與王伯申學使書》；第三、第五通載《曬書堂文集》卷二，原題分別爲《與王伯申大理書乙亥》、《與王伯申侍郎論孫卿書》；第四通載《昭代經師手簡》，未題名。第一、第三、第五通，分別署「嘉慶十四年己巳六月十八日」、「乙亥」、「道光四年甲申二月」；第二通署「十一月十三日」，無年份；第四通年月俱未詳。據稱名「學使」、「大理」、「侍郎」、「又」及信函内容，可知第二通與第一通同寫於嘉慶十四年；第三、第四通同寫於嘉慶二十年。郝懿行與王引之同科進士，其《爾雅義疏》經王念孫指點删定。

【校注】

〔一〕王引之於嘉慶十二年簡放河南學政。

〔二〕二南：《詩經》十五國風之《周南》、《召南》。周、召，即《禹貢》雍岐之地，見《詩譜》。以下述中州人文地理。

〔三〕三川：古郡名，因黄河、伊水、洛水得名。

〔四〕賈生：漢代洛陽人賈誼。

〔五〕汝南徐孺：東漢名士徐孺，乃豫章今江西南昌市。人，非汝南。郝氏殆誤記。

〔六〕偃師輔嗣：三國魏人王弼字輔嗣，注《周易》及《老子》，享年僅二十四歲。山陽人。山陽，今河南焦作市。

〔七〕召陵公乘里：《説文・後叙》云：「召陵萬歲里公乘艸莽臣沖稽首再拜，上書皇帝陛下。」許氏，里名萬歲，公乘乃爵名，段玉裁《説文注》、《隸續》卷二《公乘伯喬殘題名》可證。郝氏誤記。

〔八〕二室三塗：二室，指太室、少室，中嶽嵩山二峰。三塗，即三塗山，在陸渾縣東南。

〔九〕桃林：古地名，在今河南靈寶以西。《書・武成》：「乃偃武修文，歸馬于華山之陽，放牛于桃林之野。」

〔一〇〕孝水：又作「涍水」，古水名，在河南。見《集韻・三十六效》。濯纓，見《孟子・離婁上》及《楚辭・漁父》之《滄浪歌》：「滄浪之水清兮，可以濯吾纓；滄浪之水濁兮，可以濯吾足！」

〔一一〕王引之嘉慶十八年十月轉大理寺卿，次年三月提督山東學政，其父王念孫就養於山東學署。

〔一二〕劉舍人：南朝梁劉勰。劉勰撰《文心雕龍》五十篇，欲就正於沈約，無由晉見，乃負書稿候約於車旁，約取閲，大重之，遂薦於梁昭明太子。沈約被梁武帝封爲建昌侯，卒謚「隱」。干，求。

〔一三〕鼠坻牴糞：鼠坻，老鼠藏身處，即鼠洞。見揚雄《答劉歆書》。牴，同抵，觸。此爲謙詞。

〔一四〕韓愈《讀荀子》：「荀與揚，大醇而小疵。」揚，揚雄，有《太玄》、《法言》。

〔一五〕楊倞：唐朝人，有《荀子注》。詳見王先謙《荀子集解・考證上》。又，郝氏《荀子補注》

附刊致王引之書，無「何人」至「願具示之。其」等二十八字。

## 臧庸致王引之書三通

### 一

子明在蓮幕二年〔一〕，書來必及閣下相待之雅，水乳之融，庸讀之心感。前晤郎君，述及新春偶因小故辭去，閣下惓惓故人之誼，固留之不已，此子明之迂拘，不達世故。如閣下之學問文章，當世罕匹，庸所企望焉而不可及者。乃因小節，不顧多年師友之義，此子明之失之大焉者也。特庸與子明俱爲盧抱經學士弟子，交二十餘年，其性情之坦白無欺，固終身如一日，所深信不疑者，閣下當亦相同。弱冠好學，深造有得，後困於境，不得竟爲之。其父遠游川省，久無音耗。丁卯母卒，不能殮。庸同遭先妣之喪，里居，賻以十千。子明初受之，至去年仍令其家歸之，夫婦之廉介如此。今兄弟析居鄉間，母喪未葬，妻寓外家，并乏姻戚之助，困之至矣。昨接手示，云居停候補典史，則子明已同賦閒，相思之切，幾至失聲。此固子明之自致，於閣下無咎。然先生於子明交亦二十年，此次自里中至汴，實由手書招之，當此嚴寒暮歲，萬一流離失所，於先生厚待窮交之意，招延來汴之本心，必有所不安。或亦原其一時小失，本衷無他，究無不可，以對人之處而始終善待之，即作一切實之書，託姚秋農宫允聘入學幕〔二〕，或别爲推薦處，則得賢主人，歸則有行李資務，俾得所而後已乎。此不特子明聞之心感無已，且抱慙之不暇，庸亦禱祀而求，無異身受者也。外附秋農學使書一函，即寄是荷。

## 二

承詢《鉤沈》事，原約月杪可竣，庸於此事刻不敢忘者也。去臘天寒日短，且事冗，新正甫校起。然《中州文獻考》寫者三人俟看出發抄，又爲汪禮部編校遺書并著《行狀》〔三〕，從事小學三分之一。後汪禮部事竣，寫者或爲他事，故邇日寢食不遑，謝絶人事，唯《鉤沈》之是務也。特此書每條不過數字，而所引有二三書以上者，即一書又有兩三倆以上者。取其相勘，勢必逐條逐卷字字讐對，庶可自信以信於後。再以侍御原稿煩蕪，或本末倒置，有倆此卷而實在他卷者，有倆是書而錯在彼書者，更有通部細撿而卒未得者。即如開卷《雜字解詁》：「格，閣也。」注出《漢書・竇太后傳》。通撿《漢書》，無《竇太后傳》。覆撿《史記・外戚世家・竇太后》篇及《漢書・外戚列傳・孝文竇皇后》篇并《後漢・竇皇后紀》，皆無，最後得《史記・梁孝王世家》有竇太后義格之文，知稿本「竇太后」三字因此致誤。且裴駰無注，小司馬《索隱》標「義格」二字，曰：「張晏云：格，止也。服虔曰：格謂格闘不行。蘇林音閣。周成《雜字》：攱，閣也。《通俗文》云：高置立攱棚，曰攱閣。《字林》音紀，又音詭也。」庸按：格、閣字皆從各聲，故周成訓格爲閣。《史記》三家注載服虔説作「格閣不行」者，是也。單本《索隱》作「謂格闘」，《漢書・文三王傳》注作「音格闘」，皆誤。顔引蘇林亦音格，可證。周氏義本服、蘇，故以格爲閣。小司馬更引《通俗文》，以申格止之義。今本引周成作「攱」，涉下文而誤。引《通俗文》「棚」上有「攱」，亦涉下衍也。《雜字》正文當仍作「攱」，下著按語，明當爲格，今竟改爲格閣也，又復出攱閣也，兩注其所出，而所出又轉展譌舛至此。不苦心考得之，其敢輕删乎？故此事本瑣碎煩重，加以素性不肯草率，遂似時日有稽，其實刻刻爲此，未嘗稍間。深悉其原委，別無簡便之法。且代人挍勘，往往曲意相就，較之自著尤難。閣下體此，則爲飛行絶迹矣。原稿二册送覽。凡經勘覆，皆有點識及删補字樣，紅黑筆隨意用之。大旨以唐爲斷，宋元人所稱，不盡可據，擬不録，其次序多不可解，即此已得十之六七，較之原稿，差足爲善。如欲盡之，亦非所難。但當少從容，且更有他事及應酬，又恐時日稽遲。此等事細言之，終身不能盡也。至録清付梓，恐非鈔胥所能。尊處有明小學者爲謄録甚善，否則仍付來，給以紙筆，庸爲手寫何如？每謂此等皆學者公事，不當分彼此。承委無不盡心，特終不敢苟簡從事，聊草塞責，當爲喬梓兩先生覽之也。

## 三

曼卿先生學士大人閣下：迩以賤恙，屢承枉顧，弗克造門叩謝爲歉。兹繳上《説文舊音》二册〔四〕，《小学鉤沈》稿五册，并所餘紅黑格子二册，旧報十二册，希撿入是荷。《鉤沈》未刻稿自卷十三至卷二十，皆撿出本書，逐字挍正，凡經删補，俱有確证，不同於人，此因閣下信庸以为能，庸亦自信不誣者也。本擬手録清本付梓，以成先輩之美而答知己之遇。無如二豎交侵，久而不愈，刻擬附舟南還調治，不敢久稽；原稿若擕歸，又恐南北睽違，歲月遲阻，音問或不能騾通，賤恙或未能即愈，違心之舉，無可如何。希大人原恕而并裁酌之，是幸。李公果陞天津道〔五〕，昨已另託人定舟矣。止請晨安。不一。庸頓首。初六日。

【説明】

第一、二通，載《拜經堂文集》漢陽葉氏寫本。卷三，原題《與王伯中學士書庚午仲冬》、《與王伯中學士論校《小學鉤沈》書辛未季春》，分别寫於嘉慶十五年庚午仲冬、十六年辛未季春；第三通，據羅振玉《昭代經師手簡》謄正，臧氏作於嘉慶十六年。函末署「初六日」，未詳月份，應不晚於六月，七月臧氏去世。

【校注】

〔一〕子明：顧文炳，字子明，江蘇武進人，道光元年舉人，曾入王引之河南學政幕府。

〔二〕姚秋農：姚文田，字秋農。時接替王引之任河南學政。

〔三〕汪禮部：汪廷珍，字玉粲，江蘇山陽人，乾隆五十四年進士，時任禮部尚書。任大椿《小學鉤沈》十九卷，輯録漢魏六朝小學佚書，前十二卷由王念孫校正，後七卷由汪廷珍囑王引之校，王氏託臧氏校竣。汪氏最早刊出《小學鉤沈》。

〔四〕《説文舊音》，即《説文解字舊音》，畢沅撰。畢氏從唐代以前經傳注疏中輯出舊音數百條，依《説文》次序排列，註明出處。

〔五〕李公：未詳何人。劉素如《昭代經師手簡箋釋》以爲李惇，非，李惇早已作古。

## 宋翔鳳致王引之書一通

曼卿學士大夫閣下：前辱示伏生廿九篇説〔一〕，反覆數過，鄙意則謂《書》今古文之别，即在《大誓》一篇〔二〕，前与恭甫書已言之，頗自嘉其説，昨已呈政矣。《蓺文志》言：「劉向校經傳、諸子、詩賦。」又言：「每一書已，向輒條其篇目，撮其指意，録而奏之。」則子政雖不傳《尚書》學，而其篇目必素所審究。《藝文志》以經二十九卷大小夏侯二家。〔三〕爲大文，歐易經三汲古閣本誤作二。十二卷爲旁註〔四〕，此《别録》之舊〔五〕，以著二十九卷爲伏生傳授之元本，三十二卷爲歐易以古文三篇《大誓》增入也。《藝文志》又言：「劉向以中古文校歐易、大小夏侯經文。」則三家篇第孰多孰少，孰存孰佚，皆以目驗，不得有傳聞之誤。必確然見二十九卷無《大誓》，而後敢云《大誓》後得。唯《漢書·儒林傳》言張霸「分析合二十九篇以爲數十〔六〕，又采《左氏傳》、《書序》爲作首尾」，《書序》别言，則二十九篇有《大誓》，此班固在東漢時《大誓》已非全文，故揔爲一篇，以合於二十八篇。《尚書正義》亦云：「伏生二十九卷，而《序》在外。」《釋文·序録》云：「《泰當作大。誓》一篇，與伏生所誦，合三十篇。」皆以《大誓》爲一篇，不与向、歆所校本同矣。況《别録》云「民間獻《大誓》」，即指壞壁得書；云「博士讀説之」，即指歐易博士。桉諸時事，靡不符合，若《論衡》等書謂爲宣帝時所得〔七〕，則正是傳聞之誤耳。《玉海》引鄭康成《尚書大傳序》云：「生指伏生。没後，數子各論所聞，以己意彌縫其闕，别作章句。又特撰大義，因經屬指，名之曰傳。」則《大傳》之作在伏生之後，即如歐易以《大誓》入今文經，所謂「彌縫其闕」是已。六《誓》觀義之文〔八〕，又何必非後人所撰乎？《史記》言孔子贊《易》、序《書》，《漢·藝文志》言：「《書》之起遠矣，至孔子篹焉，上斷于堯，下訖嬴秦，凡百篇，而爲之序。」孔子作《書序》，言之者鑿鑿，非《毛詩序》可比。《毛詩序》乃毛氏一家之序，故齊、魯、韓則别有序。序與傳一人之作，故不爲序作傳。而《書序》則必不然。如《書序》云：「踐奄，作《成王政》〔九〕。」《音義》引《大傳》云：「踐，藉也。」《詩正義》亦引《書傳》云：「遂踐奄。踐之者，藉之也。」此《大傳》釋《書序》「踐奄」之義。《序》又云：「周公在豐，將没，欲葬成周。公薨，成王葬之于畢，告周公，作《亳姑》〔一〇〕。」《尚書大傳》亦記周公葬畢之事，此亦釋《書序》也。《大傳》既釋《序》，則《蓺文志》大小夏侯《章句》各二十九卷，大小夏侯《解故》二十九篇，無不并《序》數之也。唯云歐昜《章句》三十一卷，似不數《序》，要是脱畫，一當作二。況《蓺文志》之卷數与《大誓》後得之言，同出于《别録》，信此而疑彼，未見其然也。《論衡·正説篇》曰：「或説《尚書》二十九篇者，法斗四七宿也。四七二十八篇，其一曰斗矣，故二十九。」桉：《論衡》以四七宿當二十八篇，以《序》當斗，言《序》之櫽揺二十八篇，猶斗之臨制四鄉。若《大誓》，不足當斗矣。《論衡》又引或説曰：「孔子更選二十九篇，二十九篇獨有法也。」桉：王充在東漢世，久見《大誓》在《尚書》中，故并數爲二十九篇，而不及《序》，与前斗四七宿説自不同。昨聞尊恉，曰今文如《盤庚》、《康王之誥》皆不分篇，何録《大誓》獨分篇爲難。桉：《般庚》、《康王之誥》不分篇，此是今文之家法；《大誓》分篇，自是古文之家法。録《大誓》者，所以補伏生之闕；仍分篇者，不敢亂伏生之真〔一一〕。此傳經之大要也。竊謂孔子序《書》，以存百篇之號；録二十八篇，可以明删《書》之旨，故《書傳》引孔子曰：「六《誓》可以觀義，五《誥》可以觀仁〔一二〕，《甫刑》可以觀戒，《洪範》可以觀度，《禹貢》可以觀事，《皋陶謨》可以觀治，《堯典》可以觀美。」六《誓》疑當作五《誓》，歐陽家改爲六〔一三〕。皆就二十八篇之文，餘更不及。《大傳》記孔子之言，即七十子所傳之大義。治《尚書》者，可無待於外矣。尋繹尊説，覺私心蔽固而不敢附和，故條繫其説，以陳之執事，惟有以教之，則幸甚！

後學稘宋翔鳳頓首〔一四〕。五月九日。

尊著一册附還，祈詧入〔一五〕，又行。

## 附某孝廉書

鄙意謂《書》今古文之異，即在《大誓》一篇，前與恭甫書已言之，頗自喜其説，昨已呈政矣。尋繹尊著，謂今文廿九篇有《大誓》而無《序》，而以向、歆父子《大誓》後得之説爲傳聞之誤。謹案：《蓺文志》云：「劉向校經傳、諸子、詩賦。」又言：「每一書已，向輒條其篇目，撮其指意，録而奏之。」則子政雖不傳《尚書》學，而其篇目必素所究審。《蓺文志》以大、小夏侯經二十九卷爲大文，歐陽經三十二卷爲旁注，此《七略》之舊，明著二十九卷爲伏生傳授之元本，三十二卷爲歐陽以古文《大誓》三篇録入也。引之案：今文《大誓》「流爲烏」，《書説》以爲孝烏；古文《大誓》烏作鵰，馬融以爲摯鳥，則《大誓》有今古文之殊。假如歐陽以古文《大誓》録入伏生《書》內，則其字亦當作鵰，何以又有作烏之本？則今文自有《大誓》，非從古文録入可知。夫古文、今文，師傳絶異，各有篇章，不相移易。若謂歐陽録古文《大誓》以補伏《書》之闕，則古文逸《書》更有十六篇爲伏《書》所無，歐陽何不悉録以補之乎？且《藝文志》曰：「孔安國得古文，以考二十九篇，得多十六篇。」謂十六篇爲今文所無，二十九篇則古今文皆有之也。若《大誓》亦伏《書》所無，則伏《書》但有二十八篇。孔《書》多於伏《書》者，又加一篇，而爲十七篇。《志》何不云以考二十八篇，得多十七篇乎？《志》又曰：「孔安國獻《古文尚書》，遭巫蠱事，未列于學官。」此謂古文四十五篇，皆未列學官也。若歐陽取古文《大誓》入于已立學官之伏生《書》內，則古文《大誓》列于學官矣。其未列學官者，但有四十四篇。班氏何以不加分析，而總謂之未列學官乎？反復求之，殆不可通。孝廉《與陳恭甫編脩書》謂歐陽生之子，以兒寬所受於孔安國之古文《大誓》録入《尚書》。案：孔安國爲武帝博士，時《古文尚書》未立於學官。其所爲博士，乃《今文尚書》博士也。兒寬受業於孔安國，亦但受今文之説，未嘗受古文也。《史記·儒林傳》：「伏生求其《書》，得二十九篇，即以教於齊魯之間，學者由是頗能言《尚書》。伏生教濟南張生及歐陽生，歐陽生教千乘兒寬，兒寬既通《尚書》，詣博士受業，受業孔安國。自此之後，魯周霸、孔安國，雒陽賈嘉，頗能言《尚書》事。」此皆謂今文之學也。下云：「孔氏有《古文尚書》，而安國以今文讀之，因以起其家。逸《書》得十餘篇，乃謂古文之學耳。」然則孔安國所以授兒寬者，仍是今文之説，而非古文。故《漢書·儒林傳》叙《古文尚書》之學，但云孔安國授都尉朝，司馬遷亦從安國問，而不及兒寬，則寬非傳古文者明甚。歐陽生之子，何由而得古文《大誓》於兒寬之手乎？《藝文志》又言：「劉向以中古文校歐陽、大小夏侯經文。」則三家篇第孰多孰少，孰存孰佚，皆以目驗，不得有傳聞之誤。況《別録》云「民閒獻《大誓》」，即指壞壁得書；案：《別録》所謂民閒獻《大誓》者，唯獻《大誓》一篇。魯共王壞宅得《書》共五十八篇，而《大誓》在其内。二者多寡相縣，不得合爲一事。且壞宅得《書》者魯共王，非民閒也。《劉歆傳》曰：「《大誓》後得，博士集而讀之。」下乃云「及魯恭王壞孔子宅，得古文於壞壁之中」，則歆所謂後得之《大誓》，非由孔壁出矣。若因《別録》民閒得《大誓》於壁内之語，遂以壁爲孔壁，則伏生《書》出於屋壁，亦將以爲孔壁乎？云「博士讀説之」，即指歐陽博士。與篇第、時事靡不符合。若《論衡》宣帝時得《大誓》，正是傳聞之誤耳。唯《漢書・儒林傳》言張霸「分析合二十九篇以爲數十，又采《左氏傳》、《書序》爲作首尾」，別數《書序》，則廿九篇有《大誓》，此班固在東漢時《大誓》已非全文，故總爲一篇，以合於廿八篇也。案：《傳》云（臧）〔張〕霸分析合二十九篇，則霸以前已爲二十九篇矣。分析二十九篇，承上文伏生求得二十九篇言之，豈得謂班固總爲一篇，以合於二十八篇乎？《尚書正義》亦云：「伏生二十九（篇）〔卷〕，而《序》在外。」《釋文・序録》云：「《大誓》一篇，與伏生所誦，合三十篇。」皆以《大誓》爲一篇，不與向、歆所校本同矣。《玉海》引鄭康成《尚書大傳序》云：「生没後，數子各論所聞，以己意彌縫其闕，別作章句。又特撰大義，因經屬指，名之曰傳。」則《大傳》之作在伏生之後，即如歐陽以《大誓》入今文經，所謂「彌縫其闕」是已。案：闕謂聲音之譌，先後之差，篆隸之失，非謂有闕篇也。《玉海》所引《大傳序》顯然可考，不得牽合。六《誓》觀義之文，又何必非後人所篹乎？《史記・孔子世家》言贊《易》、序《書》，《藝文志》又言：「《書》之起遠矣，至孔子篹焉，上斷於堯，下訖嬴秦，凡百篇，而爲之序。」孔子作《書序》，言之者鑿鑿，非《毛詩序》可比。《毛詩序》乃毛氏一家之序，齊、魯、韓則別有序。序與傳一人之作，故不爲序作傳。而《書序》則必不然。如《書序》云：「遂踐奄，作《成王政》。」《音義》引《大傳》云：「踐，藉也。」《詩·豳風》正義亦引《書傳》云：「遂踐奄。踐之者，藉之也。」此《傳》釋《序》「踐奄」之文也。案：《尚書大傳》討論大義時，有引《序》而釋之者，然非逐句爲之作注，如《章句》、《解故》也；亦非有一篇一卷專釋《序》者也。《序》又云：「周公在豐，將没，欲葬成周。公薨，成王葬之于畢，告周公，作《亳姑》。」《尚書大傳》亦有周公葬畢之文，此釋《亳姑序》也。《大傳》既釋《序》，則《蓺文志》大小夏侯《章句》各二十九卷，大小夏侯《解故》二十九篇，正并《序》數之。案：（臧）〔張〕霸分析二十九篇，并《大誓》計之者也。霸，成帝時人，在大小夏侯《尚書》既立學官之後。而云分析二十九篇，則所分者，即夏侯經之二十九卷矣。若夏侯無《大誓》，則但有二十八篇，何以云分析二十九篇乎？班伯傳小夏侯《尚書》，而《漢書·叙傳》載伯引《大誓》曰：「迺用婦人之言。」若夏侯經無《大誓》，班伯安得而引之乎？《蓺文志》言劉向以中古文校歐陽、大小夏侯經文，《酒誥》、《召誥》皆脱簡，而不言闕《大誓》，則夏侯有《大誓》矣。經有此篇，豈得不爲作注？此《章句》之所以二十九卷，《解故》之所以二十九篇也。若再有一篇一卷釋《序》，則篇卷當有三十，何以止於二十九乎？篇卷但二十九，則但釋經之二十九篇，而不及《序》明矣。唯云歐陽《章句》三十一卷，似不數《序》，要是脱畫，一當作二。況《蓺文志》卷數與《大誓》後得之言，同出於劉向，信此而疑彼，未見其然也。案《別録》、《尚書》二十九卷，同於《史記》，則有《大誓》矣。而又以爲民間獻《大誓》，與前說自相抵梧，且非事實，故班固作《儒林傳》、

《藝文志》不録《大誓》後得之説，爲其不足信也。不然，則并《序》爲二十九篇，尚少《大誓》一篇，豈得置而不言乎？《論衡·正説篇》云：「或説《尚書》二十九篇者，法斗四七宿也。四七二十八篇，其一曰斗矣，故二十九。」案：此以四七宿當廿八篇，以《序》當斗，言《序》之櫽括廿八篇，猶斗之臨制四鄉。若《大誓》，不足當斗矣。案：《論衡》引或説《尚書》二十九篇者云云，而駁之曰：案百篇之《序》闕遺者七十一篇，獨爲二十九篇立法，如何？夫曰百篇之《序》闕遺者七十一篇，獨爲二十九篇立法，則法斗四七宿者，經文二十九篇，而《序》不與矣，何得以《序》當斗乎？或説其一曰斗，非指《大誓》言之，四七二十八篇亦非除《大誓》計之，特合斗與宿以當二十九篇之數耳，不得以《大誓》不足當斗爲疑。《論衡》又引或説曰：「孔子更選二十九篇，二十九篇獨有法也。」案：此今文家説也。曰選二十九篇，則爲經文甚明。若謂其一是《序》，則《史記》、《漢書》皆以《序》爲孔子所作，豈得自作之而自選之乎？案：王仲任在東漢世，久見《大誓》在《尚書》中，故并數爲廿九，案：二十九篇獨有法，出於或説，非仲任數之爲二十九也。或説二十九篇，數《大誓》而不數《序》，與《史記·儒林傳》合，此二十九篇不計《序》之明證。與前斗四七宿又别爲一説，自不同也。案：二十九篇獨有法，即承法斗四七宿而言，不得分以爲二。昨聞尊指，以今文如《般庚》、《顧命》、《康王之誥》不分篇，何歐陽録《大誓》獨分篇爲難。案：《般庚》等不分篇，此今文之家法；《大誓》分篇，自是古文之家法。録《大誓》者，所以補今文之闕。仍分篇者，不敢亂今文之真。此傳經之大要也。案：《書》之有《序》，今古文所同。以古文《書序》而論，《大誓》三篇同爲《大誓》，可分者未嘗不可合。故《藝文志》

言孔氏得古文，以考二十九篇，得多十六篇，則以《般庚》三篇、《大誓》三篇、《九共》九篇，各合爲一篇。即合《大誓》三篇爲一，亦不背古文家法。以今文《書序》而論，《般庚》亦是三篇，可合者未嘗不可分。故《漢石經殘字·般庚中篇》之末「建乃家」下、下篇之首「般」字上空一字，此今文《般庚》分上中下之明證。即分《般庚》爲三篇，亦不背今文家法。若於《般庚》則合爲一，於《大誓》則分爲三，前後自相刺謬，則無是理也。況《大誓》爲伏生本經所有，歐陽但傳伏生之學，又何古文家法之有乎？竊謂孔子序《書》，以存百篇之號；録廿八篇，可以明删書之旨。故《大傳》引孔子曰：「六《誓》可以觀義，五《誥》可以觀仁，《甫刑》可以觀戒，《洪範》可以觀度，《禹謨》可以觀事，《皋陶謨》可以觀治，《堯典》可以觀美。」皆就廿八篇之文，餘更不及。自注曰：「六《誓》疑當作五《誓》，歐陽家改爲六。」案：偏考諸書，無謂歐陽家改《大傳》者，不得謂歐陽家改五爲六。《大傳》明稱六《誓》，則合《大誓》爲二十九篇矣，不得云二十八篇。《大傳》記孔子之言，即七十子所傳之大義。知治《尚書》者，可無待於外矣。反覆來説，欲附和而有不敢附和者，豈私心蔽固，不能及此乎？意君子之論，或有所詭乎？臨紙疑懣，俟教，不宣。

**【説明】**

札載《昭代經師手簡》。又見宋翔鳳《樸學齋文録》卷一，題作《與王伯申學士書》。又《經義述聞·尚書下》「伏生《尚書》二十九篇説」條後附某孝廉書，即此札。王引之隨文加案語，附書文字與《樸學齋文録》所收相近，而與《手簡》文字互異稍多。今將《述聞》附書與《手簡》併收，以省校語。三處文字，僅《手簡》末署五月九日，不知何年。王章濤先生考定爲嘉慶十六年，甚辯，今從之。

【校注】

〔一〕伏生：西漢濟南人伏勝，故爲秦博士，傳《今文尚書》。

〔二〕今古文：《尚書》有古今文之別：《古文尚書》出自孔子舊宅壁中，用古文一種字體。寫成，共四十五篇；《今文尚書》用漢代通行的隸書寫成，共二十九篇。東晉梅賾所獻《古文尚書》五十八篇及孔安國《傳》，多出二十五篇，則是僞書。孔穎達《尚書正義》即此書。《今文尚書》、《古文尚書》不僅以文字區別，其篇目、篇數、分篇乃至學術觀點即所謂家法。亦多有不同，以致産生今文經學、古文經學兩大流派。

〔三〕大小夏侯：西漢夏侯勝、夏侯建堂兄弟，漢宣帝時博士，傳《今文尚書》。

〔四〕歐易，即歐陽生，傳《今文尚書》。

〔五〕《别録》：漢人劉向所撰目録書，已佚，劉歆《七略》所本。

〔六〕張霸：西漢東萊人，出《古文尚書》百兩篇。

〔七〕《論衡》：東漢王充撰，三十卷，哲學名著。

〔八〕六《誓》，即《甘誓》、《湯誓》、《泰誓》上、中、下。《牧誓》、《費誓》、《秦誓》六篇。《甘誓》釋文引馬融云：「軍旅曰誓。」

〔九〕《成王政》：見《尚書·蔡仲之命》，逸篇。

〔一〇〕《亳姑》：《尚書》逸篇。

〔一一〕「㪟」，《附某孝廉書》中作㪟，皆古文敢字。

〔一二〕五《誥》，即《大誥》、《康誥》、《酒誥》、《召誥》、《洛誥》五篇。《甘誓》釋文引馬融云：「會同曰誥。」

〔一三〕六《誓》中，《泰誓》屬僞古文二十五篇。《尚書》「誥」中，《湯誥》、《仲虺之誥》同在僞二十五篇內，故云「五誥」。詳《書序》釋文。

〔一四〕稘，同期，服喪一周年。

〔一五〕詧，同察。

## 陳壽祺致王引之書十通

### 一

年侍陳壽祺頓首謹啓，伯申先生尚書大人閣下：樅兒還里〔一〕，奉到惠函，並大著《經義述聞》二十六卷。奥眇之蘊，深湛之思，紹許、鄭而正賈、孔。嘉惠蓺林，灼然復明於千載之下，悦服何已！《春秋》兼及名字解詁，《尚書》兼辨今古文篇數，皆發前人所未發。向日鄙作增《太誓》説，直當燬棄灰炱，勿令貽譏學府。然猶姑存之者，非必恃二劉、馬、鄭、王之舊説〔二〕，黨同妒真，亦以謁舛相沿，不留其覆，無以顯博辯之精。如《左氏膏肓》〔三〕、《穀梁廢疾》〔四〕，雖經鍼砭，猶當不棄邵公初議也〔五〕。《通論》二卷，它日仍望賜教，幸甚！壽祺嘗謂：近日通儒著述，惟讓堂老人與閣下喬梓爲無瑕可指，由其審訂精確，左證明通，先於本書前後洽熟，然後旁取它書，一文一字靡不鉤稽詳覈，合於古而即於心，此諸家所莫及也。壽祺林居二十載，疲於文字之役，學業荒落，無足道者，恨不能如曩時京師常得侍教左右耳。辱荷過情獎借，何媿如之！《閩中通志》夏初開局，大府邀祺與少穆方伯總理〔六〕，祺以衰病侵尋，兼之課事殊繁，精力不及，力辭重任，僅擬條例二十餘，及駁舊志舛漏爲議兩篇而已，此外未能秉筆。曾薦李申耆總纂〔七〕，大府再遣幣聘，卒辭不至。然敝鄉頃有屬吏誣訐之獄，志局亦經費不敷，恐未必終其事矣。吴伯盉與祺同房〔八〕，向知其留心音韻，然惜未及求其講論。郝蘭皋《尔疋補注》，不審可殺青否？「九皇六十四氏解」〔九〕，蒙指示，謝謝！近阅鄭君《詩譜》，中述周家世系不及孝王，《疏》以为孝王有大罪於國人，其事偏檢史传，不見所出，敢復質之閤下。肅此布謝，餘不盡言。侍弟壽祺頓首。

## 二

年愚弟陳壽祺再拜，伯申先生同年大人閤下：去歲奉賜函及經説，冬初裁答，并呈拙刻《五經異義疏證》，改葉数紙，寄京師吴美存學士轉遞山左〔一〇〕，未審何時得達。臘前復接七月六日手教，并《太陰攷》一册。閣下不以壽祺爲鄙陋，屢辱善誘，感何能已。往見孫伯淵糧儲、錢曉徵詹事齗齗辨太陰、太歲同異，終未能明。許周生周生有《周廟祧世室考》，殊精。

同年近寄所撰考〔一一〕，亦主錢説，而言之較晰。及讀閣下尊著，乃知《淮南子》所謂子为閒主太歲，及咸池为太歲，皆「大歲」之譌，援證精鑿，一發千古之覆。信乎，學问之道，百世莫殫。闻道百，以为莫己若者，淺之乎丈夫也！然非阁下觀書眼如月，曷足語此？壽祺駑鈍之姿，近益荒落，桑梓交游，能好樸學者尟，惟老友林鈍邨貢士一桂、薩檀河明府玉衡、萬虞臣舍人世美〔一二〕，經術通明，而萬尤博奥，禮學、算法皆其所長，新作《歲星辨》一篇，亦足正錢詹事之失，謹録一通为閣下共賞析之。(候)〔侯〕官有何岐海貢士名治運，白小山同年丁卯所得门生也，家富藏書，記誦淹博，亦具辨才，後來之秀，殊不易得，敢以所知为阁下告，想君子宏奬風流，亦以許与氣類为樂也。使院侍奉康怡，福綏慈孝，欽羡何似！旌節所臨，寬嚴中道，洵爲視學圭臬。齊魯之间，必有瑰瑋非常与篤學者古之俊，出大賢之门下，鄙人雖雌伏蓬茅，猶願闻其梗槩焉。肅復，(祇)〔祗〕問台安！諸惟荃察，不莊不備。乙亥孟陬，壽祺謹狀。

孔巽軒檢討所著《公羊注》、《禮學卮言》等各種凡六十卷，已見刻本，乞就近代覓全部，再泐。

近吴門江子蘭先生游闽，兩得段懋堂先生札，知大耋無恙，可喜！闻其《説文注》已刻，尚未得見。又及。

## 三

年侍陳壽祺頓首謹啓，伯申先生尚書閤下：豚兒還自京華〔一三〕，蒙賜大著《經義述聞》，感荷無已，業於秋間裁答申謝。比敦甫尚書抵閩相見，敬悉閤下侍奉萬福，道履亨嘉，以忻以頌。儀徵夫子在嶺南編輯《皇清經解》今秋刻竣，亦藝林大觀也。壽祺衰病荒落，学無所成，每念大雅闳達，勤味道腴，學海經神，海内無匹，心向往之，終为船風挽之而去，未嘗不惘惘如失也。樅兒穉根淺植，於舉業文字少所研究，駢體间一为之，尚不失步趋。惟自幼徧習群經，頗記大略，近令於講院月課古学之下学作經解，殊能貫穿經、传、注、疏，辨訂前人疎舛。暮年睹此，差强人意。以閤下摯好闳愛，欲求教誨顓蒙，謹令録出《井田溝洫攷》、《千乘萬乘攷》、《夾室攷》、《九拜辨》、《大夫士寢廟攷》五篇，務祈小兒近復撰《毛詩郑箋改讀説》二卷，容另呈教。指示迷津，俾知涉揭。它日趙商、張逸，近承高密之门〔一四〕；子佚、長孫，均受黎陽之業〔一五〕，榮幸多矣，敢不銘心？祺林居廿載，疲於文字之役，課業之外，無足言者。比为及门慫恿，付録詩文拙集，而舊好及通家之在外者，助以刻資，妄灾梨棗，謹奉一部，寄呈匡正。肅叩鈞安，伏惟崇鑒！恕不莊備。臘月廿有六日，壽祺再拜。

# 四

愚弟陳壽祺頓首白，曼卿仁兄閤下：夏初，從雲臺中丞師所聞仁兄大考高等，不次超遷，喜躍無似。然此自名儒分内事，不足爲不朽千秋者異，特以是鼓舞天下學人，使不疑賈、許無文章〔一六〕，亦吾道之仔肩也。山尊、覺生，並後先騰達，聲價不虚哉！

春间接誦去臘手教，隨即裁答，未省浮沈如何？比復得去夏一札，深荷注存，感極。遥維侍奉萬福，玉體益當健勝爲頌。别後何所述作？略及一二，賜教幸甚。弟去冬還閩，今春抵杭。濫竽敷文，有慙都講。越中人士有學行者，大槩不出中丞師藥籠中物〔一七〕。頃編輯《經郛》一書，取四部説經之文在章句外者，至隋而止，悉爲薈萃。其體以周孔及七十子之徒所説爲傳注權輿，以諸子百家为五經羽翼，以諸史志傳为文章淵海，分經條列，各依家法，以類相從。其事事關鴻綱鉅典，闳議如林。及雜引羣經，文難破析者，仿鐳向、班固之書，别爲《通義》。且于采經之餘，兼輯録《三礼佚注》、《河洛七緯》二種〔一八〕，皆前人所未及也。師選詁經精舍高才生十餘人、文學博士数人分纂，使壽祺与総編之役。自惟荒陋，涉獵未精，且其事優大，慮莫能步趨耳。足下若肎啓顓蒙，不勝厚望之至。肅此布候，統希澄鑒！不具。癸亥夏五月二十有九日，壽祺頓首。

## 五

伯申先生同年大人閣下：去臘奉到鈞札，并賜《漢書雜志》一部，感荷無涯，謝謝！就稔年伯大人以申、轅之年〔一九〕，勤賈、許之學，旁及子史，讐勘至精，如馬、班之書〔二〇〕，海内能讀者尠，而魁儒所訂，字字確鑿，每發一義，真如獲真珠船〔二一〕，不徒昏塗之龍燭〔二二〕、靈台之土圭而已〔二三〕。学者循此以讀古書，庶不至墮煙霧中矣。心説誠服，無以为喻，惟有仰祝名德期頤，長爲宇内魯靈光，使後進鑽仰無窮，亦天下之所同願也。閣下舊歲有莊缶之戚〔二四〕，遠不及闻，竟缺寄縑为憾，尊體務加珍衛是望！儀徵夫子移節滇南，《經解》自未能在粤刻成，機會可惜。荷屋方伯勵精持正〔二五〕，力求安民釐弊之道，極可欽佩，文采風流又其餘事。論其所裨益於人物、視望之考校一端，功尤宏多矣。壽祺近弥多病，學殖都荒，《經辨》增多者，約有一卷，然皆淺瑣無足觀。文稿擬擇其半付鋟，中尚多辯論經義、指陈桑梓利病之作，差与空言揞拄者别〔二六〕，第功力未深，亦足供覆醬瓿之物〔二七〕，自嗤且自嘆也。小兒喬樅仍令日侍講堂，誦習經史及古文詞，亦無以異於人。肅此布復，(祇)〔祗〕叩禔安，伏惟荃鑒！敬請年伯大人興居萬福，餘不莊備。年侍陳壽祺頓首。二月初七日狀。

## 六

經月不晤，刻切神馳。稔惟起居佳勝，諒符心祝。曩偶繙籤帙，因憶大著中「有紀有堂」一条〔二八〕，又獲二證。《左傳》「堂谿氏」，《潛夫論》似作「棠谿」〔二九〕。《廣韻》「棠」字注，或即据此。又《論語》釋文「申棖」〔三〇〕，郑君謂《史記》作「申棠」；而《史記索隱》云文翁礼殿圖有「申堂」〔三一〕，疑亦以「棠」爲「堂」也。乞一检原書核之。日來何所述作，見教一二爲幸。筆客童潢，湖州人，囑弟介紹，想宣城諸葛定爲誠懸所許可也〔三二〕。遲日趨候，餘不備。年愚弟陈壽祺頓首白伯申大兄大人同年。

## 七

前日接誦手翰，藉悉玉體綏和，深慰憂擣。但雪後恐有数日沍寒，仍宜順時調護爲望！大課弟業已注，病既，思係新年首課，且題首甚好，輒復草草塞責，昨又録一通，敬呈斧藻。第自覺文字兩項，東塗西抹，醜態百露，汗脊無已。非摯愛如大兄，不敢以塵穢視聽。惟祈于疵繆處一一籤出，幸勿悋教。曩所云：輯《尚書大傳》者〔三三〕，誤採「厥兆天子爵」逸句入《毋逸》篇，何以復遺「大社惟松」五句？案：明孙之騄輯《尚書大傳》，已將此五句採入，今雅雨堂本無之，當是後人知其語与《毋逸》篇絶不相涉，因爲删除耳，未必别有他故也。足下以爲然否？又《書傳》中援《召誥·序》及篇首經文一段，究竟採自何書？幸为於《太平御覽》等諸類書一检有無，統乞示知。又《漢書·藝文志》附注《歐陽經》卷數，閩、惠、王三家俱援之云三十一卷；而明南監板及汲古阁本一作三十二卷，一作二十二卷。汲古閣本上「二」字自係誤減一畫，下「二」字則与監本及《玉海》卷三十七並同，此當是誤筆？抑或亦有可疑者在与？不記殿板《漢書》云何，此外或尚有宋、元本可校？或此文别見他書？並懇暇時爲稽覈之。劉向《别録》一書條疏羣籍，最爲詳審，惜班孟堅《藝文志》尟採其說，小顔注復不具。今此書久失，亦一恨事。其見于他書所載及諸子舊書，篇首校上序略見梗槩，尚可纂輯一二。又《志》所不載諸書，見《隋·經籍志》者，或疑出依託，姑不論。即以《漢書》攷之，如《儒林传》中之王同《易传》，張無故、秦恭《尚書章句》，賈誼《左氏传訓故》、《疏氏春秋》；此外，如楚元王《詩傳》，劉歆《左氏章句》，董子説《春秋》，《玉杯》、《蕃露》、《清明》、《竹林》之属数十篇，各見本传。其他則《冥氏春秋》、叔孫通《漢禮器制度》，見鄭君三《禮》注。魏文侯《孝經传》，見《續漢》，《祭祀志》載蔡邕《明堂論》。朱普、牟卿《尚書章句》，橋仁《禮記章句》，尹更始等五家《穀梁》説，《志》惟載《穀梁章句》三十三篇，疑即《儒林傳》所言尹更始章句。其五家説，蓋即《志》中之《議奏》三十九篇與？見《後漢書》。二戴《禮記》

四十九篇，兩漢传授已久。亦宜別爲著録，仿劉向《別録》載《古文記》二百四篇，又載《禮記》四十九篇；及本《志》載《禮古經》五十六卷，又載《經》十七篇之例爲是。又《河洛七緯》雖相傳起于哀、平，亦宜存其篇目。《史記・封禪書》所言文帝博士「王制」，《白虎通》援河间獻王、樂元語。《志》載《河間周制》十八篇，注云：「似河間獻王所述。」則非樂元語也。又載《對上下三雍宫》三篇，《後漢》張純謂之河間《古辟雍記》，則亦非樂元語矣。《史記》注援《七略》載太史公素王妙論，《晉書・刑法志》載《漢律》六十篇、《漢令》三百餘篇，《後漢書・光武》援黄石公記前漢，《天文志》援夏氏《日月传》、《星传》，《郎顗傳》援《石氏星經》，《周礼》注援《甘氏星經》。以上各種就耳目近者疏之，皆班《志》所遺也。擬仿王厚齋《漢志考》罔羅散失，以《別録》爲主，傅以諸書，詳具辨證，乞兄示以條例，俾知津涉何如。愚弟壽祺頓首。

## 八

壽祺白：近觀諸家論音韻書，私疑顧亭林、江慎修四聲通押及《詩》、《易》參用方音之說未可厚非。何者？魏晉以前本無四聲之別，高下清濁，取其同類而已。至於閭巷謳謡，發於婦孺，往往矢口成歌，自協聲調。輶軒所採，未必更加潤色，糾以韻書，間不盡諧，至今猶然，何疑於古也？且齊人言「殷」如「衣」，《禮記・中庸》鄭注。稱「裂」爲「殈」，《樂記》注疏。

謂「萌」爲「蒙」，《易·序卦傳》鄭注。謂「得來」爲「登來」；《公羊傳》何注。秦人謂「抗」爲「挑」，《少牢饋食禮》註。謂「摇」爲「猶」；《禮記·檀弓》注。周人謂「頔」爲「申」；《檀弓》。楚人謂「陳」爲「陵」；《檀弓》注。齊魯謂「居」爲「姬」；《檀弓》注。陳宋言「桓」如「和」；《漢書·傳六十》如淳注、《水經》注引《古文尚書》「和夷厎績」鄭注。周秦讀「至」爲「實」；《禮記·雜記》注。南陽名「穿地」爲「竁」；《周禮》鄭注。秦人呼「卷」爲「委」，齊人呼「卷」爲「武」。《雜記》注。其文皆見《易》、《詩》、《禮》、《春秋傳》。然則方音之字施於經典，安在不可施於《三百篇》之詩？蓋一聲之轉即可交通，不必其同部也；方語之近即成流變，不必其悉諧古韻也。古韻有一字一音百見不易者，有一字數音屢遷不拘者。設古詩三千篇盡存於今，則其源流同異必瞭然可稽。今既僅存三百，末由考其岐互，安知當時非太史采之列國，不能不存其方音可通之字乎？《詩·賓之初筵》以呶與傲、郵韻，共與筵、反、幡、遷、僊韻，奏與鼓、祖韻；《抑》以紹與酒韻，秩與筵韻，行與言韻，疾與戾韻；《桑柔》以矜與旬、民、填韻，埶與毖、恤韻，東與慇、辰、痻韻，寇與可、詈、歌韻，瞻與相、臧、狂韻；《楚茨》以奏與禄韻，孫與熯、愆韻；《大田》以螣與賊韻，興與林、心韻；《小戎》以驂與中韻，苑與羣、錞韻，驅與續、轂、馵、玉、曲韻，音與膺、弓、縢、興韻；《思齊》以入與瑕韻，業與作韻。此一篇之中用韻屢乖者也。《竹竿》以儺與左、瑳韻；《隰桑》以儺與阿、何韻；《桑扈》以那與難韻；《東門之枌》以原與差、麻、娑韵；《蝃蝀》以母與雨韵；《旄丘》以葛與節、口韵；《碩人》以倩與盼韵；《北門》以敦與遺、摧韵；《七月》以陰與冲韻；《鴟鴞》以子與室韵；《車舝》以岡與薪韵；《杕杜》以近與邇韵；《常棣》以戎與務韵；《車攻》以調與同韻；《斯干》以裼與地、瓦、儀、議、罹韵；《節南山》以領與騁韵；《小宛》以令與鳴、征、生韵；《桑扈》以飲與屏韵；《正月》以鄰與云、慇韵；《巷伯》以謀與者、虎韵；《無將大車》以疷與塵韵；《文王》以躬與天韵；《緜》以生與㥄韵；《公劉》以飲與宗韻；《蕩》以諶與終韵；《雲漢》以臨與蟲、宮、宗、躬韵；《常武》以士與祖、父、戎韵；《瞻卬》以鞏與後韵；《烈文》以福與保韵；《殷武》以遑與監、嚴、濫韵。此百篇之中用韵前後隔異者也。凡斯之類，求之古韵本音〔三四〕，反覆而不得其條理之合，則安知非經師失其讀，與方音之偶存而不廢者乎？又有本係古音而傳本字異者。如《韓詩·小旻》「民雖靡腜」，《緜》「周原腜腜」，「腜」竝不作「膴」。《小旻》「是用不就」，「就」不作「集」。《漢書》引「聽言則對」，「對」不作「答」。《韋玄成傳》引「戎車推推」，「推」不作「焞」。《王吉傳》引「中心惻兮」，「惻」不作「怛」。《説文》引「或舂或舀」，「舀」不作「揄」；引「求福不儺」，「儺」不作「那」。《韓奕》之「幭」，《禮記》、《公羊傳》皆作「幦」。《良耜》之「趙」，《考工記》注引作「𢭃」。鄭君三《禮》注引《詩》皆出三家，時未見《毛詩》也，見《鄭志》。此皆正合本韵，則三家是而《毛詩》非，古本是而今本非矣。《韓詩》之「維禹敶之」，「甸」爲

「敶」；「以我隆衝」，「臨」爲「隆」。此則轉借之字，猶與古音相符，鄭康成所謂漢承秦焚書，口相傳授受之者，非一邦之人，人用其鄉，同言異字，同字異言，於兹遂生，故一經之學，數家競爽。是言足以盡古今文字聲音之變矣。然即是推之，知古音之變因乎時，方音之轉因乎地，雖聖人不能强之使同。要之，在古人未嘗不可通近，於音韻使其不相通近，豈能筆之於書、傳之其人哉？今之專講字母者，固不可以六朝以後之音讀，上繩周秦古書。而專謚《三百篇》以定古音部分者，亦恐隘而不能盡通。不知所謂古音在某部者，誠三代之韻書乎？抑亦一家之言乎？部分不能盡通，則歸之合韻〔三五〕，合韻有以異於唐以來之言叶韻乎？又以《三百篇》後孔子贊《易》，老子言《道德》，用韻即不必皆同。夫同在一代，何以音之變轉若是？果如所云，是周人未嘗斷斷於十七部之分〔三六〕，明矣。今之刱此，無乃固與四聲起於齊梁。言古音即不必言四聲，既取四聲而更張之，何以知古必無去聲〔三七〕？以支佳一部，脂微齊灰皆一部，之咍一部是矣。然謂自古不通用，而金壇段君自舉《詩》、《楚詞》、《老子》等，固已支脂相通。請更稽之。《左氏傳》讒鼎之銘以怠韻世，荀子《賦》以佩韻異、媒、喜，揚雄《解嘲》以規、隨韻奇、隤、知、爲，皆支脂通用之證。《尚書》：「帝庸作歌曰：『勑天之命，惟時惟幾。』」天、命爲韻，時、幾亦韻。《莊子·在宥》篇：「如是乎喜怒相疑，愚知相欺，善否相非，誕信相譏，而天下衰矣。」《百里奚妻歌》以奚、皮、扅、雌、時、爲爲韻。揚雄《甘泉賦》以芝、虯、綏、纚、開、旎、旗爲韻。皆支脂之三部同用之證〔三八〕，此又何説以處此？蓋古之音韻失其傳久矣，諸家之論迄不能無少罅隙。不如第守《説文》諧聲之法，通其所可通，其所不可通者闕之；而不必仿韻書設部分，復設合韻，紛紛改易，自爲矛盾，徒滋學者之惑也。閣下以爲然否？幸教之。

## 九

伯申先生侍郎閣下：孫按察至，接奉手教，忻悉閣下在位靖共，天寵優渥，晉貳天官，侍奉曼福，深慰馳仰。蒙賜大著《釋詞》十卷，皆先聖之微言，九經之故訓。攷《公羊》之釋「而」與「乃」，《穀梁》之釋「有」與「且」，經傳中即開是例。七十子之徒讀書一字不苟如此，特當時章句未興。如《尔疋》一編，於詁訓猶未能無所闕遺。漢儒傳箋，紬之析之，然猶不無百一之失。自是以來，去古日遠，師法日微，訓詁不明，而九經之文字意恉浸以不得其解。陵遲至於有宋，極矣。壽祺束髮受經，稍長有知，即頗疑篇中語詞依注家所釋，案之本文，往往有前後不能相通，彼此不能相應者。衆難塞胷，由童而艾，尚未曉泠。比年精力蚤衰，善病廢學，益末由湛思探索，覩其會通。今讀閣下之書，乃昭然曠若發蒙。其所以牖迪來學，豈微淺哉！學者幼穉誦習諸經，必先熟復是書，然後可與定章句，而得古人立言之本意，不可忽也。閣下位望優崇，吏事繁賾，顧能以餘力鉤稽經義，至纖極悉。非有精壹之學，醰粹默沈之養，何以及是？私心悦服，莫可言喻。謹復布謝，不盡具。

十

去冬接奉手教，謹悉前呈。拙刻已塵清覽，辱獎借過情，徒增慙恧。伏維尚書閣下懋膺天寵，榮長春官，政禧綏豫，侍奉萬福爲頌。恭校《康熙字典》曾否竣事？此書部分，多依梅氏《字彙》之舊，與《説文》、《玉篇》、《類篇》異。每字音切，往往匯合群書爲一，不易分别，不識今何以析之。壽祺曩在京師，竊聞緒論，亦欲謬談經義。希附於石渠、虎觀之徒，而才資駑鈍，無由致專。歸里以來，疲於文字之役，精力衰減，學卒無成。視閣下一門傳業，冠絶海内，比肩許、鄭，陵轢孔、賈，相去奚啻千里耶？樅兒年少，妄喜治經，穿穴注疏，頗有心得。《東夾西夾攷》一篇，主焦里堂説，以爲東堂東向，西堂西向，東西序之端折而爲南墉；而謂東夾西夾，即東西堂，無室之名，夾室乃門夾之室，仍辨焦氏之觧夾室爲誤。其義似剏而殊碻。既而見凌仲子〔三九〕、胡竹邨皆嘗駁難焦氏〔四〇〕，且承來札下詢。壽祺老矣，不復能研思博攷。竊念《禮》經中所言宮室之地，必有足相印證者。因命樅兒重鉤稽之。大要據《既夕記》「設棜于東堂下南順，齊于坫」之文，斷東西堂之必非南向。據《特牲饋食》「主婦視饎爨于西堂」、《特牲記》「饎爨在西壁」之文，斷西堂西向，故得近西壁。據《燕禮》「賓降立于西階西」、《大射儀》「樂人懸宿于阼階東」，斷西堂下不可以爲西階西，東堂下不可以爲阼階東。據《公食大夫禮》「大夫立于東夾南，小臣東堂下」，斷其在東堂之南者爲東夾南，在東堂之東者爲東堂下。據《聘禮》「西夾之饌陳于西墉下」，斷東西堂之左右墉亦皆稱墉。據《鄉射禮》「主人之弓矢在東序東」，與《大射儀》「君之弓矢適東堂，君臣小異」，斷東序東非即東堂，乃東堂之南墉。據《士喪禮》「君升自阼階西鄉，祝負墉南面」、《喪大記》「祝升自阼階，負墉南面，君即位于阼」，斷祝所負墉即東堂之南墉，而非房之南墉。樅兒又謂《鄉射禮》賓與主人「袒決遂」，言堂東堂西；「説決〔拾〕，襲」，言序東序西，足見兩地之相近，而非一處。《聘禮》：堂上（之）〔八〕豆西陳東上，而西夾（之）〔六〕豆變而南陳北上，明其爲面東異向，昭然矣。西夾之壺西上東陳，而東夾之壺變而東上西陳，明其爲面西異向，昭然矣。《尚書》「西夾南嚮」〔四一〕，當以「西夾」斷句，「南嚮」連下就「敷席」言之，不可以「西夾南嚮」爲句矣。皆於《禮經》推勘精密，比附貫串，千載後猶可攷見古人宮室之制。其發明《毛詩》鄭箋改字，亦閒有前人所未及者，未始非説經之一助。曩蒙許可，姑令灾梨，俾得廣於請益。今奉呈《禮説》、《毛詩箋説》二册，伏乞通儒尊宿教所不逮，庶幾兩世執經，咸承師法。少贛、仲師，同授金嚴之業〔四二〕；賈徽、景伯，踵遊塗惲之門〔四三〕。終獲津梁，不迷軌轍，則臨淮、都養〔四四〕，亦受《尚書》；后氏、曲臺〔四五〕，並傳小戴。青蠅不脛，而致千里〔四六〕，皆光禄公與閣下喬梓之賜也。感荷何有涯涘！

**【説明】**

陳壽祺與王引之同科進士，二人相交數十年。現存陳壽祺致王引之書十通。前七通，今據《昭代經師手簡》謄正；後三通載《左海文集》卷四、卷五，分別題作《與王伯申詹事論古韻書》、《答王伯申侍郎書》、《答王伯申尚書書》。十通書中，第二通末署「乙亥孟陬」，嘉慶二十年正月。第四通末署「癸亥夏五月二十有九日」，嘉慶八年五月廿九日。其他八通未署年月。第一通可供考據者，伯申任尚書，閩中開志局。《閩中通志》，後稱《福建通志》。清代先有康熙朝鄭開極、陳栻纂六十四卷本，後有道光九年始撰至同治十年刻印之二百七十八卷首七卷本。道光九年，閩浙總督孫爾準開通志局，聘時任福州鰲峰書院山長陳壽祺爲總纂，書未成而陳壽祺不久即病故。故第一通作於道光九年秋冬，是時王引之署吏部尚書。第三通云「《皇清經解》今秋刻竣」，考夏修恕《序》，是書刊成在道光九年。又云「敦甫尚書抵閩相見」，此指同科進士湯金釗道光九年以禮部尚書奉命赴閩鞫獄按事。可知第三通作於道光九年臘月二十六日。第五通云「去臘奉到鈞札，并賜《漢書雜志》一部」、「閣下舊歲有莊缶之戚」，事指道光六年王引之致函陳壽祺并贈《漢書雜志》及王引之繼配范夫人卒，則第五通作於道光七年二月初七。第六通年月推定，無所據依，王章濤先生説作於嘉慶九年。又第七通亦無從考定，不知作於何年何月何日。王章濤先生推定爲嘉慶十五年正月。整理者均不敢苟同。第八通稱王引之詹事，與王引之論古韻，直駁段玉裁《六書音均表》「仿韻書設部分，復設合韻」。考王引之入詹事府，先是嘉慶九年六月授右春坊右庶子，不久充湖北鄉試正考官，丁內憂；次在十二年服闋入都補原官，在任不過二閱月；後在十三年閏五月初八轉左春坊左庶子，任至十二月二十八日晉侍講學士爲止。陳氏所見《六書音均表》絶非《清經解》本，而附刊《説文注》本在王引之任職詹事府時亦未刻成，故應爲乾隆四十一年富順官廨刻單行本。由上述二事推之，第八通當作於嘉慶十三年。第九通，王章濤先生考定作於嘉慶二十五年，甚辯，今從之。第十通云王引之「榮長春官」，又稱之尚書，即指王引之道光十年九月戊寅調禮部尚書；札中又問「恭校《康熙字典》曾否竣事」，王引之等在十年冬校畢，輯爲《考證》十二册，道光十一年三月廿九日有《進呈重刊〈字典〉摺》，《〈康熙字典〉考證》亦在是年由愛日堂刊出藏北京大學。問世。由此可推知，第十通當作於道光十一年初。七月己卯，王引之復署工部尚書，九月十一日回覆陳氏此札。

【校注】

〔一〕樅兒：陳壽祺之子陳喬樅，字樸園，一字樹滋。道光舉人，經學家，有《今文尚書經説考》、《歐陽夏侯遺説考》、《三家詩遺説考》、《毛詩鄭箋改字説》、《禮堂經説》等。

〔二〕劉向、劉歆、馬融、鄭玄、王肅。

〔三〕《左氏膏肓》：東漢何休撰，專駁《左傳》。

〔四〕《穀梁廢疾》：何休撰，駁《穀梁傳》。

〔五〕邵公：何休之字。撰《春秋公羊解詁》，力主公羊學。

〔六〕少穆：林則徐，字元撫，一字少穆，福建侯官人。嘉慶進士，道光時官湖廣總督。李佩榮《箋釋》以爲是周京，非。道光七年林氏任江寧布政使，十年、十一年任湖北、河南布政使，故札稱「方伯」。

〔七〕李申耆：李兆洛，字申耆，江蘇武進人。有《養一齋文集》等。長於考證，精輿地之學。

〔八〕吴伯盉：未詳何人。

〔九〕九皇，殆即《詩譜序》疏所云伏犧、女媧、神農、軒轅、少昊、高陽、高辛、陶唐、有虞。六十四氏，殆既伊耆氏等。出自上古傳説，不能確指。

〔一〇〕吴美存：吴其彦，字美存，嘉慶進士。

〔一一〕許周生：許宗彦，字周生。見許氏致王引之書。

〔一二〕林一桂，字剾枝，號鈍邨，福建侯官人。清乾隆己亥一七七九。舉人，著有《鈍邨詩草》。薩玉衡，字葱如，號檀河，福建閩縣今福州。人。清乾隆丙午一七八六。舉人。清代詩人、藏書家，著有《經史滙考》、《小檀弓》、《傅子補遺》、《白華樓詩鈔》、《白華樓焚餘稿》。萬世美，字虞臣，福建甌寧今建甌。人。清嘉慶辛酉一八〇一。進士，官中書舍人。治三《禮》，通天算，著有《歲躔考》。

〔一三〕豚兒，猶言「犬子」，指陳喬樅。

〔一四〕趙商：東漢河内人，鄭玄弟子。張逸：鄭玄弟子。二人均見鄭小同編《鄭志》。原書佚，今可見《續修四庫全書·經部》一七一册皮錫瑞《鄭志疏證》。高密，指鄭玄，遍注群經。

〔一五〕子佚：陳欽之字，江漢賈護弟子。長孫：任延之字。黎陽：東漢學者賈護，長於《左氏春秋》。〔一四〕、〔一五〕二句用漢代故事，表示希望王引之能教導陳喬樅學業。

〔一六〕賈、許：賈逵，東漢經學家。許慎，東漢經學家、小學家，撰《説文解字》，爲漢文字學奠基。

〔一七〕藥籠中物，喻儲備人才。典出《新唐書·元行冲傳》。阮元先後設詁經精舍、學海堂，延名儒，攬諸生，讀經解經，編書印書，培養造就了大批人才。

〔一八〕《河洛七緯》，即《河圖》、《洛書》、《易緯》、《書緯》、《論語緯》、《禮緯》、《樂緯》、《春秋緯》、《孝經緯》。詳明孫穀編《古微書》。

〔一九〕申、轅：申培，漢文帝時傳《魯詩》，受業弟子逾千，年八十餘，拜大中大夫。轅固，漢景、武帝時傳《齊詩》，年九十餘。

〔二〇〕馬、班：司馬遷《史記》、班固《漢書》。《箋釋》以「馬」爲馬融，誤，宋婁機《班馬字類》可證。

〔二一〕真珠船，喻真知灼見。語見宋王應麟《困學紀聞・小學》。

〔二二〕昏塗之龍燭：迷途上的太陽，是資辨四方。

〔二三〕靈臺之土圭：古代天文臺上測日影的儀器，足資測四時。

〔二四〕莊缶之戚，指喪妻之痛。語出《莊子・至樂》。

〔二五〕荷屋：吴榮光，字伯榮，號荷屋，齋名筠清館，廣東南海今佛山市。人。與王引之、陳壽祺同科進士，官至湖南巡撫兼署湖廣總督。金石學家，有《筠清館金石文字》。

〔二六〕搘拄：支撐。空言搘拄，猶以空言立論。

〔二七〕覆醬瓿：蓋醬醋罈子。謙稱自己的著作無甚價值。語出《漢書・揚雄傳》。

〔二八〕見《經義述聞・毛詩上》。

〔二九〕見《潛夫論・志氏姓》。

〔三〇〕見《論語・公冶長》釋文。

〔三一〕見《史記・仲尼弟子列傳》索隱。

〔三二〕宣城諸葛：諸葛高，宋宣城人，長於製毛筆。誠懸：唐書法名家柳公權，字誠懸。

〔三三〕《尚書大傳》四卷，《補遺》一卷，舊題漢伏勝撰。見《四庫全書》。陳壽祺撰《〈尚書大傳〉輯校》八卷，有家刻本存世。見《左海全集》。札中所述，俱見此書。

〔三四〕〔三五〕古韵本音、合韻，見段玉裁《六書音均表》。

〔三六〕十七部之分：見段玉裁《説文解字注》、《六書音均表》。

〔三七〕古無去聲：見《六書音均表》。

〔三八〕段玉裁力主支脂之三部不同用，王念孫同。

〔三九〕凌仲子：凌廷堪，字次仲，乾隆間進士，有《禮經釋例》、《校禮堂集》。

〔四〇〕胡竹邨：胡培翬，字載屏，號竹邨，安徽績溪人。師從凌廷堪，曾試出王引之門下，嘉慶廿四年進士，長於三《禮》，有《儀禮正義》、《燕寢考》、《研六室文鈔》等。

〔四一〕西夾南鄉：見《書·顧命》。

〔四二〕少贛：漢經學家鄭興之字。仲師：鄭興之子鄭衆之字。鄭氏父子共治《左傳》。金嚴：未詳。

〔四三〕賈徽：東漢經學家，曾從塗惲受《古文尚書》。景伯：賈徽之子賈逵之字。塗惲，從徐敖受《古文尚書》，王莽時聲名顯赫。

〔四四〕臨淮：漢臨淮太守孔安國，傳《古文尚書》於都尉朝等。都養，指孔安國弟子兒寬。《史記·儒林傳》：「兒寬貧無資用，常爲弟子都養。」索隱：「爲弟子造食也。」

〔四五〕后氏，即漢人后蒼，從孟卿受《禮》，説《禮》數萬言，號曰《后蒼曲臺記》，授戴德、戴聖叔侄，《禮》遂有大、小戴《記》。曲臺，即漢曲臺署長孟喜，孟卿之子。

〔四六〕青蠅不脛，而致千里：意指得貴人相助，即陳氏父子得王氏父子誘導提携。典出漢王褒《四子講德論》：「夫蚊虻終日經營，不能越階序，附驥尾則涉千里。」

## 張澍與王伯申侍郎書一通

春杪枉奉手（畢）〔書〕竝大箸《經（訓）〔義〕述聞》、《廣雅疏證》二種，數月來讀之，知閣下孯經撢義，高踞賈、服之堂；函雅詁文，上摩孫、李之壘，昕夕尋味，慹服靡已。某性款啓，雖亦瀏覽經説及近時講《説文》諸家之書，而簿書鞅掌，卒卒無暇，不得摶心揖志，紬繹意藴，輒擲卷而起，發視肉之嘆也。曩歲作《姓氏五書》，内有《姓氏辯誤》二十六卷，討論前人言姓氏之僢錯者，妄自謂精審。而閣下《經義述聞》中頗言及姓氏，往往與愚説不合，竊又自疑其説之未必當，恨無由面質之于大雅也。兹畧舉數條言之，冀得是正爲幸。《述聞》云：《國語》黄帝子十二姓有「依」，當作「衣」。《廣韻》引《姓苑》有衣姓，而「依」字不以爲姓。〔一〕桉：《山海經》大荒國北毛民之國依姓，是古有依姓也。蓋「衣」爲殷姓之後，齊人有之，見鄭康成《禮記注》、高誘《吕氏春秋注》；「依」則黄帝之後，各不相蒙，豈得曰「衣」誤爲「依」乎？《唐書・孝友傳》：「梓潼有依政。」可證已。《廣韻》于姓氏遺漏甚多，不得以其不載，遂謂無依姓也。又《左傳》有徒人費，《國語》有徒人回。徒人當即府史胥徒之徒，徒人蓋以職役爲氏者。《述聞》言古無徒人之職，「徒人」宜作「寺人」〔二〕。桉：《廣韻》、《姓簒》皆以徒人爲複姓，故《管子》亦作「徒人費」，豈皆譌文乎？《漢書·蓺文志》有《孔子徒人圖法》（三）〔二〕卷，是徒人古有之矣。又《左傳》之棠君尚，《述聞》云尚爲棠邑大夫，則是縣尹，「君」當作「尹」，猶言箴尹、沈尹、連尹耳〔三〕。桉：楚之箴尹、沈尹、連尹、廄尹、宮廄尹、馬監尹、陵尹、郊尹、王尹、工尹、玉尹、莠尹、芊尹、藍尹、䣙尹、環列尹，皆以所職爲官名。今云爲棠大夫，則宜稱棠尹。沈諸梁亦葉縣大夫也，則稱葉公，何未有稱葉尹者？君、公者，蓋當時尊顯之通稱耳。又孔子弟子壤駟赤，字子徒，《家語》、《英賢傳》皆以壤駟爲複姓。桉《左傳》，魯有郈工師駟赤，則駟赤連文，蓋用周穆王八駿之赤驥也。《名字詁》亦以驤駟爲複姓〔四〕，失之。又《左傳》之郈昭伯，《世本·人表》作「厚」，《檀弓》「郈」又作「后」，《風俗通》作「郈」，蓋郈、后、厚古字皆通。《述聞》以爲「郈」與「后」異，且謂《水經注》誤「郈昭伯」爲「叔孫昭伯」〔五〕。桉：《左傳》「季氏與郈氏鬥雞」，《呂氏春秋》亦同，則郈昭伯即叔孫昭伯明矣。且《世本》、鄭注《檀弓》、高誘注《呂覽》、韋昭注《魯語》，咸以郈昭伯木、后敬子竝出于孝公惠伯鞏之後，詎得以郈、后爲二姓乎？又《國語》「犬戎樹惇」韋昭注言犬戎立性散樸，本是誤解。《述聞》則云「惇」字當屬下讀，犬戎樹者，先國而後名，猶云邾婁顔耳〔六〕。校：樹惇者，其姓名也。《通鑑注》：「樹敦城在曼頭山，此周穆王時犬戎樹敦居之，因以名城。」《周書》：「涼州刺史史寧云：樹敦、貨真二城，吐谷渾之巢穴也。」《水經注》作「樹積」，《魏書・地形志》作「殊積」，戎方之音異耳。凡此數端，雖于經義無關，然實事求是，則閣下之説或有未諦當者，敢獻其疑，竝望恕其直，而教之以所未聞焉，則幸甚。

【説明】

函載《養素堂文集》卷十五，未署年月。王引之自嘉慶二十二年三月廿八日至道光七年五月初六日，任侍郎十年。在此期間，《經義述聞》唯有嘉慶二十二年盧宣旬江西刊本，内附《春秋名字解詁》；又此函有「春杪」、「數月」等字。故知此札當寫於嘉慶二十三年夏秋間。張澍，字時霖，一字伯瀹，號介侯，又號介白，甘肅武威人。嘉慶四年進士。有《姓氏五書》、《養素堂文集》三十五卷、《養素堂詩集》二十六卷、《〈一切經音義〉引〈説文〉異同》一卷、《〈説文〉引經考證》稿本，藏陝西省博物館。九卷，又輯印《二酉堂叢書》。

【校注】

〔一〕今《述聞》卷二十二至二十三無此條。

〔二〕今《述聞》卷二十二至二十三無此條。

〔三〕今《述聞》卷二十二至二十三無此條。

〔四〕今《述聞》卷二十二有「秦壤駟赤字子徒」條，而無此函引文。

〔五〕今《述聞》卷二十二有「魯公子翬字后」條，而無此函引文。

〔六〕今《述聞》卷二十二至二十三無此條。按：張氏函中所述六條，今本《春秋名字解詁》或全删，或僅留詞條而删解詁文字，莫非盧氏刊本又經王氏改削？惜無盧氏本比對爲憾。

## 許宗彦致王引之書一通

去歲兩侍芝塵〔一〕，雖未得飫領教益，而政葉之私，藉以少慰。春歲從小雲世兄處奉到手函并《經義述闻》全帙〔二〕，忭幸無似！亡友臧在東嘗云，阁下橋梓小學出六朝人之上，真不誤也。宗彦學本牰淺，頻年肺疾所苦，心力亦頹，無可言者。陳恭甫去冬亦大病瀕危，闻近尚未復元也。朱觀察殂謝〔三〕，諸郎已就長成，它日能紹書香爲望耳。祇泐，恭請台安，不盡覼縷。許宗彦頓首上宗伯年大人閣下。

梁曜北已轉致〔四〕，諄屬謝教。三月上巳後一日。

**【説明】**

函據羅振玉《昭代經師手簡》謄正，許氏未署年月。王章濤先生《王念孫王引之年譜》考定爲嘉慶二十三年戊寅三月初四日，可從。許宗彦，字周生，又字積卿、周卿，浙江德清人，嘉慶四年與王引之一起中式爲進士，有《鑑止水齋集》。

【校注】

〔一〕兩侍芝塵，猶云兩承音問，古代書信中敬語。

〔二〕小雲：阮常生，别名小雲，阮元之子。

〔三〕朱觀察，疑爲朱文藻，嘉慶十一年謝世。

〔四〕梁曜北：梁玉繩，字曜北，浙江錢塘人，有《史記志疑》、《清白士集》。參王引之《與雨園書》。

## 顧廣圻致王引之書四通

### 一

晚生顧千里敬啓，曼卿先生大人閤下：客冬得《淮南》續刊，伏稔起居康懋，福與時增，載深欣頌，且以謏聞仰獲附青雲而稱後世，抃感之私，非筆所罄。唯大序奬飾踰分，當之滋恧，尚期刻勵，覬副垂賞於萬一也。先秦各書，想《讀書雜志》均有校本，現在刊成若干種，除已見賜外，仍望授讀，曷勝幸甚！前承在此間惠分清俸，愧感交并。兼帳舟次匆匆，拜謁未克，將積年所蓄疑義，一二叩請發蒙。昨撿行篋舊稿，謹録文一篇，呈求誨正，務希直筆指南，是所翹切。其餘尚有雜著、小文，未經楷寫，改日統擬續上也。肅此，謹請台安！不盡。顧千里頓首再拜。二月一日上啓。

## 二

曼卿先生大人閣下：獻歲由南雅學士付下手書〔一〕，伏稔侍奉多福，簡轉春官，深爲忭慶，並承賜問賤體，曷勝銘荷。前呈《荀子》各條，係就舊時管窺，命人病中録出，大抵淺近，恐無所當。若得老大人採擇，附《補遺》以傳，榮且不朽，先此鳴悃爲禱。去冬寄到惠頒《經義述聞》叁拾貳册，闡發淵原，懸之國門，洞究聲音文字之原，用袪自古相沿之蔽，使凡後學既奉寶書，曉然指南。不獨得所遵循，一身私幸，雖委頓之餘，自力不前，轉形悵惘。惟教誨殷勤，始終不棄，倍增感激也。累月以來，末疾殊劇，右手恐廢，有羈仰荅，彌懷惶悚，但祈原宥。肅此敬賀，並以申謝。順請崇安！餘容少閒續佈，統望垂鑒！不盡。

晚生顧千里頓首。正月二十七日。

## 三

敬啓者：前承復示，藉稔起居，遠符慰頌！並荷垂詢宋本《荀子》，此書敝地收藏家曾見兩刻：一、吕夏卿本，盧校所據〔二〕，曾爲人校過。一、錢佃本，即王厚齋所謂監本。未及借得，容俟歲内返里時代爲蹤跡，當校出一通奉上也。頃吴有堂兄屬以《釋名》呈正〔三〕。其説單用本書比例爲準，未識尚爲有當否？若能不棄賜序，造就末學非淺矣。統此，佈請曼卿先生大人台安！晚生顧千里頓首。九月二十四日啓。

## 四

曼卿先生大人閣下：前蒙賜《淮南雜志》，曾肅寸椷佈謝，定邀鑒及。迩惟侍奉萬福，諸多如意，載深仰頌。宋槧《淮南子》已歸此地汪氏〔四〕，承命借到，校勘一過，實在《道藏》之上，摘其異同各條彙録，呈備採擇。又承詢及拙説，奔走之餘，荒落已甚，殊愧酬對！輒附数條，不敢虚垂问之雅而已，非有足觀也。若獲節取如陳氏觀樓〔五〕，則意外之榮幸矣。

專此，敬請鈞安！不尽。晚生顧千里原名廣圻。頓首啓。

**【説明】**

此四通書札，均據《昭代經師手簡》謄正。前三通已署月日，第四通年月日均未詳。第一通有「客冬得《淮南》續刊」之語，《淮南》續刊，殆即《淮南内篇雜志》後之《補遺》一卷。八十二卷本。道光元年二月既望，王引之撰《補刊顧澗薲校〈淮南子〉序》，知是年此書刊成。據《清代職官表·鄉試考官年表》，是年六月，王引之充浙江恩科鄉試正考官；十二月，王引之充經筵講官；則王引之返京當在十至十一月，正是冬日。此「冬」既屬「客」歲，則第一函作於道光二年無疑。下文云「前承在此間惠分清俸」，「兼帳舟次匆匆，拜謁未完」，足見王氏、顧氏於舟次短暫相逢，而顧氏此時正在揚州，是王氏經揚州而乘舟返京。此可補正。　第二通有「簡轉春官」一語，應指道光十年九月戊寅王引之與湯金釗互調而任禮部尚書。次年七月，王引之復署工部尚書。證之以「獻歲」，此札作於道光十一年正月二十七日。　第三通回覆「垂詢宋本《荀子》」事，並爲吴有堂校本《釋名》求序。《荀子雜志》於道光九年底刻竣，見王念孫《敘》。《〈釋名〉定本序》作於道光九年六月晦日。兩事共參，第三通作於道光八年九月二十四日，正相契合。　第四通内容，與王引之《補刊顧澗薲校〈淮南子〉序》及顧廣圻《思適齋書跋》卷三《〈淮南鴻烈解〉二十一卷北宋刻本》符合。王序作於嘉慶二十五年庚辰二月既望，文在本書乙編，不煩引證。顧跋撰於嘉慶二十五年庚辰中秋前十日。由此可推知第四札作於嘉慶二十五年八月内。次年王引之以顧氏所校「補而綴之」，成《淮南内篇補》。

【校注】

〔一〕獻歲，指年初。獻，進。　南雅：顧蒓，字希翰，號南雅，江蘇吴縣今蘇州市。人，嘉慶七年進士。有《南雅詩文鈔》等書。

〔二〕盧：盧文弨。盧校《荀子》，見《二十二子》本《荀子》。

〔三〕吴有堂：吴志忠，字有堂，號妙道人，有《〈釋名〉校定本》。

〔四〕汪氏：汪士鐘，字閬源，江蘇長洲人，清代藏書家，有藝芸書舍藏書樓。

〔五〕陳觀樓：陳昌齊，詳《陳觀樓文集序》。

# 王紹蘭致王引之書八通

## 一

去年十月間，湯少農回里〔一〕，奉到手書。詢悉大兄大人鼎度沖和，潭祺鬯懋，承恩侍慶，政學日隆。出則聖主之賢臣，統百官而均四海；入爲名父之令子，立五禮而言六詩〔二〕。夔拜鯉趨〔三〕，洵古今所罕有者，何樂如之矣！又詢《北堂書鈔》録事寫資，少農云：「屢經面問，大兄必不肯言。」但鄴架舊存之半部，牙籤分䚔〔四〕，猶可敬頌珍藏；若書傭新寫之半部，懷餅就鈔，自應如干奉繳。敦甫又轉述雅意〔五〕，至于再三，遵命拜登，悚惶實甚！希於老伯大人前，叱名肅謝。承示段大令《説文注》，以《爾雅》「其跡速」爲籀文「速」之譌，如其説，斷無作「其跡跡」之理。高見卓然，簡明扼要，謹受教矣。因檢其原注讀之，據云：「速之名不嫌專繫鹿也。」是段公亦自知，如其説，當作「其跡跡」，故有此語。其下即引《廣韻》、《集韻》爲證，《集韻》固不足據，《廣雅》「躔踈解亢」四字連文，適與《爾雅》「麇鹿麔兔」四跡相應。故據之以籀文之「速」，證今本「速」字之譌。但曹憲「踈」音匹迹反，明非「踈」字之音。今考《説文・辵部》有𨑨字，解云「行皃，從辵，犮聲」。蒲撥切。《繫傳》本如此，鼎臣本譌作⿺辶朩。匹迹合聲爲僻，蒲撥合聲爲孛，方音有重輕耳。而《說文·足部》無足旁配朩之字，《玉篇·足部》有跡，匹貝切，又蒲撥切，急行皃。然從市則是朱市字，非艸木朩朩之朩。《廣韻·十三末》亦有跡。行皃。《說文·朩部》𣎵下引杜林說，朩亦朱市字，則朩、市古通，隸因變朩爲市。然則曹憲所據《廣雅》蓋是⿰足朩字，有匹迹之翻，與籀文之速全不相涉矣。惟《廣雅》此條自本《爾雅》，豈稚讓所見舊本作「其跡⿺辶朩」，以通行之⿰足朩代之乎？《說文》之⿸鹿速亦本《爾雅》，豈亦從鹿速聲乎？斷難以曹有此音，輒改《爾雅》、《說文》之字。此因討論「匹迹」而疑及之，不可爲典要也。抑弟又竊有異焉。《地官》有迹人，當亦通言鳥獸踶迒之迹。其職曰「禁麛卵」者，何以不及它獸，而專言鹿？《左氏·哀十四年傳》：「迹人來告曰：逢澤有介麇焉。」何以亦不及它獸，而專言鹿？《管子·五行》篇「不夭麑麇」，即繼之曰「毋傳速」。花齋本作遲速之速。似速亦籀文速之譌。吳勉學本正作速。故前讀《管子》曾論及之，亦主段氏速名不嫌專繫鹿之說也。此二疑者，《廣雅》此文本《爾雅》，若《爾雅》作遲速之速，仍與匹迹之音不合，一疑也。《管子》之文據下云「毋傷緜褓」，亦是泛言。「毋傳速」不必定承上句，竟作遲速之速，自無不可，而吳本作速不作速，二疑也。尚祈大兄於便中指示，以祛宿惑。又《廣雅·釋丘》「峊，細也」，《北堂書鈔》引作「細土」，據《說文·𠂤部》「⿱𠂤目商，小塊也」，與細土之義正合。疑《廣雅》亦本作「⿱𠂤目商」。⿱𠂤目壞爲𠂤，傳寫者不解其故，又見上文「無石曰峊」，因改壞𠂤為峊，而删商字也。《書鈔》引作皀，是唐時久已譌奪。未審高明以爲然否？《三禮》鄭注之誤，於《禮記》得八百八十一條，於《儀禮》得八百三十九條，《周官》尚未卒業，計亦不相上下。鄭公大儒，何以疏略至此？大氐好用緯書，是其一蔽；好據漢法解周制，是其二蔽；好改經文以就己説，是其三蔽。今采集時賢駁鄭之説，其中亦有吹毛索瘢者，然所言有理，似亦不妨並存，以成鄭志。蓋其《誡子益恩書》深以日西方莫，不得於禮堂寫定爲浩歎也。其説是，亦鄭公所樂從；其説非，於鄭公亦何損？此之謂蚍蜉撼大樹耳。諸説中尊著最爲精確，自不駁注外，並皆箸入各條，亦有可駁而不駁者，如《中庸》「所以行之者一也」，《述聞》據《平津侯傳》證「一」字爲衍文，此自班固以來，未經人道，令讀者昭然若發矇，有功於經不淺，於注無駁。今按鄭注云：「達者常行，百王所不變也。」蓋以「達者」釋「達道」、「達德」，以「常行」釋「所以行之者」，以「百王所不變也」釋「一也」。「達者」之注，不注於「達道」下，而注於節末，明是通釋全節。詳玩之，其義自見。合觀孔疏而注説益明，孔疏曰：「所以行之者一也，言百王以來，行此五道三德，其義一也，古今不變也。」似鄭公注《禮》時，舊本已有「一」字，乃不辨其爲衍文，沿譌作注，以未攷《平津〔侯〕列傳》故也，益知《述聞》之説爲韙矣。弟索居多暇，悔不十年讀書，偶有瑣談，殊難自信。謹録數篇，并《〈漢書·地理志〉校字》二卷，就正有道，伏乞詳加批示，俾識指歸。友貴多聞，卬須直諒，勿涉客氣，受益滋深。在大兄既不虛其請業之誠，而弟亦樂受布鼓雷門之誚矣〔六〕。兹以摘録鄙言，久稽牋荅，知荷鑒原。肅此奉謝，並候興居。伏惟淵照，不備。宗愚弟期紹蘭頓首〔七〕。四月十七日。

老伯大人前叱名請安，並問諸世兄近好。并啓。

## 二

### 一

頃讀《淮南子·主術訓》云：「聾者可令嗺筋。」按：《考工記·弓人》曰：「筋欲敝之。」敝，鄭司農云：「嚼之當孰。」是治筋有嚼之一法。《説文》：「噍，齧也。」重文作「嚼」，云：「噍，或從爵。」爵、雀古通用。魏、晉以後，俗趨簡易，書「嚼」爲「㗗」，《玉篇》：「嚼，噬嚼也。㗗同上。」是其證。當時《淮南子》蓋有作「㗗」者，傳寫之徒不知「㗗」爲「嚼」之俗體，別作「嗺」字。《玉篇》：「嗺，撮口也。」《淮南》因作「嗺筋」，但撮筋於口不得爲嚼，寫《易林》者以「嗺」非正字，直改從手作「摧」，轉輾承譌，皆不足據也。由是覈之，(嗺)〔㗗〕俗字，「嗺」因「㗗」而變，「摧」又因「嗺」而變。據先鄭注，漢時《淮南》、《易林》舊本當是「噍筋」。又《人間訓》云：「楚國之俗，功臣二世而爵禄。」按：「爵」當爲「奪」，形之誤也。下文云：「夫孫叔敖之請有寢之丘，沙石之地，所以累世不奪也。」累世不奪，正與二世奪禄相應。《韓子・喻老》篇云：「禄臣再世而收地。」奪禄、收地，義亦同。右二條未知是否，乞正之。

《群書拾補・晏子春秋・外篇》「盆成适也」〔八〕，句出「盆成造」三字，注云：「适，謅。」據《禮記・檀弓上》正義引「戉今攷」，毛本《檀弓》疏及宋刻附音釋《禮記注疏》本並同。今本《晏子》作「适」，不作「造」。又《義疏》引孔疏作「括」，亦不作「造」。未審召弓先生所據何本《禮記正義》〔九〕，伏乞便中示知。又及。

二

前歲奉到手書，承賜《逸周書雜志》一帙，當即肅函復謝，并坿朱南崖太傅《蘇嶺詩圖》〔一〇〕，由湯宗伯處轉呈，敬求屬和，並乞廣徵嘉詠，諒邀垂鑒！遥惟大兄大人動静綏和，眠餐安勝。進而納陛，矢厥嘉謨、嘉猷；退而趨庭，聞斯學《詩》學《禮》。瞻天顏而有喜，愛日永而承歡。人爵之榮，所遭既盛；天倫之樂，其味尤長。老伯大人，顧而樂之，身益康彊，子孫其逢，喜可知已。客臘又奉教言，領到《經義述聞》二十八卷。訓本菑畬〔一一〕，光生蓬篳〔一二〕，徧讀一過，舌橋目眙〔一三〕。其義其詞，皆生平所未夢見者。蓋有卓然特具之識，即有塙然不拔之證；有雜然膚説之叢，即有驉然冐箸之解。此由學之博，思之敏，擇之精，説之詳。以衆經詁一經，而經之本義以立；以一經貫衆經，而經之通義以明。而又合之以形聲，函之以雅故，微言大義，時見於篇。名爲述《周南》之習聞，實則剏漢儒所未發。此編既出，將見五經紛綸，不復推井大春也〔一四〕；五經從横，不知有周宣光也〔一五〕；五經無雙，不必守許叔重也。弢夫説經鏗鏗之楊子行〔一六〕，解經不窮之戴侍中〔一七〕，虚有其名，絶無片言隻義留傳徵信者哉？埳鼃望洋，驚歎而已！惟采及鄙説數條，是猶坿泰山以微塵，斟滄海以勺水，於山海固無損矣，爲涓埃計，不大可弢乎？辱承節取，榮感無窮。末四卷諒已刻竣，務祈速寄，用慰渴思。弟近狀託庇如常，惟足疾不瘳，艱於行走。更可嘆者，心拙善忘，年益進，而學益退；今日即爲，明日亦復亡貨。學問之事，無可言矣！曏嘗從事《説文》，實無心得。自茂堂大令書出後，早經中輟。今惟取其闕者補之，誤者訂之，謂之《説文段注補訂》，已積有百餘條。但段書可商榷者尚不止此，當再爲之卒業。然亦不能自信果否，此是彼非，俟暇日録寄，以求折中焉可耳。袁宏《後漢紀》，補證三十卷，業經脱稿，尚未付鈔。大抵取各書所引《東觀漢紀》、謝承《後漢書》等逸文斷簡，有足與袁《紀》相發明及可補其缺者，坿注本條之下，以證其異同詳略；無則闕之，不足觀也。又所據之本，乃嘉靖中黄姬水所刻，輾轉翻彫，漏奪舛譌，不一而足，雖意爲更正，究屬無徵。鄴架如有善本，弟當細開一單寄呈，乞爲審定示知，庶誤書其有豸乎〔一八〕。兹乘湯宗伯還京之便，謹泐蕪椷〔一九〕，肅陳謝悃，順請勛安，並候潭祉！統惟淵照，不宣。宗愚弟紹蘭頓首上伯申大兄大人閤下。庚寅孟春二十五日。

## 三

前歲奉到手書，承賜《逸周書雜志》一帙，當即肅謝，并坿朱南崖太傅《蘇嶺詩圖》，由湯宗伯處轉呈，敬求屬和，竝乞廣徵嘉詠，諒邀垂鑒。遥惟動静綏和，眠餐安勝，瞻天顔而有喜，愛日永而承歡，喜可知已。客臘又奉教言，領到《經義述聞》廿八卷。訓本菑畬，光生蓬篳，徧讀一過，舌橋目眙。其義其詞，皆生平所未夢見者。蓋有卓然特具之識，即有塙然不拔之證；有襍然膚説之叢，即有騞然冐箸之解。此由學之博，思之敏，擇之精，説之詳。以衆經詁一經，而經之本義以立；以一經貫衆經，而經之通義以明。而又合之以形聲，函之以雅故，微言大義，時見於篇。名爲述《周南》之習聞，實則剏漢儒所未發。此編既出，將見五經紛綸，不復推井大春矣。惟采及鄙説數條，是猶坿泰山以微塵，斟滄海以勺水，於山海固無損矣，爲涓埃計，不大可弞乎？末四卷刻竣，務祈寄慰渴思。紹蘭近狀如常，惟足疾不瘳，艱於行走。更可歎者，心拙善忘，年益進而學益退。今日即爲，明日亦復亡貨。學問之事，無可言矣。曏嘗從事《説文》，實無心得。自茂堂大令書出後，早經中輟。今惟取其闕者補之，誤者訂之，謂之《説文段注補訂》，已積有百餘條。但段書可商權者尚不止此，當再爲卒業。然亦不能自信，謹略述數事就正，惟閣下詳覽而明示之。

《王部》：「璑，三采玉也。」段氏注曰：「諸公之冕，璑玉三采。謂以璑雜玉備三采，下於天子純玉備五采也。許云三采玉謂之璑，誤。」今按：《夏官·弁師職》云：「珉玉三采。」故書「珉」作「璑」。鄭司農云：「璑，惡玉名。」又《逸論語》曰：「璑，三采玉也。」見《初學記》卷二十七。是叔重此解用《周官》故書及《逸論語》之文，竝未參以己説。段乃以爲許誤，何也？

《丨部》：「中，和也。」注曰：「和非是，當作内也。内者入也，入者内也，然則中者别於外之辭也，别於偏之辭也，亦合宜之辭也。作内則義無不晐矣。」今按：「中」之義所包者廣，「内」不足以盡之。中對上下言，上之下、下之上爲中。中對前後言，前之後、後之前爲中。中對左右言，左之右、右之左爲中。若對内外言，則外之内、内之外爲中。言「内」不足該「中」，言「中」足以該「内」，是「内」不得爲「中」之訓明矣。唐堯咨舜，允執厥中。舜執兩端，用中於民，亦以命禹。仲尼曰：「君子而時中。」子思曰：「中者，天下之大本；和者，天下之達道。致中和，天地位，萬物育。」許舉中、和二字以曉人，謂「中」即「中和」之「中」，是「中」之所包甚大，正段氏所偁「合宜之辭也」。若改「和」作「内」，「内」之辭何以見其爲合宜也？

《艸部》：「蕅，夫渠根。」注曰：「《釋艸》以『其本蔤』系於『荷，扶渠，其莖茄』之下者，謂此乃全荷之本，今俗所謂藕者是也。以『其根藕』系於『其華菡萏，其實蓮』之下者，謂此乃華實之根。凡華實之莖必偕葉，一莖同出，似有耦然，故下近蔤、上近華莖之根曰藕。」今按：荷之爲物，次其全體，葉與華實之下皆爲莖，莖下爲本，本下爲根。本者蔤也，蔤者藕節，上含莖芽，漸出於水者也。段以蔤爲全荷之本，蕅爲華實之根，互移倒置，則是今人所食者是蔤，非蕅，安見蕅在泥中，有漸出水甲坼亭亭直上者邪？而反謂叔重列字次弟未得其解，何也？

「薙」字解云：「除艸也。《明堂月令》曰：季夏燒薙。從艸，雉聲。」注曰：「《周禮》：雉氏掌殺艸。雉或作夷，古雉音同夷，故大鄭從夷，後鄭從雉，而讀爲鬀。作薙者，乃俗字。《月令》燒薙蓋亦本作燒雉，《説文》本無薙字，淺人羼入也。」今按：《秋官・序官・薙氏》注云：「書薙或作夷。鄭司農云：掌殺艸。故《春秋傳》曰：如農夫之務去艸，芟夷藴崇之。玄謂薙讀如鬀小兒頭之鬀。《月令》曰：燒薙行水。」是《周官》薙氏或作夷氏。先鄭據左氏「芟夷」，從或書作「夷」；後鄭據《月令》「燒薙」，從今書作「薙」。皆不作「雉」，以雉與夷音義雖同，而除草之字自當從艸，以雉爲聲，此形聲通例也。《月令》：「季夏之月，燒薙行水。」鄭注：「薙謂迫地芟艸也。」《吕氏春秋・季夏紀》：「燒薙行水。」則不韋所見《明堂月令》作「薙」，不作「雉」矣。高誘注：「燒薙，行水灌之。」則誘所見《明堂月令》亦作「薙」，不作「雉」矣。是《說文》「薙」字本諸《周禮》，本諸《明堂月令》，解爲除草，無可疑也。段氏據《周禮釋文》「薙」字下云「字或作雉」一語，遂盡改《周禮・月令》、《吕紀》及《說文》之「薙」作「雉」，舍經傳而從音義之孤文，竟謂許書本無薙字，何也？

《八部》：「𠔁，分也。從重、八。八，別也，亦聲。《孝經說》曰：故上下有別。」段氏刪「八，別也，亦聲」五字，注曰：「此即今之兆字也。《廣韻》：兆，沼小切。引《說文》：分也。此可證孫愐以前𠔁即兆矣。」又云：「𠧞，灼龜坼也，出《文字指歸》。此可證孫愐以前《卜部》無兆、𠧞字矣。《玉篇・八部》有𠔁，兵列切。《兆部》云：𠧞同兆。此可證顧氏始不謂𠔁即兆字矣。治《說文》者，乃於《卜部》增𠧞爲小篆，兆爲古文，又於𠔁下增之云『八，別也，亦聲』，以證其非兆字，而《說文》之面目全非矣。」今按：《吴志・虞翻傳》注：翻奏鄭玄解《尚書》違失事云：「分北三苗。北，古別字。」又云：「又訓北，言北猶別也。」此分北之北，即從重八之𠔁，隸寫譌作北耳。假令是南北之北，不得云「古別字」，尤不得云「又訓北」矣。今本《史記・五帝本紀》亦作「分北」。《集解》引鄭書注釋爲分析，知《史記》亦本是𠔁字，故有分析之訓也。是虞、鄭書本皆作重八之𠔁也。《周官音義》於《太卜》經文出「三𠧞」二字，注云：「音兆，亦作兆。」此即《說文》𠧞字所從出。注云「亦作兆」，即謂《說文》兆，古文𠧞省也。曹憲《文字指歸》之解兆字，全襲許語。逮孫愐作《廣韻》時，偶見《指歸》，未檢《說文》，故云出《文字指歸》，此《廣韻》常有之事。如：烘，燎也。猗，犗犬。虍，虎文也。言，直言曰言，荅難曰語。葏，艸茂皃。歊，口氣引也。王，三者天地人，一貫三爲王，天下所往。鶕字作䧿、䧿。灵，小熱也。禹，蟲名。聹，秦晉聽而不聰，聞而不達曰聹。鼢，地中行鼠，百勞所化。覞，目有所察。坐，（坐）〔絫〕墼也。翠，青羽雀。妎，疾；妎，妒也。隈，隩隈也。萬，蟲名也。离，蟲名也。鵲字作䧿，舄。雒，鵋鵙鳥。職，記微也。雧，羣鳥駐木上。皆見《說文》，而《廣韻》引作《字林》。羠，騬羊也。柱，楹謂之柱。稔，秋穀熟也。截，斷也。蒦，度也。䥽，羊箠也。皆見《說文》，而《廣韻》引作《廣雅》。黿，龜名。匰，宗廟盛主器。穵，貧病也。轖，車藉交革。皆見《說文》，而《廣雅》引作《字書》。阺，秦謂陵阪爲阺也。嫳，微畫也。摽，擊也。鐂，齒（鐂）〔差〕跌。衍，水朝宗於海，故从水行。（就）〔琼〕，事有不善曰（就）〔琼〕，薄。䀹，埃〔䀹〕也。䡅，至也。皆見《說文》，而《廣韻》引作《字統》。艽，遠荒。俌，輔也。旇，旌旗。䀠，目驚䀠䀠然。皆見《說文》，而《廣韻》引作《埤蒼》。囗，回也，象圍帀之形也。朿，止也，從朿，一横止之。誧，大也，助也。辠從自辛也，言辠人蹙鼻辛苦之憂，始皇以辠字似皇，乃改爲罪也。潩，水名，在河南密縣。涻水，出北嚻山也。禿，蒼頡出，見禿人伏於禾中，用以制字。ㄓ，蹈也，從反止。皆見《說文》，而《廣韻》引作

《文字音義》。斶，斵首。嫪，婪（嫪）也。茥，鹿豆也。嫿，竦身皃。皆見《説文》，而《廣韻》引作《玉篇》。魌，人值鬼驚詞。逗，住也。皆見《説文》，而《廣韻》引作《纂文》。媄，顔色好也。見《説文》，而《廣韻》引作《字樣》。𠫓，相詐也。見《説文》，而《廣韻》引作《修續譜》。荅，小豆。見《説文》，而《廣韻》引作《正名》。土，吐也，吐萬物也。見《説文》，而《廣韻》引作《釋名》。諸如此類，竝文與許同，而引《説文》以後之書。豈得謂孫愐以前，《説文》無烘、猗、虍、言諸字乎？更以《廣韻》引《指歸》諸條證之。如《二十七删》之擐、《十姥》之土、《六至》之帥、《三十三綫》之綫、《四十一漾》之攘、《三十怗》之燮，諸解皆本許書，豈可謂《廣韻》引作《指歸》，可爲《説文》無擐、土、綫、攘、燮諸字之證乎？且段氏於「燮」字注亦云：「《廣韻》所引《指歸》，蓋用許説。」而獨於「𠬤」字毅然引以爲治《説文》者所增之證，何也？

《足部》：「蹢，或曰蹢躅，賈侍中説足垢也。」注曰：「賈訓足垢爲蹢躅。」今按「跔」字解云：「天寒足跔也。」《逸周書·大子晉》篇：「師曠束躅其足。大子曰：太師何舉足驟？師曠曰：天寒足跔，是以數也。」束躅猶蹢躅，曰驟，曰數，是束躅其足，爲大寒足跔之皃。蓋賈侍中説與《逸周書》同。

《會部》：「𣊟，日月合宿爲辰。從會、辰，辰亦聲。」段改「辰」爲「𣊟」，讀爲會，改「辰亦聲」爲「會亦聲」，注曰：「據《説文》，則日月之合宿謂之曟。據《周禮》、《左傳》，則日月曟處謂之辰。曟者，《左傳》之會字，非《左傳》之辰字。」今按：段氏改「辰」爲「曟」是也。而據《廣韻》爲曟，即《左傳》之會字，非《左傳》之辰字，則誤也。《左傳·昭七年》：「晉侯謂伯瑕曰：多語寡人，辰而莫同。何謂辰？對曰：日月之會是謂辰，故以配日。」曰「何謂辰」，曰「是謂辰」，問者對者皆意主於辰，不主於會。《説文》之曟即本伯瑕辰字爲説，故解云「日月合宿爲曟」，合即會也。伯瑕質言之，謂之會。叔重申言之，謂之合宿。伯瑕説辰字在句末，叔重説辰字亦在句末，是《説文》之曟即《左傳》之辰。合宿者，會之解詁。曟者，辰之正字。若如段説，《説文》「日月合宿爲曾」，《左傳》「日月曟處爲辰」，則是日月合宿爲合宿，日月之曟是謂曟，尚復成何文理乎？以《左氏》、《説文》互相證明，足知曟之是辰，非會也。

《马部》：「𢎘，艸木马盛也。從二马。」《東部》：「東，木垂華實。從木、马，马亦聲。」段氏删《马部》之「𢎘」篆，改「東」篆作「束」，注曰：「篆體一马在木中，寫者屈曲反覆，似從二马，因改此解，又於前部末增𢎘篆耳。」今按：《東部》之東，即蒙前部「𢎘」篆而次之，以韖字從東，故别爲一部。其東下解從马，马亦聲，兩马字皆𢎘字之譌。錢竹汀少詹謂《爾雅·釋艸》「樓棗含」之棗，即東字之譌，説詳《潛研堂文集》。

《馬部》：「馼，馬行相及也。从馬，从及，讀若《爾雅》『小山馼大山，峘。』」小徐作从馬，及聲。段氏删「大山峘」三字，注曰：「讀若二字蓋賸。」今按：《爾雅·釋山》：「小山岌大山，峘。」岌字當連下讀，删去「大山峘」三字，則不成句。「讀若」字亦非賸字，惟解中「馼」字當依《爾雅》作「岌」耳。《說文》無岌字。姚、嚴《校議》云：疑當作彶。《釋山》下文云：「大山宮小山，霍。小山别大山，鮮。」與此文法正同一例。

《水部》：「涐，水出蜀汶江徼外，東南入江。从水，我聲。」段注改「涐」篆爲「渽」，改「我聲」爲「𢦔聲」，注曰：「前《志》蜀郡青衣下云：大渡水東南至南安入渽。汶江下云：渽水出徼外，南至南安東入江，過郡三，行三千四十里。蓋今青衣水班，所謂大渡水也；今之大渡河班，所謂渽水也。」今按：「涐」，《漢書·地理志》作「渽」，譌字也。《水經·江水》注云：「江水又東南逕南安縣〔西〕。」「縣治青衣〔江會〕」，「縣南有峨眉山，有蒙水，即大渡水也。水發蒙谿，東南流，與涐水合。戴本作「涐」，趙本作「渽」。水出徼外，逕汶江道。呂忱曰：渽水出蜀〔二〇〕，許愼以爲涐〔水〕也，出蜀汶江徼外，从水，我聲。」小徐《繫傳》引《漢書》：「涐水出汶江縣徼外，過郡七，行三千三十里。」「七」當爲「三」，又「三十」與「四十」互異。然則據酈注所引而定《說文》之涐非渽，據《繫傳》所引而定《漢志》之渽爲涐，可以兩言而決矣。

又「湔」篆解：「湔水出蜀郡緜虒玉壘山。」注曰：「前《志》云蜀郡緜虒，後《志》云蜀郡緜虒道，有蠻夷曰道，前《志》省文耳。」今按：《百官公卿表》曰：「有蠻夷曰道。」此漢制也。孟堅作《志》，自當詳著於篇，以爲縣邑之别，故於《志》後總偁之曰凡三十二道。今悉數之：左馮翊有翟道，南郡有夷道，零陵有營道、泠道，廣漢有甸氐道、剛氐道、陰平道，蜀郡有嚴道、湔氐道，犍爲有僰道，越嶲有靈關道，武都有故道、平樂道、嘉陵道、循成道、下辨道，《郡國志》有武都道；下辨不偁道。隴西有狄道、氐道、予道、羌道，天水有戎邑道、緜諸道、略陽道、豲道，安定有月氏道，北地有除道、略畔道、義渠道，上郡有雕陰道，長沙國有連道，共得三十，尚闕其二。攷《續志》，蜀郡緜虒道外又有汶江道，正可補班《志》闕文。邑道之名，有關《漢志》制度。孟堅於它道不省文，何爲省此二文，致與總數不合？明是傳寫漏奪也。

又「沬」篆解：「沬水出蜀西南徼外，東南入江。」注曰：「沬水即涐水。兩列之，蓋許有未審。」今按：段氏所偁涐水即淺水也。《漢志》「汶江」下云：「淺水出徼外，南至南安入江。」「青衣」下云：「《禹貢》蒙山谿大渡水，東南至南安入淺。」《地理志》不言沬水。《水經》云：「沬水出廣柔徼外，東至越嶲靈道縣出蒙山南，東北與青衣水合，東入于江。」是淺水出汶江徼外，沬水出廣柔徼外，大渡水出青衣，截然三水。淺水南至南安合大渡水而入江，沬水東至靈道出蒙山合青衣水而入江，大渡水即青衣水。然則三水至青衣合爲一川，其自青衣以上則固濈自濈，沫自沫，安得不兩列也？

「涂」字解云：「涂水出益州牧靡南山。」注曰：「牧，前《志》作收，後《志》作牧，《華陽國志》〔竟〕作升。李奇曰：靡音麻，收靡即升麻。常璩曰：升麻縣山出好升麻。收、升、牧三字皆同紐。」今按：前《志》之收靡，《華陽國志》之升麻，收、升皆傳刻本誤字。《説文繫傳》云：「臣鍇案：《漢書》：涂出牧靡南山。」是楚金所見《漢書》作牧靡，不作收靡。（未）〔朱〕謀㙔《水經注箋》引李奇曰：「牧靡即升麻。」是李奇所注《漢書・志》文本是牧靡，而非收靡也。《華陽國志》作升麻者，乃明張佳允本涉下「出好升麻」而誤。宋李垕本《華陽國志》正作牧麻，不作升麻。張佳允本雖誤以牧麻爲升麻，而張自注云：「按：《漢書》謂牧靡。」是其所見《志》文亦是牧字。然則牧、收以形近致誤，無煩以收、升、牧三字同紐曲爲附會矣。

「潞」字解云：「潞，冀州浸也。」注曰：「《周禮・職方氏》：冀州，其浸汾、潞。鄭云：潞出歸德。此謂潞即洛耳。按：班、許皆云洛出歸德北夷畍中，漢歸德在今甘肅慶陽府境，洛水在今陝西同州府境入河，非冀州地。且雍州既曰其浸洛矣，安得又爲冀浸？鄭注於雍州云：洛出懷德。冀州云：潞出歸德。蓋由株守《地理志》，而未思《志》歸德下言其源，懷德下言其委。不當改洛爲潞以屬冀州。許但云冀州浸，不言何出何入，不欲强爲之說。班、許皆不言潞之源流，此可以正鄭注矣。」今按：《漢志》左馮翊褱德下云：「洛水東南入渭，雍州寖。」北地郡歸德下云：「洛水出北蠻夷中入河。」是褱德之洛入渭，歸德之洛入河。入渭者正流，入河者支流也。《淮南·墜形訓》：「洛出獵山。」高注：「獵山在北地西北夷中。洛東南流入渭。」此獵山之洛，即北地歸德之洛，其正流入渭者也。《水經·河水》注：「河水又南，洛水自獵山支分東派，東南注于河。昔魏文侯築館洛陰，指謂是水也。」此洛水即北地獵山之洛，支流入河者也。故其地有洛陰之目，自下通偁爲洛陰水。《汾水》注云：「汾水又東南流，洛陰水注之，西南逕(曲)陽〔曲〕縣城北西南流注于汾水。」此北地洛水，注洛陰爲洛陰水，而注于汾水者也。洛、潞一聲之轉。故康成讀支流入河之洛爲潞，所以別于正流入渭之洛也。其水自歸德至太原入汾，是以《職方》云「冀州，其浸汾、潞。」鄭注謂汾出汾陽，潞出歸德也。漢時河東、太原、上黨三郡在周爲晉地，平陽、蒲阪皆在其間，明是冀州所屬。故《說文》本《職方》，亦以潞爲冀州浸；又云上黨有潞縣，其縣蓋因潞水所經而得名。冀州之浸當即在此。是則歸德洛之正流，至褱德入渭爲雍州浸；其支流至洛陰入河爲洛陰水，至太原注汾，經上黨之潞縣爲冀州浸。鄭氏之說正可疏通證明，不得謂其株守《地理志》也。

「溱」字解云：「溱，从水，秦聲。」注曰：「經典鄭國溱洧字皆如此作。《鄭風》溱與人韻，則不當作潧也。《地理志》鄭水作溱，粵水作秦。」今按：本部「潧」字解云：「潧水出鄭國，从水，曾聲。《詩》曰：潧與洧，方涣涣兮。」段氏注云：「經傳皆作溱，秦聲。《鄭風》溱與人韻，學者疑之。玉裁謂《說文》、《水經》皆云潧水在鄭，溱水出桂陽，蓋二字古分別如是，後來因《鄭風》異部合韻，遂形聲俱變之耳。」段氏溱、潧二字注自相矛盾。《水經・潧水》注引《國語》「主芣騩而食潧洧。」作潧不作溱。《水經》：「洧水出河南密縣西南馬領山，又東，過新鄭縣南，潧水從西北來注之。」酈注：「洧水又東，與黄水合。」經謂潧水，非也。《潧水》注：「潧水出鄶城西北雞絡塢下，東南流，逕鄶城西，又南注于洧。《詩》所謂溱與洧者也。」《水經》言洧水過新鄭，潧從西北來注之。酈注言潧水逕鄶城，南注于洧。溱洧合流之地，經注竝同。是《鄭風》溱洧之溱本是潧字，不得如段說「溱與人韻，不當作潧」也。

「灉」字解云：「灉，河灉水，在宋。」注曰：「《水經》：瓠子河，出東郡濮陽縣北河。酈云《尚書》雝沮會同，《爾雅》曰：水自河出爲灉。許慎曰：雝者，河雝水也。是酈意以瓠子河爲《尚書》之灉也。」今按：瓠子河出東郡濮陽北河，東北至梁鄒縣西分爲二，其東北者爲濟河，其東者爲時水。濟河入海，時水入沂。攷其所出、所至、所入，無一與《說文》合。段氏乃引此文於「灉」下，甚非許恉。

「洙」字解云：「洙水所出，泰山蓋臨樂山，北入泗。」注曰：「前《志》『蓋』下曰：臨樂於山，洙水所出，西北至蓋入池水。《水經》曰：洙水出泰山蓋縣臨樂山，西南至卞縣入於泗。此條《水經》與注迴殊。《志》云臨樂于山者，謂勃海郡臨樂之于山也，泝其源而言，故下文云至蓋，非謂洙出蓋也。而經注皆删于字，謂臨樂爲蓋縣山名，誤矣。許亦云出蓋臨樂山，恐非原文，淺人用《水經》改竄之。」今按：前《志》「臨樂于山」，酈注《水經》引此無「于」字，與《説文》、《水經》合，其爲衍字無疑。「至蓋入池水」，當依《水經》作「至卞入泗水」，亦字之譌也。《沂水》注引鄭玄，云出沂山，亦或云臨樂山。班《志》於臨樂山既言洙水所出，復言又沂水南至下邳入泗，蓋謂沂水亦出臨樂山，故云「又」也，豈沂水亦作臨樂縣之于山乎？

「湞」字解云：「湞，一曰水名。」注曰：「《廣韻》曰：在常山郡。」今按：《漢志》常山郡有滋水在南行唐，别未見有湞水。惟零陵郡都梁下有資水，至益陽入沅。《水經》資水出零陵都梁縣路山，東北過夫夷縣，過邵陵縣，過益陽縣，又東與沅水合於湖中，東北入於江。許所偁湞，蓋即此歟？

《く部》：「甽，古文从田、巛。畎，篆文く，从田，犬聲。六畎而爲一畝。」注曰：「《漢書·食貨志》曰：趙過能爲代田，一畝三甽，古法也。后稷始甽田，以二耜爲耦，廣尺深尺(田)〔曰〕甽，長終畝。一畝三甽，一夫三百甽，而播種于甽中。播種于甽中者，播種于兩甽之閒也。㳄者爲甽，高者爲田，皆廣尺。〔許云〕六（畝）〔畎〕爲一畝〔者〕，謂其地容六畎耳，與一畝三甽之制非有二也。」今按：段解《漢志》「播種甽中」及許書「六（畝）〔畎〕爲畝」皆舛。《志》云「播種於甽中」，謂播種于三甽之中，非謂播種於兩甽之閒也。《志》下文云：「苗生葉目上，稍耨隴艸，因隤其土，目附根苗；苗稍壯，每耨輒附根。比盛暑，隴盡而根㳄，能風與旱。」段云「兩甽之閒」，乃《志》所謂隴，非所謂甽也。段云「㳄者爲甽，高者爲田」，是直謂播種于隴矣，與趙過代田之法適相反。一畝三甽者，代田之制；六畎一畝者，不易之田也。段云「非有二」，其説亦疎。廣尺㳄尺爲畝，畝廣六尺，故曰六畎而爲一畝耳。

《巜部》：「巜，水流澮澮也。方百里爲巜，廣二尋，㳄二仞。」注曰：「尋、仞，依許《寸部》、《人部》説皆八尺。」今按：《説文·寸部》：「㝷，度人之兩臂爲尋，八尺也。」《尺部》：「尺，十寸也。」周制寸、尺、咫、尋、常、仞諸度量皆以人之體爲法。許偁諸度量凡六事：寸，十分。尺，十寸。咫，八寸。尋，八尺。常，丈六尺。五度量之數各異，尋、仞竝舉，則仞數與尋數不同可知。《人部》：「仞，伸臂一尋八尺。」八尺是説「尋」，其下蓋有缺文。鄭注《鄉射禮記》云：「七尺曰仞。」則匠人之仞明是亦謂七尺。若言八尺，《記》文但言廣二尋、㳄二尋可矣，何以上文云廣尺㳄尺、廣二尺㳄二尺、廣四尺㳄四尺、廣八尺㳄八尺，此獨變文言廣二尋㴱二仞乎？

《酉部》「醧」字解云：「宴私飲也。」注曰：「宴私之飲謂之醧，見《韓詩》、《文選・魏都賦》注。《韓詩》曰：飲酒之醧，能者飲，不能者已，謂之醧。《東都賦》注引薛君《韓詩章句》曰：飲酒之禮，跣而上坐者謂之宴。今本「跣」上衍「不」字。徐堅《初學記》引《韓詩》曰：夫飲之禮，不脱屨而即序者謂之禮；段原注：「禮」當作「飫」。跣而上坐者謂之宴；能者飲，不能飲者已，謂之醧。許云燕私飲，正謂跣而升堂，能飲則飲，不能則已，本《韓詩》爲説也。而《毛詩・常棣》醧作飫，傳曰：飫，私也，不脱屨升堂謂之飫。毛之飫，於韓爲醧。以《國語》攷之：《周語》：彪傒曰：夫禮之立成者爲飫，昭明大節而已，少(曲)〔典〕與焉。原公曰：禘郊之事則有全烝，王公立飫則有房烝，親戚宴享則有殽烝。王公諸侯之有飫也，將以講事成章，建大德、昭大物也。故立成禮烝而已。飫以顯物，燕以合好，〔故〕歲飫不倦，時宴不淫。是則飫主於敬，宴主於和。飫必立成，宴醧必坐。飫必屨而升堂，宴醧必跣。飫以建大德、昭大物，公之至者，不得云私。宴醧，主飲酒以親親，故曰宴私。然則《常棣》當作醧，不當作飫。故許於醧曰宴私飲也，用《韓詩》説也，非與毛異也。蓋《常棣》醧爲正字，飫爲音近假借字。毛云飫私也者，用《爾雅・釋言》文。蓋作《爾雅》時，《常棣》詩已作飫矣。毛公知《詩》飫非《國語》飫也，故足之曰脱屨升堂謂之飫，即《韓詩》之脱屨升坐謂之宴也。今《毛傳》作不脱屨者，由不善讀毛者妄增，鄭君不能辨，乃强爲之説。曰聽朝爲公，於堂爲私，非古燕私之義也。又云圖非常議大疑爲私，非《國語》説也。總由此《詩》字作飫，而義實饇，讀者不得其解。許君《食部》飫下云燕食也，亦依附毛義而失之。」今按：段氏删《毛傳》「不脱屨」爲「脱屨」，其説是矣，而以《箋》强爲之説，則未明乎毛意也。蓋飫有立飫，有燕飫。《韓詩》説「跣而上坐者謂之宴；能者飲，不能飲者已，謂之饇」，此《詩》所偁燕飫也。其云「不脱屨而即序者謂之禮」，此《周禮》所偁立飫也。蓋以跣與不脱屨對文立説。《常棣》詩作「飫」，不作「饇」，飫是正字，非假借字。《爾雅》「烝戎飫孺」聯文，專釋《常棣》，《毛詩》傳、箋並同《爾雅》，是古本作「飫」可知。《説文·食部》之「飫」解曰：「燕食也。」引《詩》：「飲酒之飫。」《酉部》之「醧」解曰：「宴私飲也。」皆釋《常棣》「飫」字。惟一爲《毛詩》作解，一爲《韓詩》作解，字異而義實同也。鄭箋公私對言：私即醧解之宴私。《楚茨》：「諸父兄弟，備言燕私。」傳云「燕而盡其私恩」是也。公即《國語》之「立飫」。「定王曰：王公立飫則有房烝，親戚宴饗則有殽烝。」宴饗即燕私之飲，亦即跣而上坐之宴；立飫即「不脱屨而即序之飫」是也。然則飫、醧二解與《毛詩》傳、箋及《周語》、《韓詩》本是一貫，數言可了；段氏于飫、醧二字下注説至千四五百言，而《毛詩》傳、箋之義仍未明瞭，轉謂讀者不得其解，何也？

《亥部》「亥」字解云：「（豣）〔𠀅〕，古文亥。亥爲豕，與豕同意。亥〔而〕生子，復從一起。」《繫傳》本如此。段氏從大徐作「𠀅」，「同」下無「意」字，注曰：「二篆之古文實一字也。豕之古文見《豕部》，與亥古文無二字。」今案：古文亥，宋本《説文》作「𠀅」。攷《邢敦銘》「丁亥」作「•𠀅」，《三體石經遺字》「己亥」作「己𠀅」，皆與宋本略同。段氏據之，是也。惟宋本「豕」古文作「𠀅」，「亥」古文作「𠀅」，其形甚近。故《吕氏春秋》云：「豕與亥相似。」相似猶言相近，非竟謂其同也。是以許説古文「亥」云「與豕同意」，謂意同，不謂字同，「同」下必當有「意」字。且豕、意、子、起四字爲韻，與《一部》極、一、地、物爲韻例同。若無「意」字，則少一韻。段乃云「二篆實一字」，又云「豕之古文與亥之古文無二字」，不特與豕同意之義相違，且與子夏亥豕相似之説不合。而叔重自叙所偁「立一爲耑，畢終於亥」，起訖皆用韻語，古人著書始終謹嚴之法亦隱而不顯矣。

凡如此類，未知孰當孰否，務求折中示覆，以發其蒙可耳。《袁宏〈後漢紀〉補正》三十卷業經脱藁，尚未付鈔，大抵取各書所引《東觀漢紀》、謝承《後漢書》等逸文斷簡有足與袁《紀》相發明及可補其缺者坿注本條之下，以證其異同詳略，無則闕之，不足觀也。又所據之本乃嘉靖中黄姬水所刻，輾轉翻彫，漏奪舛譌不一而足。雖意爲更正，究屬無徵。鄴架如有善本，當細開一單。呈乞審定，庶誤書其有豸乎？

## 四

頃奉惠書，敬稔鷺序承恩〔二一〕，鯉庭趨對，公忠體國，孝養娛親，修天爵而樂天倫。遭逢之盛，不獨稽古之榮也。《漢書雜志》刻成，尚祈賜讀，以發愚蒙爲幸也。《管子》「抱蜀」爲「抱器」，朱說甚精〔二二〕，得閣下解明，更徵其確。「蓮」及「椒連」，證以《詩》與《禮論》，竝讀爲「蘭」，極爲允當。「雙武」注作「雙虎」，示以正文當作「虎」，注文避唐諱當作「武」。按：《雲谷雜記》載此文〔二三〕，「雙虎」作「雙武」。下文「虎豹之皮」，「虎」亦作「武」。《形勢》篇「虎豹居幽」，直作「虎」。謂「武」字皆唐人所改，後來不盡復原字，故虎、武並行，其說與尊見正合。指示分明，謹受教矣。家居多暇，無所用心。偶思漢學以康成爲宗，然三《禮》注多與經記不符，亦有前後自相矛盾，且每以讖緯説經，不無附會。又於説所難通之處，非指爲夏殷禮，即破讀改字，否則援漢制爲況。此類甚繁，不必盡合經義。其《戒子益恩書》曰：「述先聖之元意，整百家之不齊，亦庶幾以竭吾才。宿素衰落，仍有失誤。」又云：「所好羣書，率皆腐敝，不得於禮堂寫定，傳與其人。日西方莫，其可圖乎？」是其晚年亦自知有失誤，并以不得寫定爲歎。因此見古人年益高、學益進，而心益虛也。今欲取《禮》注中可疑諸說，博采通人，攷之於經，如尊著《述聞》所列各條。北海有知，必許爲起予助我者，即其例也。但漢魏以來駁鄭者，自孔融、王肅而下，實繇有徒，是非淆雜，未盡可從。茲先自近儒爲始，如江、戴、程、阮諸先生，或一二言已足，或千百言反覆詳盡而不厭多。義所難曉，圖以明之，期合於經而後已。間或一説中有是有非，及語涉隱略，即下己意，爲之疏通證明。蛾術之而蠡測焉，擬其名曰《禮堂商定》。紹蘭見聞淺陋，何敢議鄭，更何敢云「定」也？惟是廣集衆長，約求一是，謹竢來哲之好《禮》者理而董之，因以定之，用成鄭志，當亦司農所默許，小同所深願歟〔一一四〕。未審閣下以爲何如也。《北堂書鈔》知承覓人轉寫，費神之至。見賜家穀塍兄書四種〔一一五〕，業已轉交矣。

## 五

《大雅·生民》詩，説者紛如聚訟。來示據秦樹峯言〔一一六〕，姜嫄，毛傳謂配高辛氏帝，鄭箋謂高辛氏世妃，二説不同。嚳、稷之爲父子，記傳無可徵信。以《祭法》、《國語》禘嚳之文推之，則以爲帝嚳之後者，可從也。「履帝武敏歆」，毛傳謂履帝嚳之迹，鄭謂見大人迹而履其拇，二説亦不同。朱子是鄭氏，謂鄭據《史記》，非臆説。二者宜何從？謹按：《生民》之詩曰：「厥初生民，時維姜嫄。生民如何？克禋克祀，以弗無子。履帝武敏歆，攸介攸止。」以經文求之，首言「厥初生民」，以推本其初。高辛郊禖，姜嫄從祀，則履武即履高辛氏帝之迹。如傳説，於經義自明，是鄭「履大神迹」之説非也。二章云「上帝不寍」，卒章云「上帝居歆」，兩偁「上帝」，明「履帝武」之「帝」，與上帝有別，故毛以爲高辛氏之帝。據經立説，是鄭大神上帝之説非也。又「上帝居歆」之「歆」，即此「敏歆攸介攸止」之「歆」，鄭彼箋同毛，此傳以爲「歆饗」，何獨於此箋爲「歆歆然如有人道感己」，同篇異解。是鄭「歆感」之説亦非也。《大戴禮·五帝德》篇：「宰我曰：『請問帝堯。』孔子曰：『高辛之子也。』」《帝繫》篇：「帝嚳産放勳，是爲帝堯。」又云：「帝嚳卜其四妃之子，而皆有天下。上妃，有邰氏之女也，曰姜嫄，産后稷。」是稷與堯同爲帝嚳之子，則禋祀郊禖，明爲高辛氏之帝，此時稷未降生，堯未在位。鄭乃云「當堯之時」，攷之經傳，事無所據。而《荅趙商》又遷就其説，曰「即姜嫄，誠帝嚳之妃」，又云「堯見爲天子」，是高辛與堯並處帝位。以申易毛之誼，棄正説而信緯書，斯不然矣。惟所以棄之之故，殊未易解。張子謂天地之始，固未嘗先有人也，則人固有化而生者，蓋天地之氣生之。然高辛之世，亦不得以例天地之始。不識過庭之餘，曾論及此節否？望勿吝開示，以發蒙蔽，幸甚幸甚。

## 六

秋閒北上，走謁匠門〔二七〕，猥承雅誼勤拳，一切周詳指示，俾免愆尤。小住兩月有餘，晨夕過從，聞趨庭之異聞，見鄉壁所未見，鍼膏肓而起癈疾，受益良非淺尠也。瀕行，復荷寵頒嘉貺，飲食教誨，飽德醉心。邇際歲籥更新，緬維順時介福，侍奉康寧。古義承歡，纂詩書爲甘旨；實心報國，本皋益爲謨猷，抃頌無似。頃讀《淮南子・主術訓》云：「聾者可令嚾筋。」按：《攷工記・弓人》曰：「筋欲敝之。」敝，鄭司農云：「嚼之當孰。」是治筋有嚼之一法。《説文》：「噍，嚙也。」重文作「嚼」，云：「噍或从爵。」爵、雀古通用。魏晉以後，俗趨簡易，書「嚼」爲「嗺」，《玉篇》：「嚼，噬嚼也。嗺同上。」是其證。當時《淮南子》蓋有作「嗺筋」者，傳寫之徒不知「嗺」爲「嚼」之俗體，別作「嚾」字。《玉篇》：「嚾，撮口也。」《淮南》因作「嚾筋」，但撮筋於口不得爲嚼，寫《易林》者以「嚾」非正字，直改从手作「摧」，轉輾承譌，皆不足據也。由是覈之，「嗺」俗字，「嚾」因「嗺」而變，「摧」又因「嚾」而變。據先鄭注，漢時《淮南》、《易林》舊本當是「噍筋」。又《人間訓》云：「楚國之俗，功臣二世而爵祿。」按：「爵」當爲「奪」，形之誤也。下文云：「夫孫叔敖之請有寑之丘，沙石之地，所以累世不奪也。」累世不奪，正與二世奪祿相應。《韓子・喻老》篇云：「祿臣再世而收地。」奪祿、收地，義亦同。右二條未知是否，乞正之。紹蘭近狀如常，惟左足風痹，一時殊難脱體。暮齒宿痾，正恐有增無減耳。

# 七

承示《盤庚》「汝無侮老成人」，當依《唐石經》作「女無老侮成人」，與下文「無弱孤有幼」相對，故鄭注云「老弱皆輕忽之意」，以證傳以「孤有幼」連讀之不詞。《大誥》：「茲不忘大功。」《酒誥》：「永不忘在王家。」「忘」與「亡」同，不亡猶言不失。傳皆以「忘」爲「遺忘」之「忘」，不知亡、忘古字通也。及《洪範》「聽作謀」、《微子》「沈酗于酒」，諸解具徵，學日博而思日敏，曷勝佩服。日長多暇，時檢二十八篇之文反復之，亦偶有一知半解，而未敢自信，略寫數條於此，以先求是正。如：

《虞書》：「咨，十有二牧。」曰：「食哉惟時，柔遠能邇。」舊傳：「所重在於民食，惟當敬授民時。」紹蘭案：敬授民時，四嶽之職，與十二牧論帝德不相涉，以司天非司牧事也。且播時百穀，下文明以命棄，今云食哉惟時，文義不順甚矣。《後漢書·周舉傳》注引《史記》：「《堯典》曰：咨，十有二牧，欽哉。」是李賢所見《五帝本紀》「咨，十有二牧」下有「欽哉」二字，今本《史記》「命十二牧」下脱「欽哉」二字明甚。以《史記》述《堯典》文證之，則經文「食哉」，即是「欽哉」之譌亦明甚。經下云：「咨，汝二十有二人，欽哉。惟時亮天功。」與此「咨，十有二牧，惟時柔遠能邇」云云，文法正同。然則「惟時」二字當屬下讀又明甚。

舊傳屬上，作四字句，蓋望文爲訓，未足憑歟。

《禹貢》：「嶓冢導漾，東流爲漢；又東，爲滄浪之水；過三澨，至于大別，南入于江。」《尚書後案》云：攷《水經・夏水》篇：「夏水出江，流于江陵縣東南；又東過華容縣南；又東，至江夏雲杜縣，入于沔。」其云「流于江陵東南，又過華容縣南」，即《經》所謂「又東，爲滄浪」者也。而酈注不以此爲滄浪者，據劉澄之云，夏水是江流沔，非沔入夏，且《書》不言「過」，而言「爲」，明非他水決入〔二八〕。然夏乃從江之北岸分江而入漢，故并其源流皆繫之漢，不必泥「爲」字而謂以漢爲之也。劉又云，假使沔注夏，其勢西南，非《尚書》「又東」之文。愚謂既非沔注夏，與「又東」有何不合？且對「導漾」言，非東而何？劉説本謬，酈妄據之，遂於《沔水》篇「過武當縣東北」下注云：「縣西北四十里漢水中，有洲名滄浪州。庾仲雍《漢水記》謂之千齡洲，非也。」酈强以千齡洲改爲滄浪洲，以當《禹貢》滄浪之水，其説詭甚。攷《地説》，滄浪近楚都。夏水出江陵東南，故曰近楚都。若在均州，則與楚都何涉？酈不能違《地説》，乃强附會，以爲蓋漢、沔水自下有滄浪通稱。近人遂云，自均州至漢陽皆名滄浪，故曰近楚都。但酈所指者，乃均州漢水中一小洲，即庾仲雍所云千齡洲〔二九〕。千齡、滄浪，音義全別，此一小洲豈得交包千里？又《地説》：「滄浪出荆山。」今按：《地理志》南郡臨沮縣：「《禹貢》南條荆山〔在東北〕，漳水所出，東至江陵，入陽水，陽水入沔。」陽水即夏水。《山海經》云：「荆山，漳水出焉。」然則漳本出荆山，夏本分江，異源而同流，故自下通稱漳，流至楚都爲陽，又爲夏，至入漢處爲堵口，隨地異名。漳之爲陽，實即滄浪。古語有類翻切者，滄浪，漳也。滄浪之爲夏水無疑。

紹蘭案：鄭以夏水爲荆州之沱，則夏水是江之别，至江夏雲杜縣方入沔，其在華容，則猶未入沔也。是江别流，非漢别流，即不得爲滄浪之水。《後案》謂夏水流於江陵東南，又過華容南，即《經》所謂滄浪之水。今按：滄浪之水屬漢，在江之北；夏水屬江，在漢之南。南北懸殊，其誤一也。《水經》：「夏水出江，（津）〔流〕於江陵縣東南，又東過華容縣南。」今按：江陵在華容東北，華容在江陵西南。而《水經》云「又東過華容縣南」，則上文「夏水出江，（津）〔流〕於江陵縣東南」明有錯誤，西東顛倒。《後案》不加辨正，其誤二也。《禹貢》導水凡言「爲」者，皆是本水所爲，並非他水。如導河云「又北播爲九河」，九河即河所爲；又云「同爲逆河」，逆河亦即河所爲。導江云「東别爲沱」，沱即江所爲；又云「東爲中江」，中江亦即江所爲。導沇云「東流爲泲」，泲即沇所爲；又云「入于河溢爲滎」，滎即泲所爲，亦即沇所爲。且就本條導漾而論，《經》云「東流爲漢」，漢即漾所爲。下云「南入于江，東匯澤，爲彭蠡」，彭蠡澤即漢與江所爲。又云「東爲北江，以漢已入江」，北江即江所爲。是知《經》文言「爲」，皆是本水，非他水。則「東爲滄浪之水」，確是漢所爲。故《水經注》云：「不言『過』而言『爲』者，明非他水決入。」其説與《經》義正合。《後案》謂不必泥「爲」字以漢爲之者，其誤三也。且既云夏乃從江之北岸入江而入漢，則酈據劉澄之「夏水是江流沔，非沔入夏」之説確矣。乃又云：「既非沔注夏，與『又東』有何不合？」今按：《尚書》「又東」之文，是言漢水又東，《後案》以「夏水又東」當之，其誤四也。《水經》：「沔水過武當縣東北。」注云：「縣西北四十里有洲名滄浪洲。」《史記正義》引《括地志》云：「均州武當縣有滄浪水，庾仲雍《漢水記》謂之千齡洲，非也。」《後案》乃云：「酈所指者，乃均州漢水中一小洲，即庾仲雍所云千齡洲。千齡、滄浪，音義全别，此一小洲豈得交包千里？」夫水中可居曰洲，以其在滄浪水中，故洲受其名，非謂滄浪洲即滄浪之水也。千齡、滄浪，一聲之轉耳。《後案》認洲爲水，其誤五也。又謂：「《地理志》南郡臨沮縣：『《禹貢》南條荆山（在東北），漳水所出，東至江陵，入陽水，陽水入沔。』陽水即夏水。」（江）〔漳〕之爲陽，實即滄浪（之水）。古語有類翻切者，滄浪，漳也。」以證《地説》「滄浪出荆山」之説。今按：《地理志》云漳水入陽水，明漳之非陽，漳入陽，陽入沔。據《水經》及注，漳水入沮，不入陽，班《志》文有錯誤，明（江）〔漳〕非漢别流。《後案》并以滄浪爲（江）〔漳〕之翻切，證成其説。夫千齡且不得爲滄浪，何以滄浪則轉得爲漳乎？其誤六也。總而言之，班《志》華容之夏水，江别入沔之水也，道元謂之中夏。武都過江夏之夏水，漢水下流之水也，道元謂之大夏。其交會入江處在江夏雲杜，即《左傳》所謂夏汭，故班《志》「武都」下云「過江夏謂之夏水」，言東漢水過此有夏水之名也。《經》言漢又東爲滄浪之水，其爲武都之東漢下流之水，而非華容首受江入沔之水明甚。馬、鄭云：「滄浪之水，今謂之夏水。」皆指大夏而言。《後案》由不辨酈注大夏、中夏之目，故有意欲申鄭，而轉失鄭恉。

《召誥》：「粵三日丁巳，用牲于郊。」《御覽·禮儀部》引《五經異義》：「《春秋公羊》説禮郊及日皆不卜，常以正月上丁也。」陳氏《疏證》〔三〇〕曰：「《春秋》、《禮記》皆以郊用上辛，惟《尚書·召誥》三月丁巳用牲于郊，《公羊》説謂郊以正月上丁，蓋據此。周三月，夏正月也。亦見《南齊書·禮志》顧憲之議。」紹蘭按：《御覽》又引《異義》：「古《周禮》説《大宗伯》曰：凡祀大神，享大鬼，祭大祇〔今作示〕，率執事而卜日。」言祀大神而偁，凡明有郊。是古《周禮》説卜日與《公羊》説異。陳氏謂《公羊》郊以正月上丁之説，蓋據《召誥》。今知不然者，以上文云：「三月惟丙午朏。」朏爲月三日，其日丙午，則是月爲甲辰朔，丙午之明日即丁未，爲月四日。此上丁不郊，丁巳爲月十四日，是仲丁郊，明非《公羊》上丁之説矣。且是時，周公至雒，達觀新邑所營，則是特祭，非常祀。故江叔澐《集注》云「爲營垗于南郊，因用以祀天也。以天子之郊，必立郊祀之垗，于是始立郊垗，不容不祭。故知因始爲營垗而特祀」是也〔三一〕。

《無逸》：「乃或亮陰。」王氏《後案》曰：「亮陰，《説命》同，《論語》作諒陰，《喪服四制》作諒闇。攷亮本無此字，當因倞而誤。至諒字，則見《説文·言部》注云：『信也。』今僞孔既訓此字爲信，其解雖謬，然如其説亦宜作諒。今改爲亮，是謬之謬也。」紹蘭按：此不得爲僞孔難也。《史記·魯世家》作「乃有亮闇」，是「亮」字所本。《論語·憲問》篇：「高宗諒陰。」孔安國曰：「諒，信也；陰猶默也。」此孔安國非僞孔。《晉書·杜預傳》：「大始十年，預議引《尚書傳》云：亮，信也；陰，默也。爲聽于冢宰，信默而不言。」大始十年，僞《書》未出，此《尚書傳》非僞《書》，是訓「亮」爲「信」所本。然則訓亮爲信，非某氏之謬改；諒爲亮，非某氏謬之謬。故云不得爲僞孔難。

《吕刑》：「其罰百鍰。」《五經異義》：「夏侯、歐陽説墨罰，疑赦其罰百率。古以六兩爲率。古《尚書》説百鍰。」鍰者率也，一率十一銖二十五分銖之十三也，百鍰爲三斤。鄭玄以爲古之率多作鍰；見《秋官·職金》疏。贖死罪千鍰，鍰六兩大半兩，爲四百一十六斤十兩大半兩銅，與今贖死罪金三斤爲價相依附。見《舜典》疏。案：《書釋文》云：「鍰，六兩也。鄭及《爾雅》同。《小爾雅》曰：「二十四銖曰兩，有半曰捷，倍捷曰舉，倍舉曰鋝，鋝謂之鍰。」《説文》云：『六鋝也。』今本《説文》無「六」字。『鋝，十一銖二十五分銖之十三也。』今本《説文》作「十銖二十五分之十三」，誤。馬同。」又云：「賈逵説俗儒以鋝重六兩。《周官》劒重九鋝，《攷工記·桃氏》：「重九鋝謂之上制。」鄭

注：「上制長三尺，重三斤十二兩。」俗儒近是。」然則賈、鄭皆從《今文尚書》說，馬、許皆從《古文尚書》說，二者輕重之數懸殊，孰爲近之？曰：夏侯、歐陽說以六兩爲率是。《今文尚書》「鍰」作「率」也；古《尚書》說以百鍰爲三斤，是古《尚書》作「鍰」，不作「率」也。率者鋝也，鋝者率之本義也，黄鐵之量名也。僞孔傳云：「六兩曰鍰。鍰，黄鐵也。」十一銖二十五分銖之十三，鍰之本義也，黄金之量名也。《虞書》：「金作贖刑。」僞孔傳云：「金，黄金。」古文家舉黄金之數，今文家舉黄鐵之數。黄金銅鐵之量名不同，故輕重之數懸殊。治經者，各守其師說也。以僞孔傳證之，《虞書》贖刑蓋本用黄金，故有鍰之名。夏周或用銅鐵代之，故又有鋝之名。《尚書大傳》曰：「禹之君民也，罰不及强而天下治，一饌六兩。」鄭注云：「所出金鐵也。死罪出三百七十五斤，用財少尒。」此所謂贖死罪千鍰，古以六兩爲率之說也。《攷工記·冶氏》說戈重三鋝，鄭注：「今東萊之稱，或以大半兩爲鈞，十鈞爲環，《吕刑》疏引鄭說作「十鈞爲鍰」。環，六兩大半兩。」鍰、鋝似同矣，則三鋝爲一斤四兩，此鍰爲六兩大半兩之說也。鄭《駁異義》云：「鍰爲四百一十六斤十兩大半兩銅，與今贖死罪金三斤爲價相依附。」此以漢之用金，證夏、周之用銅代金略相等也。惟《攷工記·弓人》「膠三鋝」之「鋝」，則爲稱膠之量名，又不容與金鐵量名相比附。鄭亦以鍰訓之，失之矣。

《書·序》：「成王既踐奄，將遷其君於薄姑。」鄭注云：「欲徙之于齊地。」見《詩·破斧》

正義。從馬説也。馬説見《史記集解》。江氏《集注音疏》云：「竊疑《昭九年左傳》『蒲姑、商奄，吾東土也』，則奄與蒲姑接壤。遷奄君於蒲姑，則如無遷。伏生《大傳》云『奄君蒲姑謂禄父』，《周本紀》云『遷其君薄姑』，然則蒲姑，奄君之名。此叙當言遷其君薄姑，『于』乃衍字也。成王遷奄君，其地遂爲齊有，故《左傳》云：『蒲姑氏因之，而後太公因之。』蒲姑氏即奄君也。」紹蘭案：江謂蒲姑爲奄君之名，以《書序》「于」字爲衍文，蓋讀《大傳》、《史記》有未審也。攷《詩・破斧・叙》孔疏引《書傳》曰：「武王殺紂，繼公子禄父及管蔡流言。奄君薄姑謂禄父曰：『武王已死，成王幼，周公見疑矣。此百世之時也，請舉事。』然後禄父及三監叛。」《大傳》云「奄君蒲姑謂禄父」者，言奄君與蒲姑同謂禄父也。蒲姑者，薄姑國人也。奄地在魯，《説文》：「䣍，周公所誅䣍國，在魯。」薄姑地在齊。《史記集解》引《書・叙》馬注。奄與薄姑判然二地，安得謂薄姑是奄君名而一之？若謂二國接壤，遷奄于蒲姑，則如無遷，是又未思魯小齊大。奄在魯，則易於反覆；在齊，則可使服從。故鄭注云：「從之于齊地，使服于大國也。」見《破斧》疏。又攷《史記・周本紀》云：「東伐淮夷，殘奄，正義引《括地志》云：「泗（水）〔州〕徐城縣北三十里古徐國，即淮夷也。兖州曲阜縣奄里，即奄國之地也。」遷其君薄姑。」《括地志》云：「薄姑故城在青州博昌縣東北六十里。薄姑氏，殷諸侯封于此，周滅之也。」《史記》云「遷其君薄姑」者，即（將薄姑）〔《書〕・叙》所偁「將遷其君于薄姑」也。《漢書・地理志》叙齊地分云：「少昊之世有爽鳩氏，虞夏時有季萴，湯時有逢公栢陵，殷末有薄姑氏，皆爲諸侯國。此地至周成王時，薄姑氏與四國共作亂，成王滅之，㠯封師尚父，是爲太公。」與《左氏·昭二十年傳》同，而《志》較詳，故舍左引班。師古注：「武王封大公於齊，初未得爽鳩之地，成王以益之也。」《毛詩》「四國是皇」傳云：「四國，管、蔡、商、奄也。」奄在四國中，薄姑在四國外。若薄姑即奄君，《志》當云薄姑氏與三國，不得云與四國矣。然則《書·序》有「于」字，非衍。《史記》無「于」字，義實同。《史》、《漢》多有此等句法，如下紀「秦使公子少官率師會諸侯逢澤，擊芒卯華陽」之類。何獨疑之于此也？

諸如此類約數十條，當命兒輩繕正續呈，幸勿嫌其煩瀆也。

## 八

頃讀《淮南子·時則》篇「撞白鍾」，「白」字似非衍文。春言鼓琴瑟，夏言吹竽笙，冬言擊磬石，句皆三字。且石即磬，「磬」下加「石」以足句，猶「鍾」上加「白」以足句耳。《管子·五行》篇：「昔者黄帝以其緩急作五聲，以政五鍾，令其五種：一曰青鍾大音，二曰赤鍾大心，三曰黄鍾灑光，四曰景鍾昧其明，五曰黑鍾隱其常。」景鍾與青鍾、赤鍾、黄鍾、黑鍾竝列，則白鍾即景鍾也。《説文》：「顥，白皃。从頁，从景。」是景爲白之證。故《北堂書鈔》等書所引皆有白字與。又《本經》篇：「元元至碭而運照。」注：「碭，大也。」按：《説文》：「碭，文石也。」無大誼。《口部》：「唐，大言也。啺，古文唐，从口、易。」或是假「碭」爲「啺」與。又《主術》篇：「故握劍鋒以離。」《雜志》正「離」爲「雖」，是也。竊謂「以」字當在「雖」下，屬下讀，則「以」字之下可無脱字。又《齊俗》篇：「涕之出於目。」莊氏伯鴻云〔三二〕：「《太平御覽》引『目』作『鼻』，疑是。」按：《毛詩·陳風·澤陂》篇傳：「自目曰涕，自鼻曰泗。」《易·萃·上六》：「齎咨涕洟。」《釋文》引鄭氏、虞氏注並同《毛詩傳》説。然則目涕之義古矣，莊氏疑作「鼻」，爲是失之。又《道應》篇：「孔子勁杓國門之關。」注：「杓，引也。古者縣門下，從上杓引者難也。」《列子釋文》引作許注。今按：「杓」蓋「擽」之假借字。《説文》：「擽，一曰挈(闕)〔闓〕牡也。」挈、引義相近。蓋杓關正字當作擽，《淮南》借作杓，故許訓爲引也。别有「扚」字，解云：「疾擊也。从手，勺聲。」都了切。許於「扚」字但有擊義，而無引義，與《篇》、《韻》異。《兵畧訓》：「爲人杓者死。」高注：「杓，所擊也。」此「杓」當作「扚」與。又《汜論》篇「故使陳成田常」，《雜志》云：「本作陳成常，《人閒訓》亦作陳成常。陳其氏，成其謚，常其字，恒其名。」竊謂常即恒，是名，非字，漢人諱恒，故經典或偁常耳。《左氏》作恒，《公羊》作常。《哀六年傳》：「諸大夫皆在朝，陳乞曰：常之母有魚菽之祭。」何休解詁曰：「常，陳乞子，重難言其妻，故云爾。」常之母猶曰恒之母，若常是字，陳乞與諸大夫言，不當字其子於朝，常蓋是名，非字與。又《人閒》篇：「禱於襄公之廟，舞者二人而已。」「人」當作「八」，注同。此與今本《左氏·昭二十五年傳》同誤。據《隱五年傳》：「公問羽數於衆，仲對曰：『天子用八，諸侯用六，大夫（三）〔四〕，士二。夫舞所以節八音而行八風，故自八以下。』」孔疏引服虔，以用六爲六八四十八，大夫四爲四八三十二，士二爲二八十六。又《襄十一年傳》：「鄭人賂晉侯女樂二八。」《史記·秦本紀》：「繆公令内史廖以女樂二八遺戎王。」是樂舞皆自八以下爲節。《宋書·樂志》太常傅隆亦從服説，故知當爲（萬）〔舞〕者二八也。若作二人，則去一佾之數猶遠，更不成其爲舞矣。又《修務》篇：「吴與楚戰，莫囂大心決腹斷頭，不旋踵，運軌而死。」注：「吴王闔閭與楚昭王戰於柏舉。莫，大也；囂，衆也。主大衆之官，楚卿大夫。大心，楚成得臣子玉之孫。」按：吴楚柏舉之戰在定公四年。據《左氏傳》説此事云：左司馬戌「敗吴師於雍澨，傷」，「謂其臣曰：誰能免吾首？」吴句卑「布裳，剄而裹之，藏其身而以其首免」。與此文決腹斷頭相似，無莫囂大心戰死之事。莫囂即莫敖，楚官名，或昭王時自有名大心者爲莫敖之官，死於柏舉之戰，其軼事見於它説。《淮南》博采舊聞，正可補《傳》文所未備，注乃以大心爲楚得臣子玉之孫。攷《左氏·僖二十八年傳》云：「初，楚子玉自爲瓊弁玉纓」，夢河神謂己：「畀予」。「弗致也。大心與子西使榮黄諫。」杜注：「大心，子玉之子。」《傳》又謂之孫伯，注：「孫伯即大心，子玉子也。」《三十三年傳》謂之大孫伯，《文五年傳》謂之成大心。計自僖二十八年據《傳》。偁「初楚子玉」是追述之詞，則大心使榮黄諫其事，且在僖二十八年前矣。至定四年，中隔文、宣、成、襄、昭五世，共一百二十七年。當其使榮黄諫子玉時，最少亦得一二十歲。柏舉之役，成大心已一百三四十許人，安得有距彊敵，犯白刃，蒙矢石，遂入不返之事？且又未聞其官莫敖也。高氏之言。斯爲不敏矣。又「申包胥至於秦庭告急，秦王乃發車千乘，步卒七萬，屬之子虎」，高誘注：「秦大夫子車鍼虎。」紹蘭按：《左氏・定五年傳》：「申包胥以秦師至，秦子蒲、子虎帥車五百乘以救楚。」又按：《文六年傳》：「秦伯任好卒，以子車氏之三子奄息、仲行、鍼虎爲殉。」是子車鍼虎殉穆公而葬矣。且自文六年至定五年，計一百十七年，當殉葬時，最少亦得二十歲，則秦師救楚之年，鍼虎已百三十七歲，即使復生，安得尚能帥師？明子虎非鍼虎也。又《説林》篇：「烏力勝日，而服於鵻禮。」《雜志》據《廣雅》「鵻札」定作「鵻札」，日、札爲韻，是矣。家兄穀塍曰：「鵻禮蓋即《爾雅》之佳其。《説文》『期』字重文『𣅀』，古文从日六，是古文『其』作『六』。『禮』古文作𠃞，六、𠃞形近而譌也。佳其即祝鳩，其與諸、蛆爲韻。」似亦可備一説。

以上諸條未知是否，尚祈退食餘閒逐條更正見示，以發愚蒙，則幸甚矣。

【説明】

王紹蘭致王引之書八通，實爲九通，第二通分爲一、二。八通中，一、二通載羅振玉《昭代經師手簡》；三至八通，載王紹蘭《許鄭學廬存稿》卷六。二通之二與第三通，二通之一與六通，文字多有異同，故併收之，以省校語。八通書多未詳年月。第一通有「去年十月間，湯少農回里」一句，王章濤據此考定爲道光四年，今從之。二通之二與第三通前幾段多同，二通之二末署「庚寅孟春二十五日」，故二通之二與第三通作於道光十年。第四通改「蜀」爲「器」，破「連」爲「蘭」，破「虎」爲「武」，由此可知作於嘉慶二十三年，專覆王引之《覆王畹馨書》第一通。其餘數通寫作時間，無由考證。

**【校注】**

〔一〕湯少農：湯金釗，與王引之同科進士。少農，即少司農，官名。

〔二〕五禮：《周禮·地官·大司徒》注：「五禮，謂吉、凶、賓、軍、嘉。」六詩：《周禮·春官·大師》：「教六詩，曰風，曰賦，曰比，曰興，曰雅，曰頌。」此句與「統百官而均四海」句相駢。

〔三〕夔拜鯉趨：像夔一樣受命典樂，像孔鯉一樣趨庭受教。夔，堯時樂官。孔鯉，孔子之子。典出《尚書·堯典》、《論語·季氏》。

〔四〕牙籤分眂：用象牙籤做藏書標記，分送各架。

〔五〕敦甫：湯金釗之字。

〔六〕布鼓雷門，喻在行家面前賣弄本領。見《漢書·王尊傳》顔注。

〔七〕宗：同姓。期，期服簡稱，此指近親。

〔八〕《群書拾補》：清盧文弨撰，考證、校訂古籍。

〔九〕召弓：盧文弨之字。

〔一〇〕朱南崖：朱珪之號。

〔一一〕訓本菑畬，指《述聞》有創見。菑畬，墾荒拓土。

〔一二〕光生蓬筆，同蓬筆生輝。

〔一三〕舌橋目眙：舌爲之僵，目爲之直。驚呆之貌。橋通撟。眙，瞪眼。

〔一四〕井大春：東漢著名經師。

〔一五〕周宣光：東漢周舉，字宣光，時人尊爲儒者宗。

〔一六〕楊子行：東漢楊政，字子行，善説經。

〔一七〕戴侍中：東漢戴憑，習京房氏《易》學，時人譽之「解經不窮」。

〔一八〕豸：解。語出《左傳·宣公十七年》。

〔一九〕蕪椷：謙稱書信雜亂。椷，同緘。

〔二〇〕「減」，王國維校本作「涐」。

〔二一〕鷺序：古代百官上朝，依官階高低排列，象鷺行，小不越大。此指王引之在朝爲官。

〔二二〕朱：朱東光，明代隆慶進士，有《中都四子集》。

〔二三〕《雲谷雜記》：宋張淏撰，見《四庫全書》。

〔二四〕小同：鄭小同，鄭玄孫，少有名，學綜六經。後爲司馬昭所殺。

〔二五〕穀塍：王宗炎，清藏書家、文學家，浙江蕭山人，字以除，號穀塍，晚號晚聞居士。

〔二六〕秦樹峯：秦蕙田之字，乾隆進士，有《五禮通考》。

〔二七〕匠門：尊稱王氏父子京師寓所。

〔二八〕劉澄之：南朝劉宋人，有《鄱陽記》、《梁州記》。劉云，見《水經注》引。

〔二九〕庾仲雍：晉人，著有《江紀》。
〔三〇〕陳氏《疏證》：陳壽祺《〈五經異義〉疏證》。
〔三一〕江叔澐《集注》：江聲字叔澐。《尚書集注音疏》。
〔三二〕莊氏伯鴻：莊逵吉，字伯鴻，江蘇武進人。《清代樸學大師列傳》有傳。

## 陳奐致王引之書五通

### 一

謹启者：九月廿日接奉手教，知《荀子》六册業已照入。來諭先將《天文訓》一篇鈔録寄都，奐札詢汪姓〔一〕，從無一音回覆，是以即從黄氏校宋本上倩人寫出〔二〕。後適在親友家遇見汪姓，因約出城，即將《天文訓》照原宋本細細對校。其《淮南全書》已鈔出三本，據云需明春告蕆也。所鈔《管子》，實無妥便，遲遲未寄。邵魚竹兄服闋來京〔三〕，須十一月中到蘇，可以託寄帶呈無悮。今以《天文訓》二十葉奉達左右，其行欵悉依原宋本鈎清矣。大箸《述聞》末後数卷倘已刻就，乞便賜下，以付裝成，細意讀之，幸甚！順請伯申先生箸安！後學制陳奐謹再拜世伯老大人尊前，叱請福安！

## 二

伯申先生經席：昨奉到去年九月望日復書，并蒙老伯大人惠教《逸周書雜志》一種，奐拜誦之下，感謝靡已。所轉送大箸《釋詞》一部，已交黄荛圃先生令孫矣。來書因帶信人道绕河南，復從浙江舍弟處轉寄，是以淹遲半載。所云北宋錢佃《荀子》，去年接信後，曾向黄處借録，黄氏所校錢佃本，在世德堂本上〔四〕。奐所過校錢本，在謝刻本上〔五〕，其錢本行歀，及世德本與謝刻本不同之處，皆未暇細校。今來書行將《荀子》重刻一部，嘉惠來學，奐聞之不勝欣喜，即詣黄家借校，而荛翁令孙適又遠出，只好竢借到重録，覓便寄呈，恐勞注念，先此佈闻。二月中旬又有一信校正《毛传》讹字十則，録呈乞教，幸为指示，翹企禱切。

肅此具復，誠請箸安，不盡依依！後學陳奐頓上老世伯大人尊前，恭請福安，並謝大教。三月望日謹沖〔六〕。

## 三

伯申先生經席：臈月八日，舍弟歸里，接奉手教，并賜到大箸《述聞》二十三卷。自

《易》、《書》、《詩》，至四《禮》、四《傳》，每説一經，必令人解頤。國朝經學之昌，至此可稱全盛矣。《毛詩》三卷與鄙意合者頗多，因竊以自喜而又得擴聞充識，感惠正不可言喻。《荀子》付梓人否？

來教云：奂手校之本已可照此重刊；原宋本如未鈔寫，則以中止爲妙。奈奉諭稍遲，此書業託黄家鈔寫，奂將尊意與黄氏商量，其勢已不能中止，只好多此一費矣。聞黄氏尚有校宋《管子》、《列子》、《淮南子》等書，若思重雕，亦當向伊借録。錯誤於前，補過於後，何如？十一月十二日，奂曾修一函，諒蒙照察。

知㢌遠注，肅載佈聞，謹謝大教，順請崇安！後學制陳奂謹再拜老伯大人尊前，恭請福安！謝教。

## 四

後學制陳奂謹再拜，伯申先生閣下：新正奉惠書并賜寄老伯大人《恭紀與宴詩》六章，具徵盛事，儒林共慶。書中又覆悉分韻二十一部之理，與四家《詩》師傳異同之事，備示詳慎，敬受教益，感謝感謝！奂去秋歸里，今春仍來杭郡，爲汪孝廉名遠孫。所訂。汪君家富于書，亦習聲訓之學，作伴同業，栖身湖寺。近讀大箸《經傳釋詞》，抽繹微眇，嘉惠良多。迺本《釋詞》之例，讀《毛詩故訓傳》，例尋其詞句，依訓推類，亦藉得其條貫焉。若《碩鼠》曰：「樂郊樂郊，誰之永號？」奂案：「之」猶「則」也，言樂郊之地，民無長歎也。《鶉之奔奔》，傳以「則」字代「之」字，此其義。《桑柔》曰：「既之陰女，反予來赫。」奂案：「之」猶「是」也，言既是庇陰女矣，乃反予來赫也。《蝃蝀》傳以「是」字代「之」字，此其義。二箋並訓「之」爲「往」，失之。《桑中》傳曰：「爰，於也。」《綿》傳曰：「爰，於也。」奂案：二傳訓同意別，《綿》之「爰於」爲「於是」，《桑中》之「爰於」爲發聲，（凡）〔非〕全《詩》中「於」與「爰」都用發聲也。《蟋蟀》傳曰：「聿，遂也。」奂案：「遂」亦語詞也，「聿」與「曰」通，故「聿」爲「遂」，（亦）「曰」〔亦〕爲「遂」。《角弓》云「見晛曰消」、「見晛曰流」，猶言「見晛遂消」、「見晛遂流」也。《板》云「昊天曰明」、「昊天曰旦」，猶言「昊天遂明」、「昊天遂旦」也。《常武》云「王曰還歸」，言「王遂還歸」也。是「曰」亦訓「遂」也。《葛覃》：「言告師氏，言告言歸。」傳曰：「言，我也。」此本古訓也。傳又曰：「婦人謂嫁曰歸。」奂案：《詩》中疊用「言」字而義有別。「言告」之「言」訓爲「我」，與「言歸」之「言」不同義，傳意蓋以「曰歸」釋經之「言歸」也。《黄鳥》之「言旋言歸」，《我行其野》之「言歸斯復」，《齊·南山》、《東山》、《采薇》皆作「曰歸」；亦作「于歸」，《桃夭》篇「之子于歸」是也；又作「云歸」，《黍苗》篇「蓋云歸哉」、「蓋云歸處」是也。「曰」、「于」、「云」、「言」四字同義。然則全《詩》「言」字不當盡訓爲「我」，唯《葛覃》之「言告師氏」，《彤弓》之「受言藏之」，《文王》之「永言配命」，傳訓爲「我」，確遵《爾雅》，或是相傳古訓如此，故特箸明，非爲全《詩》「言」字通訓也。至《箋》中「言」字都謂爲「我」，而於「受言」、「永言」爲「言語」之「言」，顯易《傳》義矣。奐墨守《毛傳》，依《傳》訓以推類，未識有當經義否？統祈先生指教，是所欣幸。

肅此具覆，順請崇安，伏惟鈞鑒。臨穎依依，書不盡意。奐謹啓。

## 五

謹啓者：除夕奐奉到大箸《經傳釋詞》十卷，研心諷誦，始知經傳中有實義字而爲助語者，有虚義字而爲數訓者，昔人未了讀，先生一一詳釋之。「丕」、「不」、「否」三字互用，《書》之「丕顯」，即《詩》之「不顯」，「丕」讀爲發聲。則遵此類推，以治經之語詞，後之學者有所矜式矣。新正五日，復蒙賜示，承教「雍種」一則，謹即依《疏》訂正。如「穋」之訓爲「美」，「稷」之訓爲「疾」，自宜別門，無容羼入；有《十三經假借字説》，未成書。若「采麥」非禾麥，「斯粺」謂禾黍，皆憑臆見，未敢信從〔七〕。奐麤淺荒蕪，自慚不學，今幸得就正有道，存削俟裁焉。茲又附字義兩條，再質諸先生。《大雅》：「捄之陾陾。」傳曰：「陾陾，衆也。」段先生曰：「陾當作陑，字之誤也。」〔八〕今詳爲之證。奐案：耎聲不與薨、登、馮爲韻，證一也。

陑从而聲，讀若仍，「而」在之韻，「仍」在蒸韻，合音最近。故《集韻》云：「仍音而，關中語。」證二也。陸音義：「陾，耳升反，又如之反。《説文》音而。」可知唐時或有作「陑」者。證三也。《廣韻・七之》：「隭，地名。陾，上同，又音仍。陑，上同。」據此，知古本或作「隭」，省文作「陑」，俗變作「陾」。猶《車（韻）〔部〕》之「轜」，亦作「輀」。證四也。《廣韻・十六蒸》無「陾」字，至丁度《韻》始有，則知之韻音「仍」之「陑」，亦係後人譌沿。證五也。《玉篇》「捄」下曰：「《詩》曰：捄之陑陑。」引《詩》作「陑」，今本《説文》誤作「陾」。證六也。而，頰毛也，有繁盛之意，傳訓衆貌，亦以从「而」會意。證七也。《廣雅・釋訓》：「仍仍、登登、馮馮，衆也。」顧亭林曰：「《説文》引作捄之仍仍。」顧蓋引《廣雅》而誤。然則「陑」有作「仍」者，爲稚讓所據。證八也。《説文・大部》「耎」字从大，而聲。凡許書某聲，皆用疊韻，亦間有用雙聲者。而、耎雙聲，不得據耎从而聲，逕讀「而」也。故「耎」下云：「讀若畏偄。」證九也。《論語・陽貨》篇：「吾豈匏瓜也哉，焉能繫而不食？」集解云：「匏，瓠也。言匏瓜得繫一處者，不食故也。吾自食物當東西南北，不得如不食之物繫滯一處也。」注字不得其解，誤，泥匏爲瓠屬而未審屬而別也。奂案：渾言之，瓠、匏同物；析言之，食者謂之瓠，用者謂之匏。如《詩》「八月斷瓠」、「甘瓠纍之」、「幡幡瓠葉，采之亨之」之類〔九〕，皆謂瓠爲食。如《詩・匏有苦葉》、《魯語》「苦匏不材，于人共濟而已」、《儀禮・士昏禮》注

「合巹，破匏也」之類，皆謂匏爲用。此其證也。若然，則匏瓜之不食，其較然矣。故孔子曰：「吾不若匏瓜之可繫不可食也。」不可食，猶言不可用也。明有用我，東周可爲，與上章一意。若皇《疏》一通云：「匏瓜，星名也，言人有才智，佐時理務，爲人所用。豈得如匏瓜係天而不可食耶？」經文「不食」，未免强解，不可從。右釋經兩條，録請訓正。先生當提鈞懸衡之暇爲指教之，真不勝企幸之至。

【說明】

五通書札，第一至第四通據羅振玉輯印之《昭代經師手簡》謄正，第四、第五通載《三百堂文集》王大隆《乙亥叢編》。卷下，並題作《與王伯申書》。題下，第四通署「辛卯」，道光十一年。第五通署「己卯」。嘉慶二十四年。第一至第三通未詳年月；第四、五通雖分別署「辛卯」、「己卯」，但系王大隆編輯時所記，未詳所據，故王章濤《王念孫王引之年譜》、柳向春《高郵王氏父子與陳奐往來函件編次》《白雲論壇》第四卷。均疑之，且王、柳二説亦互有參差。第一通與王引之致陳奐書第四通相關，王氏第四通是覆書，故應在同一年，即道光六年。理由如次：一、陳奐鈔《天文訓》寄王引之，助王氏撰《太歲考》，而是年冬，王氏寄陳奐《太歲考》請正；見王與陳奐書第四通。二、陳奐求《述聞》末後數卷，而重刊本至道光七年十二月刊竣；三、陳奐自署「後學制」，制者，陳奐道光四年七月喪父，道光六年尚在守孝期内。第二通應作於道光七年，理由是：道光六年春，王引之與陳奐書第三通，并以家刻《逸周書雜志》及《經傳釋詞》當爲嘉慶廿四年刊本。相贈，因托人輾轉，「淹遲半載」，「去年九月望日」才收到，「二月中旬又有一信校正《毛傳》訛字十則」，故此函應作於道光七年「三月望日」。惟末署「制」爲疑。　第三通作於道光七年，此年十二月《述聞》刊竣，而王引之致陳奐書第五通云「尚有《爾雅述聞》及《春秋名字解詁》、《太歲考》、《述聞（統論）〈通説〉》剞劂未竟」，與此札云二十三卷正相吻合。又，此札末署「後學制」，知陳奐尚未除服，道光四年至七年正是服喪守制之期。　第四通作於道光六年，理由是：一、王念孫道光五年八月重宴鹿鳴，九月十三作《紀恩詩》六首，而陳奐「新正」收到，此新正即道光六年新正；札前署「後學制」，六年正在制期内。　第五通作於嘉慶二十五年：一則，《經傳釋詞》於道光廿四年十二月刊竣，陳奐「除夕」「奉到」；二則，「新正五日，復蒙賜字承教『癰種』一則」，見王引之與陳奐第一書。此「新正」定在二十五年無疑。

## 【校注】

〔一〕汪姓：汪士鐘。參見《三百堂文集》卷上《影宋鈔本〈淮南鴻烈解〉跋甲申》。

〔二〕黄氏：黄丕烈號蕘圃。百宋一廛藏影宋鈔本《淮南鴻烈解》，後歸汪士鍾藝芸精舍。　王念孫托陳奐借録，陳奐倩金友梅景鈔一部，藏諸三百堂。並參上文及《校本〈淮南子〉跋甲午》。

〔三〕邵魚竹：邵正笏，字艮庵，號魚竹，浙江錢塘人。嘉慶二十四年進士，散館授編修。

〔四〕世德堂本：明代嘉靖十二年顧春世德堂刻《六子全書》本。

〔五〕謝刻本：清乾隆時嘉善謝墉輯校本。

〔六〕沖：幼小。

〔七〕穆：見《詩·清廟》。　稷：見《楚茨》。　采麥：見《桑中》。　斯粺：見《召旻》。

〔八〕段先生曰：見《詩經小學》。《説文解字注》十四篇下《𨸏部》「陾」下云：「依《玉篇·手部》作『捄之陑陑』，則之韵而聲可轉入蒸韵，猶耳孫之即仍孫也。蓋其字从𨸏……而聲則或譌爲耎聲。」陳奐以九證説《大雅・緜》「陾」字，與段意近同。

〔九〕八月斷瓠：見《豳風・七月》，十三經本作「壺」。　甘匏纍之：見《小雅・南有嘉魚》。　幡幡瓠葉：見《小雅・瓠葉》。

## 奕繪致王伯申先生書一通

奕繪頓首，伯申先生閣下：前月得讀令弟詩詞五卷〔一〕，清淡朴古，當時罕見。求之古人，真韋、孟之流亞也。謹題二詩，用申私淑。

令兄司空古君子，弱不勝衣學有以。六書詁訓家舊傳，自言叟有能詩弟。〔二〕使還有約相寄來，律中蕤賓諧宮徵。書巢近作尤精妙，老叟成能何所似！蘭蕙叢生山之阿，江漢滔滔濯秋水。我讀先生漫筆作，孤芳娟潔離塵世。又讀先生水來謡，高明慷慨思經濟。紛紛俗子何足云，茫茫古人呼不起。東山有客狂且癡，未識君面見君詩。知君亦是栖栖者，何日相逢把酒巵。〔三〕

三十六湖邊，春風繫畫船。相知恨已晚，相見叟何年。淡泊陶元亮，清新孟浩然。鳥鳴吟《伐木》，西望隔蒼煙。〔四〕

奕繪艸。

【説明】

奕繪，清乾隆皇帝之曾孫，嘉慶中襲爵貝勒，好風雅，有《明善堂集》。奕繪與王引之書，載王敬之《小言集》，未著年月。王引之於道光七年擢工部尚書，而書中稱王引之爲司空，此書應寫於道光七年丁亥。

【校注】

〔一〕令弟：王引之弟王敬之，字仲恪，號寬甫，一號枕善，晚號可翁。有《三十六湖漁唱集》三卷、《宜略識字齋雜著》九卷、《小言集》。幼年過繼給叔祖父王安道之子王貽孫。

〔二〕第一首爲七絶。又載張璋《顧太清、奕繪詩詞合集》。

〔三〕第二首爲七古。又載張璋《顧太清、奕繪詩詞合集》，與第一首誤作一首。

〔四〕第三首爲五律，欠工整。

## 嚴杰致王引之書一通

敬啓者：昨接八月二十七日諭函，欣悉大人在位靖共，侍奉萬福，如頌爲慰！并奉到大箸《述聞》一册，已交局寫樣。至《儀禮述聞》中應增一十三字，如諭補正。以下各卷，務祈早爲寄廣，現在將次竣事，十一月内即擬編卷矣。彭文勤《五代史記注》〔一〕，鹿苹制軍捐資刊刻〔二〕，惜已寫就，進呈様本係金門先生在揚州時辦理〔三〕，其中重見複出以及脱誤，難以悉改耳。

肅此，恭請福安！臨穎依溯。後學嚴杰頓首。

【説明】

函據羅振玉《昭代經師手簡》謄正，函末未署年月，王章濤《王念孫王引之年譜》考定爲道光八年九月杪。道光九年，嚴杰剔出《春秋名字解詁》、《太歲考》，將《經義述聞》刻入《清經解》。此函述及之事，在八年無疑，王章濤説可據。至於是否在「九月杪」，不能遽定，要亦距八月二十七日不遠。嚴杰，字厚民，浙江餘杭人，阮元詁經精舍舍生，先後助阮元編印《經籍纂詁》、《清經解》。

【校注】

〔一〕彭文勤：彭元瑞，字輯五，號雲楣，卒謚文勤，江西南昌人。乾隆二十二年進士，官歷六部，先後主持纂修《高宗實録》、《西清古鑒》等書，自著《五代史記注》、《恩餘堂輯稿》等書。

〔二〕鹿苹：李鴻賓，字鹿苹，江西德化人。嘉慶時進士，官至兩廣總督，故函中尊稱爲「制軍」。

〔三〕金門：劉鳳誥，字丞牧，號金門，江西萍鄉人。乾隆進士，官至吏部右侍郎。有《存悔齋集》。

# 朱彬致王引之書二通

一

朱彬頓首，曼卿先生宗伯閣下〔一〕：判襼以來〔二〕，不通候问者十餘年，以閣下位日尊，德日進，而疎朽之材不宜以竿牘爲媚悦也〔三〕。秋間奉到手書，承賜《荀子雜志》、《經義述聞》二書，新增諸條，如入五都之市，百貨俱陳。而人所鄭重而寶貴之者，必商彝、周鼎、古龜，燦然目不給賞。彬曩病荀、虞之説未能愜心〔四〕，得大箸所論以《十翼》釋卦辭〔五〕，覺漢、宋諸儒皆後人之《易》，而非周、孔之本義。昔人所謂「希及未死，獲闻高論」者也。時方治《小戴記》，閲之，精義尤多，「大功之末」一條足稱祕寶〔六〕，欽佩之至。鄙箸《禮記訓纂》本擬呈政，因有新增各條，重加釐次，歲暮方能卒業，再呈清覽。草此布候，年伯大人前肅請起居。餘情僂僂，不宣。彬再拜。

二

彬頓首，伯申先生賜啓：伻至〔七〕，兩奉手書并《經義述闻》一部，欣慰之至。日來为端臨編録《論語注》一卷，《荀子》、《漢書》各一卷，禮堂寫定，可以慰我良友。其生平札記於經傳上端者甚多，閒歲當詣其几案，一一籤録，庶執事赴任城，有以報命也。累月以來，人事叢雜，兼迫歲除，卒卒無暇。兒子移寓教場四條胡同，清貧之況可想。人便，草此。候好，力劣不多具。彬再拜。

【説明】

二札據羅振玉輯印之《昭代經師手簡》謄正，札末未詳年月。王引之於道光十年由工部尚書改禮部尚書，而朱彬第一書稱王引之「宗伯」，故第一書應作於此年。第二書言及「爲端臨編録《論語注》一卷，《荀子》、《漢書》各一卷」，據阮常生《劉端臨遺書跋》、阮恩海《後跋》，劉氏嘉慶十年五月卒於家，次年春，阮常生取劉氏《論語駢枝》、《荀子補注》、《漢學拾遺》凡三卷，送阮元付刊，則第二書作於嘉慶十一年無疑。蓋劉氏此三卷係朱彬編録，禮堂寫定，而阮常生歸功於其岳父劉端臨之弟劉台斗建臨，此後目録家少有知之者。

【校注】

〔一〕宗伯：《周禮・春官・宗伯》：「乃立春官宗伯，使率其屬而掌邦禮，以佐王和邦國。」後來稱禮部尚書爲宗伯。

〔二〕判襼：義同分袂，即離別。襼，衣袖。

〔三〕竿牘：竹簡木牘，代指書信。

〔四〕荀：荀爽，東漢經學家，有《易傳》等書。虞：虞翻，三國吴人，有《易注》等書。

〔五〕十翼：《周易正義》卷首：「上彖一，下彖二；上象三，下象四；上繫五，下繫六；《文言》七；《説卦》八；《序卦》九；《雜卦》十。」彖，《彖傳》；象，《象傳》；繫，《繫辭傳》。此十翼，相傳孔子撰，「鄭學之徒並同此説」，用以解釋《周易》經義。

〔六〕大功之末：見《經義述聞·禮記下》。

〔七〕伻：信使。

## 汪喜孫致王引之書一通

喜孫奉書大人函席：竊以宋本經子史集，流傳至今紙墨如新者，紙非竹料、墨非煙煤故耳。北宋本紙光玉絜，墨色晶瑩，其壽千年，儗於金石。不獨工師之良，亦可見人心之古也。大人著書傳世，必當貽之千秋，好學深思，心知其意，實事求是，不尚墨守，未必後來無人。弟恐竹紙煙煤，不及百年盡化雲煙；傳寫校刻，不通六書，不習隸草變體，展轉譌謬，遂致不可卒讀，是則後有子雲執簡而嘆者也。喜孫竊有請者：宣城紙江南價賤，可坿糧船北來；雲南紙亦可購之，坿貢車到京，江南亦有之。若刷印二十本，一付陳石甫〔一〕，交吴門書市与日本書舫，易《群經治要》諸書；一付琉璃廠書坊，聽其易高麗書史；一上之阮督部臧之，匡廬、西湖、焦山三書藏〔二〕，督部所置也；一貽衍聖公府〔三〕；一藏徽州、託胡竹邨〔四〕。蘇州紫陽書院，託陳石甫。江寧鐘山書院；託温太史葆淳〔五〕。一藏天一閣〔六〕；一藏家廟，仿《歐陽文忠集》之例，板留數百年；其餘寄廣東洋船、江浙書肆，定以善價，易書數十百種。此千萬世之長策也。伏乞鑑定施行，不勝企注。再有請者，顾子明書來，道敦甫冢宰薦館一節不見回信，并言大人帮助臧氏固是古誼〔七〕，然未若子明得一美館，每年有館，只須三四年，教其二子成立，則無虞矣。喜孫因臧氏孤苦，子明推大人篤念故舊之心，爲長久之計，其人向不妄言，冢宰亦重之，是以不揣冒昧，爲之陳請。喜孫少孤依人，展轉貲郎，遷延禄養，出處進退，都無足觀，不能養其母，顧恤他人之後已矣。何言不盡，感企屏營。十一月七日，喜孫上。庚寅長至前一日。

【説明】

札據《昭代經師手簡》謄正，汪氏寫於道光十年庚寅十一月七日。

【校注】

〔一〕陳石甫，即陳奂。
〔二〕匡廬：江西廬山。　焦山：山名，在江蘇鎮江。
〔三〕衍聖公府，即山東曲阜孔府。

〔四〕胡竹邨，即胡培翬。

〔五〕江寧鐘山書院，在江蘇南京。　温太史葆淳：道光二年進士，少詹事。

〔六〕天一閣：明嘉靖進士范欽所建藏書樓，在浙江寧波。

〔七〕敦甫，即湯金釗。　臧氏，即臧庸。

# 考辨

## 春秋時人名字釋

張澍

余十六歲時，在都作《春秋時人名字釋》數篇。後通籍二十餘年，乃見同年王伯申侍郎《名字詁》。撿舊藁參閲，與王説互有異同，不忍焚毁，仍録而存之。

### 魯大夫名字釋

公子堅字子石，《法言》：「石不奪堅，堅莫如石。」故字之。　公子翬字羽父，《尒疋》：「鷹隼醜，其飛也翬。」舍人注：「飛疾羽聲。」又素質五采皆備之。　雉名翬，名字相應。

公子鞏字厚，《尒疋》：「鞏、篤、堅，厚也。」作「革」作「華」者訛。　厚與后通，故又作「后」。

公子買字子叢，《尒疋》：「貿，買也。」《玉篇》：「叢，聚也。」即今之所謂集聚貨之處。

公子務人字爲，《檀弓》作「禺人」，正義云：「禺、務聲相近。」一云：禺人，公爲之字。」《説文》：「爲，母猴也。」《尒疋》在寓屬，故以爲字。 公子益師字衆父，《易》：「師，衆也。」益師，言師之衆多。 公子彄字子臧，彄即區字。《公羊》「盜殺陳夏彄夫」，《左氏》、《穀梁》竝作「區夫」。《説文》：「區，藏匿也。」臧，古藏字。 公子尾字施父，《尒疋·釋詁》：「矢，施也。」「施，陳也。」是施可訓陳，言其尾之展布也。 又《毛傳》：「施，移也。」言尾之動移也。《詩》：「將其來施施。」[一]箋云：「舒行皃。」言尾之垂，施施然也。 公子牙字叔，其後爲叔孫氏。 公子慶父字仲，其後爲仲孫氏。 公子友字季，其後爲季孫氏。 三者皆以次序爲字。 公子奚斯字子魚，奚斯，馬名，劉劭《趙都賦》云：「良馬則飛兔、奚斯。」即雞斯也。 字魚者，《尒疋》：「馬二目白曰魚。」《詩》：「有驔有魚。」又斯字古讀如鮮，齊魯之閒鮮聲近斯。 魚以鮮爲美，或取此。 公孫宿字成，宿與夙通。夙成者，早成也，言幼有成人之度。 又宿，風姓小國。 字成，郕國之成也。 公孫有陘字山，《尒疋》：「山絶，陘。」《説文》：「陘，山絶坎。」 叔孫輒字子張，輒者，耳垂左右外向似張，如《山海經》言張其兩耳。 子叔輒字伯張，取義同。 仲孫它字子服，它即紽字。《説文》：「袉，裾也。」 子叔文楚字仲南，楚國在南，故字。 公斂陽字處父，古人夏處陰，冬處陽，見《管子》，故名陽字處父。 或慕晉之陽處父以爲字。 公山不狃字子洩，一作弗擾，毛傳：「狃，習也。」《説文》：「狃，狎也。」杜《左注》：「狃，忕也。」《説文》：「忕，習也。」則狃、忕皆訓貫習，擾亦馴習之義。張楫《雜字》忕音曳，與洩同聲。

公孫歸父字子家，取「之子于歸，宜其室家也」〔二〕。　公彌字鉏，《尒疋》：「彌，終也。」郭注：「終，竟也。」《説文》作「镾」，云久長也。字鉏者，取「禾易長畝，終善且有」之義〔三〕。　苫越字夸，越即甌越，越有東南爲蠻夸國〔四〕。　林楚字子南，楚，南邦也。《公羊》作「臨南」，古臨與林通，如臨碩亦作林碩。　展喜字乙，《魯語》稱「乙喜」者，先字後名。乙，玄鳥，請子之候鳥。乙至而得子，故可喜。《楚辭》「簡狄在臺，嚳何宜；玄鳥致詒，女何喜」是已〔五〕。　展獲字禽，禽，鳥獸之通名。禽即擒字，取田獵獲禽獸也。

孔紇字叔梁，《漢書》注：「麥粗屑爲紇頭。」則紇者，麥屑也。梁宜作粱，精毇米也，以相反取義。又紇與仡通。仡，勇壯也。梁，彊梁也。　季寤字子言，《倉頡篇》：「覺而有言曰寤。」《詩·邶風》：「寤言不寐。」〔六〕　孟側字之反，《詩》：「展轉反側。」〔七〕　子家羈字駒，《説文》：「羈，馬絡頭也。」「馬二歲爲駒。」　子服湫字孟椒，湫與椒通。《左傳》「椒舉」，《國語》作「湫舉」。椒，香草也。　叔孫帶字虺，蝮蛇名虺，帶亦蛇名。《淮南萬畢術》云：「即且甘帶。」　公亥字若，《漢書》：「亥，荄也。荄，草木滋生也。」若亦草木之萌芽。

# 齊大夫名字釋

公子固字子城，《周官·夏官》：「掌固，掌修城郭、溝池、樹渠之固。」城以固爲要也。公子鑄字子工，《説文》：「鑄，銷金也。」《考工記》有攻金之工，一作子公，工、公字通。公子舉字勞，《管子》：「有功勞者則舉之。」　公子于字且，于、且皆訓大。《尒疋》郭注：「江（南）〔東〕人呼大爲駔」，猶泉陽漁人余且之謂。《春秋傳》：「載甲夜入且于之隧。」言大隧也。又于藷、于且、巴且，或取草以爲名字。　公子祈字子高，祁與祈通。古者，祈禱必于高山。《淮南子》云：「山高則祈羊至矣。」　公子堅字欒，欒，木名。《易》：「某于木也，爲堅多心，爲堅多節。」　公孫竈字子雅，雅即鴉字，黑色，竈突煙黴黑。《韓非》作「子夏」，夏與雅通。　公孫捷字子車，捷，疾也。《司馬法》：「戎車尚疾。」東郭賈字子方，即大陸子方。方，大也。賈音估，即所謂大商矣。又賈即價字，言其價之大也。　北郭佐字子車，古獵戎之車，皆有副曰佐，見鄭康成《少儀》注。《左傳》：「鄭周父御佐車。」又即左字，所謂左車。廣武君李左車，取名亦以此。　東郭牙字垂，《礼》：「佩玉有衝牙。」《詩傳》：「佩玉上有蔥珩，下有雙璜衝牙蠙珠以納其閒，所謂垂佩也。」名字取此。或謂牙，旗也，旆垂垂然。　公孫蠆字子尾，服虔《通俗文》：「長尾爲蠆。」鄭《詩箋》：「蠆，螫蟲，尾末揵然，似婦人髮，末曲上卷然。」蓋蠆即蝎，以尾螫人者。

公孫青字子石，《神農本草·玉石部》有空青、曾青、白青、扁青、膚青，皆玉石之屬。

公子湫字子淵，《説文》：「湫，水清也。」安定朝那有湫淵。　析歸父字子家，言歸于室家也。李巡云：「門以内爲家。」　子淵捷字子車，取車疾驅之義，與公孫捷同。梁丘據字子猶，《索隱》云：「字子將。」據即據梧之據，猶若也，見《毛傳》，言有所據依，容貌自若也。又鄭氏《礼器》注：「猶，道也。」據于道，猶據于德云尒。將，助也，據、助皆用力之意，或取于此。　華還字周，還與旋通。《説文》：「旋，周旋。」一作華舟，舟與周同。

慶夷字繩，《説文》：「夷，頭衺骫〔夷〕態也。」《廣雅》：「繩，直也。」蓋頭邪爲名，繩直爲字，以邪直相反爲義。　慶封字子家，古讀封爲邦。《論語》：「且在邦域之中矣。」釋文：「邦或作封。」《釋名》：「封，邦也。」名邦字家，取邦家相配。又《尒疋》：「封，大也。」言大家，猶之世家。　弦施字多，《尒疋》：「益，多也。」言施之厚多。　慶嗣字子息，《尒疋》：「嗣，繼也。」子謂之息。《國策》之「賤息舒祺」是矣。　高齕字子齮，《説文》：「齕，齧。」「齮，側齧也。」《史記集解》如淳曰：「齮齕者，猶齟齧耳。」　高彊字子良，良與梁通。《墨子》之彊良，即彊梁，故仲良亦作仲梁。　闞止字子我，鄭《箋》：「止，容也。」我讀爲儀，言有容儀也。《田世家》作「監止」。　高止字子容，亦以容止爲義。　陳逆字子行，逆，迎也；行，行人也，掌迎送之官。《秋官·小行人》：「凡諸矦入，王則逆勞于繖。」　慶舍字子之，舍，宅也，居人子之舍。又之，往也，往有所舍。　欒施字子旗，《說文》：「施，旗皃。」　陳盈字子芒，芒與滿通。《淮南子》「芒繁紛拏」，高注：「芒讀麥芒之芒。」是芒有滿義。亦與萬通，萬，盈數也，以盈滿爲義。　杞殖字梁，殖，種也。梁宜作粱，《詩》所謂殖粱黍稷。　犂彌字鉏，彌爲鑋之省文，刈田之器，猶公彌字鉏矣。

宗樓字子陽，樓高近日曰陽也。　弦章字子旗，《詩》：「織文鳥章。」謂旗也。旌旗之采章，所以示表。一作弦商，商字與章通，商度即章度也。　陳瓘字子玉，《說文》：「瓘，玉也。」《左》杜注：「瓘，圭也。」　陳書字占，鄭注《周礼》：「龜占書示食于吉。」則龜書即繇辭。又占與笘、佔同，謂書也，潁川人名小兒所書寫爲笘，《新序》作「陳不占」。

顔庚字(涿)〔涿〕聚，《說文》：「(涿)〔涿〕，流下滴也。」(涿)〔涿〕聚者，水積也。古讀(涿)〔涿〕爲獨，《周禮·壺(涿)〔涿〕氏》注：「故書(涿)〔涿〕爲獨。」杜子春曰：「獨讀爲濁，言其源之濁。」庚與賡通，賡，續也。續又與畜通，言有畜積。或以顔濁鄒爲(涿)〔涿〕聚，誤，濁鄒即讐由。　雍巫字易牙，《法言》作「狄牙」。牙與雅通，故《君牙》作《君雅》，蓋以巫之所爲遠于雅道也。狄，遠也。　陳稺字孟夸，夸與荂通。草始生，稺木始生。鄭康成《易注》：「荂，木夏生。」　陳開字子彊，即《晏子》之「田開疆」，猶後人名辟彊也。

# 晉大夫名字釋

羊舌赤字伯華，赤，赤驥；華，華騮。《説文》：「騮，赤色。」《穆天子傳》「華騮」郭璞注：「色如華而赤。」皆取喻于馬。　羊舌肸字叔向，一字叔譽。《漢書·司馬相如傳》：「肸蠁布寫。」嚮即蠁字，言芬香之氣發越也。神享祀則有譽吉，故又字譽。　羊舌虎字叔羆，虎、羆皆猛獸，名字取此，示服猛。　羊舌鮒字叔魚，《廣雅》：「鰿，鮒也。」　揚食我字伯石，《廣雅》：「石，䄷也。」《説文》：「䄷，百二十斤也。」稻一䄷爲粟，取人食幾石之義。　瑕吕飴甥字子金，飴，餳也，吹簫賣之子金，宜作子食，訛爲金耳。飴甥猶皇父之子名穀甥，甥，生也，猶陽生、歸生之稱矣。《史記》作「飴省」，《水經注》謂之「瑕父飴甥」。　荀偃字伯游，《説文》：「㫃，旌旂之游也。」㫃即偃字。　女寬字叔褎，《説文》：「褎〔八〕，衣寬裕也。」蓋褎，大也，寬亦博大之訓。　女齊字叔侯，取商賢叔齊之名謚。　狐突字伯行，突，奔也，奔走馳突，行之疾也，見《説文》、鄭《箋》。　士匄字伯瑕，匄，乞也，瑕與假通，假亦乞匄之謂。　狐偃字子犯，偃與隱通。《人表》「徐偃王」顔注：「即徐隱王。禮，事君有犯而無隱。取相反爲義。」　荀盈字伯夙，《尒疋》：「夙，早也。」朝既盈矣，當夙興不寐也。　郤芮字子公，芮與内通。名内字公者，言其出内無私。　蔡黯字墨，墨、黯皆訓黑。　閻汲字明，汲者，曰入則暗昧也。以明爲字，取義相反。

解揚字子虎，揚，飛揚也，虎嘯生風氣飛揚。《古今人表》作「解陽」，陽、揚字通。

解張字張矦，《說文》：「矦从人从厂，象張布。」《夏官》：「王大射，張三矦。」　胥童字之昧，童，童蒙也；昧，蒙闇也。即《國語》所云「童昏」。　韓籍字叔禽，籍與唶通。《尒疋》：「行扈唶唶。」故字禽。　知罃字子羽，罃與鶯通。《詩》：「有鶯其羽。」毛傳：「鶯，有文章。」　郤豹字叔虎，虎與豹同爲猛獸。　趙衰字子餘，衰者減少也；餘，殘也。見《說文》。減少則無餘，以相反取義。又《淮南子·說林訓》高注：「衰者，差也。」又見《左·昭三十二年》杜注。蓋皆有等衰也。《廣疋》：「餘，皆也。」　伯宗字尊，毛傳：「宗，尊也。」《穀梁傳》作「伯尊」，如尊盧氏作宗盧矣。　士蔿字子輿者，取閉户造車之意。《周禮》鄭注：「輿，衆也。」蔿，草名。或取庶草蕃蕪之義。　祁奚字黄羊，奚與豯通。豯，豕也，見《方言》、《廣疋》。徐鍇云：「奚，腹大也。」名取豕而字羊，猶名豹者字虎、名虎者字羆也。《周禮·職方》「豯養」，杜子春讀豯爲奚，班《志》、《說文》、《風俗通》竝作「奚」，是豯爲借字，奚爲本字。《管子》：「山高而不崩，則祁羊至矣。」《淮南子》：「山高則祁羊至。」高誘注：「祁羊謂牧羊也。或曰謂縣庡之羊。」則祁字本與羊相涉。《吕氏春秋》正作「祁奚」。奚又作傒。　荀林父字伯，古有伯林，見《楚辭》，而王逸注爲申生，非也。

寺人披一名勃鞮，字伯楚，鞮，履也，楚人名鞮曰履。　師曠字子野，《詩》：「率彼曠野。」毛傳：「曠，空也。」非矣，當訓爲廣野。　鄦無恤字子良，即王良，良與梁通。恤，憂也。無憂則彊梁矣。亦作鄦無正。　荀首字知季，首，始也；季，終也。作事謀始，尤當知終。終，之也。《公羊》作「荀秀」，秀當季字之譌。　籍偃字游，取義與荀偃同。

籍談字叔，以次弟爲字。

## 秦大夫名字釋

公子縶字子顯，《檀弓》：「子顯以致命于穆公。」盧植注云：「古者以名字相配，顯當作韅。」《說文》作「韅」，箸腋鞥也。　公子鍼字伯車，鍼宜作鍼，與鉆通。《說文》：「鉆，膏車鐵鉆。」《世本》作「后伯車」。　公孫枝字子桑，桑枝沃若也。　百里視〈字〉孟明，《書》：「視遠惟明。」取此義。　西術字乞，《公羊傳》作「西遂」，術、遂古字通。《管子·度地》篇：「百家爲里，里十爲術，術十爲州。」即《月令》「審端徑術」之「術」。　乞與訖同，訖，終也。遂亦終也。　白丙字乙，丙爲火，乙爲木，名丙字乙，取火生于木之義。

孫陽字伯樂，《詩》：「君子陽陽，其樂只且。」陽陽與養養通，樂也。《廣疋》：「陽，暢也。」言心舒暢則歡樂。

# 楚大夫名字釋

公子商字辰，子産曰：「遷閼伯于商丘，主辰，商人是因。」故辰爲商星。　公子善字元易，《文言》曰：「元者，善之長也。」　公子黑肱字子皙，皙，白色，與黑相反爲文。公子結字子綦，綦，《左傳》、《楚語》作「期」。綦，結也。《士喪禮》：「綦結于跗。」又：「粗繫于踵。」鄭注：「綦，屨係也。」是綦者結也，以物約束謂之結，亦謂之綦也。　王子鉤字發，《左傳》作「公子茷」。　鉤與彀同聲，彀，張弩也。發，射矢也。《世系表》：「蚡冒生蔿章，字無鉤。」鄧名世云：「蚡冒生王子章，字發鉤。」　公子比字子干，殷臣有比干，此以名字配之。　公子壬夫字子辛，壬爲水，辛爲金，取水生金之義。作王夫者，譌。公子午字子庚，《詩》「吉日庚午」是也。一云公子午字子庭，庭，直也；生之日，直午也。

公子申字子西，古人名申者，多字子西。《淮南子》：「招摇在申，其位西方也。」　公子嬰齊字子重，齊，整齊也；重，慎重也。言有威重也。　公子追舒字子南，舒，荆舒也，在南。　公子魴字子魚，《尒疋》：「魴，魾。」即今之鯿魚。　公子貞字子囊，《説文》：「貞，卜問也。」《左·哀十七年傳》：「衛矦貞卜。」謂問于卜也。字囊者，謂啟囊以問。囊，韞囊也。　公子啟字子閭，閭、啟皆陳名。《逸周書》：「卒居前曰開，左右一卒曰閭。」開，啟也。　鬥椒字伯棼，一字子越，椒爲香木，其香芬苾；棼即芬字。又字越者，越，揚也。《上林賦》所云「衆香發越」。　鬥穀於菟字子文，楚人謂乳爲穀，謂虎爲於菟，故命之曰鬥穀於菟。　虎文炳，故字子文。《漢書》作「穀於檡」。　鬥宜申字子西，申在西方也。

鬥成然字子旗，然與旃通。《周禮》：「九旗，通帛爲旃。」旃即旜字。《左傳》有旃然之水，旃然，楚方言也，即蔓。　成然字子期，期與旗通，猶巫馬旗作巫馬期矣。

鬥般字子揚，般即斑字，斑，虎文也；　虎文飛揚，故字揚，猶解揚字虎矣。　蔿賈字伯嬴，賈即商賈之賈，嬴即嬴字。　呂忱《字林》曰：「嬴，有餘也。」言賈有餘利也。　曾皐曰：「賈而欲嬴，而惡囂乎。」　薳罷字子蕩，《禮注》：「罷之爲言罷勞。」字蕩者，欲其動作震蕩也。《公羊》作「薳頗」，人疲則傾頗，義亦同薳。　呂臣字叔伯，古異姓同姓之臣君稱叔稱伯。

囊瓦字子常，瓦，瓽也，《説文》：「大盆謂之瓽。」常與瓽通。　党亦作瓽。

令尹舍字子發，舍，施也；　發亦施也。《書》「發鉅橋之粟」是已。　文之無畏字子舟，汎舟則畏風濤之險，字無畏者，自壯之詞。　觀從字子玉，從與璁通，璁即瑽字。《詩》：「有瑲璁珩。」璁，玉色，故字之。　成得臣字子玉，君子無故，玉不去身，君子于玉，比德焉，德與得古字同。　沈諸梁字子高，梁，山梁也；　山梁高，故字之。　諸梁即都梁，故孟諸作孟都。　成嘉字子孔，从乙从子。　乙爲請子之鳥，乙至而得子，嘉美之也，見《説文》。　屈巫臣字靈，王逸《楚辭注》：「靈謂巫也。楚人謂巫曰靈子。」《説文》「靈」字从巫作靈。　莫敖章字子華，章，章采也。孔傳：「華，采色。」以采色取義。又楚有章華之臺。　屈禦寇字子邊，言禦寇于邊，有⿱此土功。　鬥勃字子上，《左傳》：「其興也勃焉。」勃爲興起，故字子上。上，升也。　唐蔑字明，《楚世家》作「唐眛」，《説文》：「眛，目不明也。」又云：「蔑勞，目無精也。」目不明，而以明字之。晉先蔑，《唐石經》作「先眛」，是蔑、眛字通。　仲歸字子家，與公孫歸父、鄭公子歸生取義同。　郤宛字子惡，宛與苑通，亦與藴通，言苑結也。心苑結則怨惡。　史老字子亹，《尒疋》：「老，壽也。」「亹，勉也。」《大雅·棫樸》篇「亹亹我王」，《荀子·富國》篇作「勉勉」。名老字亹者，言老而不衰，益勉力，猶言耄而好學矣。　陽匄字子瑕，匄，乞也。瑕與假通，假亦乞匄也。

公孫寧字子國，國以安寧爲上，本固邦寧，故字之。　成熊字虎，熊、虎皆猛獸。《公羊》作「成然」，然亦獸名，即果然也，皮可爲褥，《周禮》之「然⿰礻具」也。《公羊》作「成虎」，是舉其字。　伍員字子胥，胥，才智也，與諝同。智欲員而用欲方也。員宜爲玉淵反。屈建字子木，《山海經》：「建木，其枝九欘。」太子建字子才，取義亦然。　屈到字子夕，到，至也，言從朝至夕，所謂温恭朝夕也。　成大心字孫伯，孫即遜字，遜，順也，言心雖大而畏慎也。

## 宋大夫名字釋

公子充石字皇父，石、碩古字通。充，大也；碩，大也，石亦大也；皇亦訓大。見《尒疋》、《毛傳》、《尸子》高誘注〔九〕。

公子説字好父，古説字多訓好，見《毛傳》、韋昭《國語注》。説與娧同，又作悦，《方言》、《廣雅》皆訓好，蓋喜好之意。

公子術字樂甫，術與遂通。《淮南子注》：「遂，安樂也。」一作術甫，術亦樂也。

公子肸字向父，向即嚮字，取肸嚮豐融之義，猶羊舌肸字叔向也。

公子團龜字子靈，《易・頤・初九》：「舍尒靈龜。」《尒疋》：「龜俯首者，靈。」《史記・日者傳》九龜，有靈龜也。

公子目夸字子魚，魚有比目者鰨，即鰈鰈也。目夸或即逐鮧，故字子魚。

公孫周字子高，《楚辭》：「水周乎堂下。」周，滿也。滿則高，取義于此。

公子仲幾字子然，《易》：「惟幾也，故能成天下之務。」《廣疋》：「然，成也。」言能成務也。

公子禦戎字子邊，言禦寇于邊竟耳。《陳留風俗傳》作「公子戍」，亦取戍守邊疆之義。亦作公子城字子邊。

公子督字華父，古人以篤爲督。《書》「曰篤不忘」，潘岳《馬汧督誄》作「謂督不忘」是也。篤，厚也，實也。字華者，取華實竝茂之義。

公孫願纆字碩父，《世本》作「石甫願纆」，《左傳正義》作「碩父澤」。《説文》：「願，大頭也。」又云：「碩，大頭也。」《方言》：「纆，廣也，又大也。」蓋取碩大爲義。澤係纆字之譌。

公孫嘉字孔父，其取名字，與鄭公子嘉、楚成嘉同。

南宫萬字萬〔一〇〕，《左傳》作「南宫長萬」，經作「宋萬」。古萬字與曼字同，曼，長也，見《毛傳》。　樂溷字子明，溷爲屏隱幽黯之地，以相反爲字，故曰明。　樂傾字夸甫，《説文》：「傾，仄也。」「仄，不平也。」「夸，平也。」取相反爲義。　樂轡字子蕩，馬頭銜絡爲轡。鞨，馬額上組也；蕩當與鞨通，即「鉤膺鏤鍚」之鍚。　樂祁字子梁，祁，大也，見毛傳；梁，信也，見《白虎通》。言有大信也。又祁與麎通。《詩》之「其祁孔有」，鄭作「麎」也。麎之物，多在山梁。　樂茷字子潞，《定四年左傳》：「綪茷旃旌。」杜注：「綪茷，大赤。」取染草名也。《釋文》、《正義》引《左傳》皆作「茷」，即茜草，《尒疋》之茅蒐也。《六月》詩：「白旆央央。」釋文云：「經作茷，本一作旆。」白旆當作帛茷。名茷字潞者，言旗之鮮明著露也。古潞、露字通。　蕩澤字子山，以山澤相配爲名字。　樂喜字子罕，凡物稀罕者可喜，物以少而見珍也。《漢書》作「子冉」。　向宜字子禄，《詩·小雅》：「福禄宜之。」禄又訓善。　華家字世子，古人以世禄之家爲貴，故家者，承世之辭，見《詩正義》。　桓司馬之臣克字子儀，古文儀與義同，義从我。董子云：「以義正我。」蓋義主斷制，與名克相應。　華亥字合比，亥，水也。《易·比卦》：「地上有水。」合比者，言以水投水也。　向巢字眇，巢，巢車，瞭望之車也。字眇者，眇，能視也。巢一作譙，亦取瞧望爲義。

## 鄭大夫名字釋

公子呂字子封，《白虎通》：「呂之爲言拒也。」封，閉也。《易》「不封」虞注：「穿土爲封。」亦閉拒之義。又《淮南·天文訓》：「仲呂者，中充大也。」《商頌》「封建厥福」，毛傳：「封，大也。」　公子嘉字子孔，《説文》：「嘉，美也。」「孔，通也。从乙、子。」河上公《老子注》：「孔，大也。」孔、嘉皆大美之意。　公子去疾字子良，疾，惡也；良，善也。去疾，則良矣。良，彊也。一云字子豐。　公子喜字子罕，罕，少也。物以少而見珍，故可喜，與宋子罕取義同。　公子語字子人，語，與人語也，《毛傳》：「論難曰語。」《穀梁》作「禦」，禦、語古通，猶禦兒作語兒也。　公子發字子國，《詩·周頌》鄭箋：「發，伐也。」取伐國爲義，猶之辟彊云尒。　公子宋字子公，宋國，公爵也。　公子騑字子駟，車駕馬，兩馬在外謂之騑。《説文》：「騑爲驂旁馬。」鄭《箋》：「驂，兩騑也。」正義云：「名騑者，以駟馬有騑騑之容。」《公羊》作「公子斐」。　公子班字子如，《易》：「乘馬班如。」班與如皆訓均齊，見《廣疋》。　公子魚臣字僕叔，魚有婢妾魚，婢妾猶僕也；臣亦僕也，《書》：「我罔爲臣僕。」　公子偃字子游，㫃，旗之游也，取偃旗之義。　公子睔字子印，睔與綸通，《人表》作「綸」，顏注：「工頑反。綸，印綬也。」　公子平字子豐，《尸子》：「豐年謂之升平。」　公子歸生字子家，《詩》：「之子于歸，宜其室家。」　公子瑕字子適，《管子注》：「瑕適，玉病也。」《呂氏春秋》云：「四寸之玉，必有瑕適。」　公孫揮字子羽，《尒疋》：「百羽謂之緷。」緷即揮字。又揮與翬通，翬，羽聲也，見《尒疋注》。公孫蠆字子蟜，《說文》蠆、蟜皆毒蟲也。《六書故》：「蟜，卷尾彊曲也。」名字取此，言蠆尾蟜曲也。《公羊傳》作「公孫蟜」。　公孫夏字子西，大夏，西方之山，見高誘《呂覽注》。又西夏國，見《周書·史記》篇。　公孫叚字子石，叚與碫同，又作鍛〔一〕。《毛傳》：「鍛，石也。」《說文》：「鍛，厲石也。」引公孫碫。　公孫閼字子都，都，雅也，又美也；閼氏，亦美也。　公孫黑肱字子張，肱，臂也。張臂，猶言張掖舒肘之謂也，猶周之黑肩、黑臀爲名。《公羊》作「黑弓」者，以弓借肱也。　公孫輒字子耳，輒與耴通，《說文》：「耴，耳垂也。」《說文》引作秦大夫，誤。　公孫舍之字子展，《方言》：「舒，展也。」舍與舒古字通，取舒展爲義。　公孫黑字子皙，皙，白色，義與黑相反。　公孫僑字子產，一字子美，《說文》：「僑，高也。」《尒疋》：「喬，高也。」故國僑亦作國喬。產與嵼同，亦高也。又《衆經音義》引《廣疋》云：「僑，才也。」字子美，言美才也。　國參字子思，參爲參伍之參，參伍錯綜之數，必思而得之，故字思。《世本》作「士思」。　參游眅字子明，《說文》：「眅，多白眼也。」目精欲明，因取以爲字。　游楚字子南，《商頌》「惟女荆楚，居國南鄉」是也。　游吉字大叔，《論語》作「世叔」，如衛大叔儀作世叔儀，宋樂大心作樂世心也。古字大與世相通，《公羊》經文「世室屋壞」，《左氏》、《穀梁》作「大室」，當取大吉之義。《釋文》音泰，非。　渾罕字子寬，罕者少也，少小則狹，故取字于寬。　罕達字子姚，一字賸，《韓詩外傳》：「姚姚者乎。」姚，盛也；達，條達也，與盛義相通。　駟帶字子上，《禮》：「視下于帶則憂。」故字上。　駟乞字子瑕，乞，丐也；瑕通假，假亦乞貸。　駟歂字子然，歂即顓字，《左傳》「歂孫」，《人表》作「顓孫」。顓，敬也。專敬，則自然矣。　罕嬰齊字子齹，齹者，齒不齊也。《說文》作「子齤」。　裨諶字竈，諶與煁同。《詩》「卬烘于煁」，毛傳：「煁，烓竈也。」《尒疋注》：「今之三隅竈。」《說文》云：「行竈。」《古今人表》作「卑湛」。　良霄字伯有，霄與宵通，宵，夜也；有者，時有養夜也。又霄者，氣至空中而消盡也。字有者，以相反取義。　罕虎字子皮，古人以虎豹之皮爲庭實。《公羊》作「軒虎」。　印癸字子桺，古丣、桺同，丣爲酉字，以干支取義。　石癸字甲，癸爲水，甲爲木，取木生于水也。　石制字子服，以箝制服從爲義。又制與製同，《說文》：「製，裁衣也。」　豐施字子旗，《說文》：「施，旗皃。」　豐卷字子張，卷，曲也，舒張也，以相反爲義。　駟蔑字子明，《檀弓》鄭注：「蔑，目無精也。」故以明爲字。

駟弘字子般，弘與鞃通，般與鞶通。鞃、鞶皆馬飾。

## 衛大夫名字釋

公子黑背字子析，析與晳同，晳，白色也，相反取義。一作黑臀。　公孫彌牟字子之，彌牟者，四方也；四方，男子之所有事也，故字子之。一云文子木字彌牟，彌牟者，木根盤互也，猶根牟云尒。　公子鱄字子鮮，鱄，魚名，《説文》：「鮮，新魚精也。」　公子郢字子南，郢，楚都，在南郡江陵。　公子楚字子南，一名荆，荆楚，南國也。二人取義皆同。　世叔齊字疾，《尒疋》：「齊，疾也。」名字義相應。　庾差字子魚，《孟子》作「庾公之斯」，斯古讀爲鮮，《説文》：「鮺，藏魚也，南方謂之魿，北方謂之鮺。」《人表》作「庾公鮺」，即䱹字。　祝鮀字子魚，郭注《尒疋》：「鮀，今吹沙小魚也。」　史鰌字魚，郭注《尒疋》：「鰌，今泥鰍。」　夏戊字丁，戊爲土，丁爲火，取土生于火之義。　蘧瑗字伯玉，《尒疋》：「好倍肉謂之瑗。」　孫襄字伯國，襄國，地名，幽州之襄平也。　公子縶名彄字公孟，足不良，故名縶，若羈絆耳。又名彄者，足病不出，若藏匿彄弩端之弦也。公孟，長子之稱。《公羊傳》作「名輒」，亦兩足不能相過之訓，楚謂之踂，衛謂之輒。

## 陳大夫名字釋

公子少西字子夏，西爲秋，南爲夏，小西故字子夏。又西夏，國名，見《周書・史記》

篇，與鄭公孫夏字子西同。　公子楚字子宋，楚、宋二國，以二國爲名字也。　公子佗字五父，五父，魯地，《左傳》「詛諸五父之衢」是也。字五父者，以他邦之地與名佗相應，春秋如晉之智徐吾以鄭地，苫越字陽州以莒地是也。《左》作「公孫佗人」，《公羊》作「公子佗人」。　夏徵舒字子南，荆舒，南邦也；徵即懲字，《詩》所云「荆舒是懲」。《史記·建元以來矦者年表》作「荆舒」，是徵陳屢受楚患，故以此爲名，猶後世之名破胡矣。

## 吴、越、萊大夫名字釋

文種字禽，種，布穀鳥也，即九扈之春扈鳻鶞，賈逵云：「春扈分循，相五土之宜，趣民耕種者也。」高誘《淮南子注》作「會」者，譌。《文選·豪士賦》注引《吴越春秋》作「字少禽」。　太宰嚭字子餘，嚭，大也，大則有餘，故字之。一引作子與。　正輿字子馬，馬所以駕輿也，《韓非子》作「子猛」。

## 蔡、曹、郳、紀大夫名字釋

蔡公孫霍字盱，《風俗通》云：「萬物盛長，霍然而大。」《尒疋》：「訏，大也。」盱與訏通，取盛大之義。　曹公子欣時字子臧，與鄭公子歸生字子家，取義同。　公子歸生字子家，與鄭公子歸生字子家，取義同。

字子臧，《公羊傳》作「喜時」，《古今人表》作「剎時」。《毛傳》：「時，善也。」欣時，喜于爲善也。《尒疋》：「臧，善也。」名字相應。　叔孫申字子我，申與身通，《尒疋》：「身，我也。」言我躬也。　郳子顏字夸父，顏、岸古字通，《史記》「屠岸賈」，《漢書・人表》作「屠顏古」。顏，高岸也。商山一名商顏。夸，平也。名顏字夸父者，取相反爲義。或曰：夸，悅也，如《詩》「我心則夸」，言顏色喜悅。　公子菑字捷，捷與接通，《史記》「捷子」，一作「接子」也。《易》「不菑畬」，鄭注：「田一歲曰菑。」田以捷速爲不失時。　郳子克字儀父，與楚鬥克字子儀，取義同。　紀裂繻字子帛，裂繻猶言裂帛耳，蘇林《漢書》注：「繻，帛邊也。」酈道元以帛爲紀子名。

## 孔門弟子名字釋

左人郢字行，郢與逞通，《左傳》「衛公子郢」，《漢書・人表》作「公子逞」。《説文》：「楚謂疾行爲逞。」　公祖句兹字子之，「句」宜讀「劬」，「兹」語助，言劬勤也。子弟宜服勞奉養，故字子之。　公西輿如字子上，輿，車前，古人登車有左上、右上之儀，故字子上。他本作「與如」者，係譌字。　公西赤字子華，《説文》：「赤，丹色。」郭璞《穆天子傳注》：「色如華而赤。」是華亦赤色也。　公西葴字子上，葴與箴同，箴，規也；字上者，上書諫也。《家語》作「公西減字子尚」，《史記》作「子皙」。　公良孺字子正，孺，幼稚也；年幼之時，必教之以正，所謂端其始也。《曲阜碑》作「子幼」。　端木賜字子貢，《尒疋》：「貢，賜也。」字亦作贛，贛，亦賜也。《説文》：「贛，賜也。」「貢，獻也。」二字音同義别。是子貢當作贛。　漆雕哆字子斂，哆與侈通。哆，大皃。侈，大也。斂，省約也。以相反爲義。《曲阜碑》作「子敏」。　漆雕啟字子開，《史記》作「漆雕開」。字子開者，避景帝諱。《漢書·人表》作「漆雕啟」。《家語》作「漆雕開字子若」，《曲阜碑》同。　漆雕徒父字子文，《家語》作「從父」，誤，宜作「漆雕（從）〔徒〕父」，即漆雕憑，亦即漆雕馬人也，見《説苑》。鄭康成作「字子有」，或云「子友」，友、有皆訓多，與徒字相關。作「文」者，誤。公伯繚字周，繚，繞也，見王逸《楚辭注》；周，繞也，見韋昭《國語注》，蓋以屈曲取義。《史記》作「公伯寮」，索隱云：「繚，一作遼。」　南宫括字子容，一名韜，韜，寬容也，見《廣疋》。劍衣、弓衣皆謂之韜，取包容爲義，括亦包容之意。　罕父黑字子索，黑即纆字，《説文》：「纆，索也。」纆即《易》之纆矣。《史記》作「宰父黑」。　顓孫師字子張，名師字張，即《左氏》「張我軍」之謂。　公皙哀字季次，《淮南子》作「季襄」，《家語》「哀」作「克」，皆譌。古人名字，不嫌不祥，或其在喪次所生，故名字生焉。此如公牛哀之名哀，孺悲之名悲矣。　叔仲會字子期，《説文》：「期，會也。」　步叔乘字子車，名乘字車，義相配也。一作少叔乘。

巫馬施字子旗，《説文》：「施，旗皃。」《論語》作「期」，通借字。

公孫龍字子石，龍與礲通，《説文》：「礱，磨也。」故字子石。

公冶萇名芝字子長，芝，滋也；字長者，言滋長也。

司馬耕字牛，一名犂。后稷之孫叔均作牛耕，故字牛，犂亦耕田之謂。《説文》引作「司馬牼」，牼，牛膝下骨也。

澹臺滅明字子羽，滅明，日將没也，即後世所謂夕陽棲鳥背矣。又衆鳥羣飛蔽日，故曰滅明字子羽也。

公夏首字乘，首，元也；字乘者，取元戎十乘爲義。《家語》作「公夏守」。

公肩定字子中，《尒疋》：「營室謂之定。」孫炎云：「定，正也。」天下作宫室者，皆以營室中爲正。《史記》作「公堅定」。

秦商字子丕，商謂之章，章，盛大也，商亦訓盛大。《尒疋》：「丕，大也。」《家語》作「丕慈」，誤。

秦非字子之，《史記》：「大駱生非子。」非子，秦之先也。非姓秦，故名非，以子爲字。

秦冉字子開，冉，龜甲緣也；字開者，啟筮之謂。

秦祖字子南，祖，祖考；南與男通，男者任也。言有男似續祖也。

卜商字子夏，《左傳》「夏聲」，即大聲也，故曰能夏，則大亦或取殷商夏后國號。

曹卹字子循，《禮》：「國中以篲策卹勿。」鄭注：「卹勿，搔摩也。」《尒疋》：「率，循也。」坿循與搔摩意同。

申黨字周，《漢郎中王政碑》作「申棠」，《索隱》作「申堂」，《論語》作「申棖」。棖、棠、堂、黨字皆相通，音近也。《荀子》：「朋黨比周。」《戰國策》：「從人朋黨比周。」皆言結黨周密也。鄭康成作

「申續」，《家語》同。作「續」者，譌。　顏高字子驕，高，自高也；自高則傲，故以驕爲字。一作顏克，克，勝也。克，好勝人之訓，見馬融《論語注》。《説文》：「馬高六尺曰驕。」或取此。高，一名産。　顏何字冉，冉，龜甲也。《廣疋》：「何，問也。」《漢書》「陳利兵而誰何」，如淳注：「何猶問也。」名何字冉者，言問卜于龜也。　顏回字子淵，《説文》：「淵，回水也。」又云：「回，淵水也。」《管子·度地》篇曰：「水出于地而不流者，命曰淵。」　顏之僕字叔，以兄弟之次爲字。冉雍字仲弓，雍與擁通，擁，持也，取持弓之義。　冉耕字伯牛，古人以牛耕也。　冉求字子有，《詩》：「何有何亡？黽勉求之。」　顏無繇字路，繇，《尒疋》：「憂也。」無繇，言無憂也。字路者，大也。無憂則心廣大矣。　顏祖字襄，《廣疋》：「祖，上也。」《玉篇》：「襄，上也。」取祖上之義。又《尒疋》：「襄，駕也。」《小尒疋》：「陵也。」言陵駕乎祖，即邁種之謂。《家語》「祖」作「相」，譌。　顏辛字子栁，洪邁《隸續》引《史記》作「顏子栁名辛」，則作「辛」者是。栁，聚也，日將入，諸色所聚，即丣時也。名辛者，以支干爲配。施之常字子恒，恒之訓爲常。《神仙傳》作「施存」。　宓不齊字子賤，不齊者，言不整齊，無威儀也。有威則畏而愛之，不威則人輕賤之矣，此《相鼠》之詩所爲作也。　任不齊字選，《齊風》「舞則選兮」，毛傳：「選，齊也。」名字以相反爲義。　壤駟赤字子徒，赤，赭色，古徒人衣赭，所謂丹徒也。壤，《家語》作「穰」，字子從，誤。《英賢傳》以壤駟爲複姓，疑非。《左傳》有郈工師駟赤，則駟赤，名也。　狄黑字哲，哲，白色，取字與名相反。

石作蜀字子明，蜀與蠲通，蠲，馬蠲也，螢火蟲。《尒疋》：「蠲，明也。」又《韓子》曰：「蠶似蜀。」《淮南子》：「蜀與蠶相類，而愛憎異。」《説文》：「蜀，葵中蠶也。」《詩》所謂「蜎蜎者蜀，熠燿宵行」，即燐也。《英賢傳》以石作爲複姓，《家語》作「石子蜀」。　榮旗字子祺，《唐書》作「榮子旗」，是祺與旗通也。《周官》：「交龍爲旗。」《尒疋》：「有鈴曰旗。」言偃字子游，游一作斿，旌旗之游也；偃，卧也。取偃旗息鼓之義。　曾參字子輿，《説文》「森」字注：「从林从木，讀若曾參之參。所（林）〔今〕反。」晉灼讀如參乘之參，初三反，取三人同輿之義。《禮部韻略》曰：「曾參字子輿，蓋取驂乘之義。」　商瞿字子木，《淮南子》：「木大者根欋。」欋與瞿通。　商澤字子秀，凡物被雨澤則華秀也。《史記集解》引《家語》作「字季」，誤。　高柴字子羔，《毛傳》云：「小羊曰羔，大曰羊。」柴，所以烹羊炮羔也。　陳亢字子禽，舍人《尒疋注》：「亢，鳥高飛也。」樊光云：「亢星，鳥也。」《説文》：「吭，鳥嚨也。」亢與吭同。　梁鱣字叔魚，《尒疋注》：「鱣，大魚，似鱏，鼻口在頷下，江東呼爲黄魚。」《賈子·説林》言其母夢鱣魚飛入室而生，因名焉。　原亢字籍，亢，傲也，抗傲者多陵籍人。　廉絜字庸，絜即潔字。《廣韻》：「庸，和也。」言廉潔則不争而平和也。　有若字子有，《尒疋》：「若、〔惠〕，順也。」有惠也，言其有惠心也。曾申字子西，《淮南子・時則訓》：「孟秋之月，招摇指申，其位西方。」　后處字子里，《毛傳》：「里，居也。」《論語》「里仁爲美，擇不處仁」，處亦居也。　仲由字子路，言由路也。　閔損字子騫，《詩》「不騫不崩」，《毛傳》：「騫，虧也。」高誘《淮南子注》：「虧，損也。」顔師古《漢書注》：「騫，損也。」取虧損爲義。　曾箴字晳，一作曾蒧，《説文》作（黬）「〔⿰黑箴〕字晳」，《玉篇》作「⿰黑箴字子晳」，《論語》作「點」。《説文》：「點，小黑也。」則作蒧从占爲是，即古點字。《家語》作「晳」，譌。　伯虔字子析，《方言》、《廣疋》竝言：「虔，慧也。」析，分析也。　言智慧則能辯析。《家語》作「字楷」，又作「哲」。　宰予字子我，《尒疋》：「予，我也。」　樊須字遲，《尒疋》：「須，待也。」字一作頵。遲亦待也，名字義相應。　鄡單〔字子家〕，單、殫通。單，極也，《詩》之單心，即殫心。字家者，言治家必竭盡心力也。《家語》作「子象」，誤。　冉孺字子魯，孺，幼稚；魯，愚鈍。言孺稚之人性愚魯也。《家語》作「子魚」，譌。　邦巽字子斂，《文翁圖》作「國選」，漢人避高祖諱改之。《説文》：「〔選，遣也，從辵巽。　巽，遣之。〕」巽，柔巽也。　斂，收斂也。故巽懦亦作選懦。名巽字斂者，言巽順而斂集也。　作「邦選」者，譌。　欒欬字子聲，《説文》：「欬，逆氣也。」氣逆則喉有聲。　鄭國字子徒，徒與都通，申徒即申都是矣。《司馬法》云：「王國五百里爲都。」國必有都，故名字相應。　孔鯉字伯魚，鯉生時，魯君賜之鯉，故以爲名，榮君之賜也。　孔伋字子思，伋與急通，《左傳》「急子」，《小序》作「伋子」也。思，憂思也。急則憂思。　孔白字子上，上與尚通。殷人尚白，取義于此。　原憲字子思，《尒疋》：「憲，法度也。」名字取此，言思不出位，遵法度也。　燕級字思，級與伋通，取義與孔伋同。　縣成字子祺，因榮子祺而致謚，《家語》作「子横」，爲是。　禹臣有横革、直成，此效古人而爲名字也。　琴牢字張，《廣疋》：「牢，堅也。」凡堅牢之物，緘縢必固，不能開展，此以相反取義。《古今人表》有琴牢，近人謂有琴張，無琴牢，《家語》不足信。夫王肅與鄭玄立異則有之，豈能造人姓名乎？又豈孟堅襲子雍之説乎？

【説明】

文原載《養素堂文集》卷三十二《釋二》。閱讀此文，可參見本《合集》丙編書札中《張澍與王伯申侍郎書》。

【校注】

〔一〕見《詩·丘中有麻》。

〔二〕見《詩·桃夭》。

〔三〕見《詩·甫田》。

〔四〕夸，即夷字。
〔五〕見《天問》。
〔六〕見《詩·終風》。
〔七〕見《詩·關雎》。
〔八〕褎即袖字，《説文》：「袂也。」另有「褒」字，衣博裾。王引之《解詁》據《晉語九》作「叔褒」，張氏作「褎」，誤，引《説文》亦誤。
〔九〕高誘注《淮南》，未注《尸子》，但《淮南》中多稱《尸子》，張氏此説含混。
〔一〇〕《解詁》作「南宫萬字長」，是，此當據改。
〔一一〕叚、碬、鍜並訛，當作段、碫、鍛。《解詁》據《左傳》，不誤。

## 《周秦名字解故》識疑

錢馥

魯顔高，字子驕。

馥案：名高而字子驕，意正相近。《春秋定公十五年左傳》：「邾子執玉高，其（欲）容仰。」「子貢曰：『高仰，驕也。』」但《漢書·古今人表》、《家語·弟子解》作「刻」、作「亥」，則謂「高」乃「亯」之誤，當是也。《史記·孔子世家》：「過匡，顔刻爲僕。」

《家語·曲禮子貢問》篇：「郕人因顔克而問禮于孔子。」是《史記》亦或作「刻」，而《家語》固已有作「克」者矣。

魯公子務人，字爲。《禮記·檀弓》作「公叔禺人」。

案：《説文》：「爲，母猴也。」「禺，母猴屬。」禺人，當是其本字。務人，假借字耳。

楚公子嬰齊，字子重。鄭罕嬰齊字子蟜。

案：《説文》：「嬰，頸飾也。」聯貝以爲飾，則比次整齊，故形容齒之美者，曰如齊貝，若編貝。至罕嬰齊字子蟜，乃整齊、參差相對成文，不得據此而斷嬰齊謂齒也。連貝，則不一貝，故楚公子嬰齊字子重，非不齊意。

楚公孫龍，字子石。

案：爲堅白同異之辨者，趙人公孫龍，字子秉。秉是量名，此子石當是鈞石之石，亦衡名也。愚聞之師云。

## 晉寺人披，字伯楚。一名勃鞮。

案：杜預注《左氏昭公五年傳》云：「披，析也。」《詩·周南·漢廣》篇「言刈其楚」，是其義矣。勃鞮，則「披」之慢聲，猶「乘」之爲「鳶夢」也。

## 晉楊食我，字伯石。

劉熙《釋名·釋飲食》云：「食，殖也，所以自生殖也。」《春秋襄公二十三年左傳》：「石猶生我。」是其義也。或曰：古者，茹毛飲血。至神農時，人方食穀，加米于燒石之上而食之。楊食我字伯石，蓋取諸此。

## 《周秦名字解故》附録

秦西術字乞者，《禮記·月令》：「審端徑術。」術，《周禮》作「説」。遂，《説文》：「豖，从意也。」豖、遂、術，其聲相近，古字通用。此與冉求字有同意。鄭公子魚臣字僕叔者，魚、圉聲同。《説文》：「圉，人掌馬者。」《春秋僖公十七年左傳》：「男爲人臣，故名男曰圉。」《商書·微子》篇：「我罔爲臣僕。」《詩·小雅·正月》篇：「并其臣僕。」是圉也，臣也，僕也，同類也。又可説者，《爾雅・釋魚》：「鱊鮬，鱖鯞。」郭注云：「小魚也，俗呼爲魚婢，江東呼爲妾魚。」魚臣與魚婢、妾魚同義。鄭印癸字子栁者，《三國・吴志・虞翻傳》注：「翻云：『古大篆丣字，讀當爲栁字。古栁丣同字。』」案：《書・堯典》以丣爲栁，此以栁爲丣，意與楚公子午字子庚同。魯顏辛字子栁者，幸乃辛之譌，栁亦當讀爲丣也，或如字。《尚書・堯典》疏：「昧谷，鄭爲栁谷，鄭所傳真古文也。」魯泄栁字子庚，同意。晉荀盈字伯夙者，取持盈之義也。《説文》：「夙，早敬也。从丮持事，雖夕不休，早敬者也。」

## 《周秦名字解故》書後

始馥讀許氏《説文解字》，至古人名嘉字子孔、名斿字游諸處，知古人名字，有可以爲聲音文字之證者，遂畱意于斯。讀書遇古人名字，則必深思其故。有不得其解者，時往來于心，而不能忘。而其自謂得之者，穿鑿傅會，知所不免。每欲纂爲一編，就正有道。賤性疏嬾，因循未果。友人陳仲魚知馥之好是也，持高郵王君《周秦名字解故》見示，展卷欣然。既喜王君與我同心，又凡愚所求其故而不得者，竝已疏通證明之。錫我百朋，豈是過哉！顧馥所推測，有與王君解釋不同者，籤識簡端，聊以相質。而爲王君所未説者數人，録坿卷末。昔鄭康成欲注《春秋傳》未成，行與服子慎遇，聽服與人説所注傳意多與己同，盡以所注與之，遂爲服氏注。今馥與王君雖夙有同心，自慚蕪薉，不堪持贈也。海寧錢馥。

【説明】

稿原載錢馥《小學庵遺書》卷三，門人邵書稼輯，光緒二十一年刻本。錢馥，字廣伯，號幔亭、緑窗，浙江海寧人。通小學，深受錢大昕、盧文弨輩推重。有詩文集及雜著數種。年甫四十而卒。

## 題《經傳釋詞》

汪憙孫

印林爲文簡公督學山東時所取士。文簡爲武英殿總裁，印林充校録，以謂異於常人。印林得文簡師法，訓詁謹嚴，校讐致密，人尤淵雅，氣誼直似古人。道光十五年從印林獲借此册，於時文簡墓木已拱，覽此憮然。謹志數行卷首。八月八日，憙孫。

【説明】

稿採自王獻唐《顧黄書寮雜録》。許瀚，字印林，山東日照人。有《攀古小廬雜著》、《攀詁小廬文》，通金石，精於訓詁、校勘。

## 補高郵王氏《説文諧聲譜》

王國維

### 東第一

東 棟重湅涷蝀　重 𡍮踵腫種憧湩緟動董鍾童　童 蕫董衝橦穜瘇僮罿僮憧潼撞曈鐘銿𩏪龍　龍 瓏蘢嚨龏 龔籠龔櫳巄寵襱襩龐礱瀧襱聾聾壠隴

工 𢀜玒訌巩攻𨾴鳿缸杠貢邛粠空仜項江扛矼紅虹螎功釭　巩 𢀜鞏碧恐忎蛩銎　邛 䢌　空 椌涳控　項

頊

江 鴻

用 甬 庸甬通通踊誦筩桶痛俑涌蛹勈㦷恿　庸 鱅鄘傭鏞鱅墉𩫖鏞

公 訟谿翁舩松窯伀頌額瓮　翁 蓊滃鰫螉

丰 豐玤奉夆邦峀蚌　豐 豊 豔鄷豐　奉 琫菶唪　夆 逢洚悻捀　逢 蓬菶遑縫逢螽鏠

對 㞢 𡳿 葑𦀚

同 迵衕詷眮筒桐侗駧恫洞鮦挏敮銅

冡 蒙幏騄醁　蒙 矇驝饛濛蠓

弄梇

共閧⿰骨共巷供烘恭⿰忄共洪拱拲⿱共木輂

雙⿰忄隻

容⿱穴公傛溶鰫搈⿰容瓦鎔

宂⿰鼠宂

囱窗⿴囗丫悤曾　悤璁蔥窻憁⿰巾松⿸广悤驄熜聰總鏓繱

茸⿰革茸髶搑⿰酉茸

凶兇匈⿱凶月詾訩⿰言兇洶　兇⿱兇夂葼⿰酉㚇椶稯⿰禾兇艐⿱宀㚇⿰土㚇

从從樅瘲豵慫⿰彳⿱从耳縱縱⿰虫從鏦錄⿰車從

邕⿱巛吕雝饔⿱雝言癰廱灉擁

充統

龙牻哤厖駹浝⿱浝土

⿵門同

⿳亠口⿱口日

中⿻中卩⿻申卩⿱艹中盅仲衷忠忡沖

𨐾䢉辳𨑈 ⿱囟皿膿癑襛獿濃醲

夅 ⿱竹夅韸栙洚絳降隆　隆 ⿱隆𠂢癃⿸疒夅

韸 贛⿰章贛⿱艹贛⿱贛心匵櫝⿰章齒

宋

宗 琮賨崇悰淙綜

躳躬 宮窮营芎⿰吕殳藭竆

眾 潨⿱雨眾

終 夂汷冬□苳鼨⿰鼠夂螽⿰虫眾⿰冬黽

戎 娀

蟲 融⿰鬲蟲痋赨鉵

彤

廾⿰手廾 共□⿱龷糸

孔

舂 ⿱舂見惷

肯

冟

⿰邑巴

## 蒸第二

承 脀⿱丞韭烝 烝 蒸⿱艹丞⿱烝豆

登 䔲 璒證簦橙鄧憕鐙隥

厷 肱 厶 雄宏㝖閎弘紘紭鞃弦泓強彊

瞢 薨夢蕄寢懜甍 薨 儚

⿱乃廾

夌 ⿺走夌⿰食夌棱淩掕綾陵 淩 蔆⿱艹⿺辶夌

乘 𠅞 騬

徵 𢼸 懲瀓

灷 ⿰齒并襃栟併艕 併 迸逬 艕 謄榺賸幐騰黱滕⿰月⿱关火凌縢螣塍勝 騰 鰧

承

弓 穹

黽黽鄳鼆繩蠅

恒死𣂻亘䱭搄縆

鳳朋鵬棚倗崩淜掤弸堋輣　崩䣙鄘繃

升抍撜

興嬹

爯稱偁

兢

能

曾譄䰝矰贈鄫罾層䙯竲憎潧甑鬵繒綷增

仌凭冰凝　凴鄢

雁鷹膺癄應

轟

## 侵第三

咸葴鹹諴緘瞷箴椷顑䶢感減鹹搣鍼　緘歛　箴𩧫黬　𠧪㽸覃禫蕈嘽瞫簟橝鄿糟驔燂潭鱏撢嫥蟫鐔醰

乏芝髲鉕貶窆覂㞏砭泛妋

品臨瀶㽸碞

羊南芊湳

丙㐁茜

音喑諳暗窨瘖署歆猪黯涪闇

弇穿鞥黭渰揜媕

占苫黏刮笘鲇鲇枯黏痁帖者覘沾㶲點鮎聑拈姑蛄坫黇鉆阽箈　沾霑婮　𤇩㮇

甚㞓葚㪟諶糂糝䊞覘歁煁黮湛灊媅戡瑊㪟醦

今玲芩矜含吟韵詅靲雂棽貪衾欽岑䶖黔念侌魿聆妗戙砱紟絵金鈴禽　岑梣㯫涔　貪嗿　含琀頷　酓韽

䧱鵮盦歙衾黔嬒　霠侌𠆶陰蔭　金釒荟唫趛欽錦襘欽鋟崟㾕黔淦汵捦襟　念唸諗敜稔淰　欽廞

冘芜訦殳眈鴆肬枕煩黕忱抌紞鈂酖沈霃　耽盬　㐭廩㐭僉　稟鄙顲

林禁琳菻郴痳罧惏淋霖棽綝　禁噤　森

马東犯氾函肣菡顄涵涵霐　氾范笵　笵範

罙深探琛　深㴱

侵祲蔓僠梫寖駸綅埐　寑㝲寢濅蘉

𡈼淫婬

兂朁兓鬵朁𤩽噆譖僭憯潛䲋蠶鐕𨣈　鬵䰝灊

彡𢑴彤䑰　尋蕁藫鄩襑潯

夾陜㜗

心沁

凡芃鳳朋鵬汎帆風㕯葻諷楓颿

男

壬飪脏恁任衽妊紝絍　任荏集賃恁𦧝

三弎

凵

叒

㝵

㬟參慘謬篸槮傪驂㥶黲慘滲嫪縿

冄誧枏𨚗痏瘕顩聃聑抩姌蚦𪚩

毚嚵讒劖鄿儳纔鑱

丙編　考　辨

閃

闖

欠 芡坎

臽 啗⿰月臽⿰山臽⿱臽皿窞欿⿰谷炎惂淊⿰魚臽蜭陷閻

閻 壛⿱艹閻讇諂爓⿰氵閻

奄 ⿰革奄腌⿰奄阝晻罨俺裺黤淹閹掩⿰女奄

宷 審瀋

內

⿰王夭 ⿱⿰王夭土

舌 栝狧⿰火舌恬銛

灋 法⿱亼正

焱

从 ⿱雨从

## 談第四

炎 琰啖談睒剡棪郯倓⿰亻剡覢欻⿰赤炎⿰炎圭惔淡緂錟

詹 瞻膽檐儋襜黵憺澹⿵門詹聸
㪟敢𣪘 譀諗厰獥黬闞
嚴嚴 囐籢儼巖礹
甘 苷曆邯黚泔紺鉗酣拑　拑 箝
甛
猒猒 厭　厭 饜黶懕擪魘壓
僉 薟蘞譣劒劍檢儉顩廢驗獫憸䨘䶬撿嬐險醶斂　斂 籢
兼 蒹嗛鹻謙鎌槏稴嫌歉頛鬑廉磏獑鼸熑䭑慊溓㡘鰜嫌縑蠊鐮隒　廉 藤簾
監 藍𥉿? 藍矙籃㿝檻艦襤覽鬑濫鹽擥嬣鑑醠
斬 蔪蘄趣槧暫𡋽慙摲螹塹鏨漸　漸 蠶
𢦏 鑯瀸　鑯 讖殲籤櫼懺瀸攕孅纖鑯醶
銜
剡 剡菼剡緂
广
染 𩂣媣

[illegible]
芰
昜禓瑒募踼腸篡餳鍚楊暘瘍崵碭煬黥惕湯揚敡颺場陽暘　募蕩　鍚觴鸉傷　傷殤慯　碭宕　湯盪簜
盪
陽鐊　暘蘯
丄上
王㞷迋翌
皇瑝喤篁程煌惶湟蝗鍠隍
毀毀蘐囊襄　襄㐮禳蘘讓䑋籑饟鄹囊穰驤攘孃纕蠰壤鑲醸　釀蘸
行珩胻衡奐洐
誩競
章璋蔁商鄣彰麞漳墇障　商啇商啇啇
竟滰摬鏡
兵倂兵
羊祥詳鴹翔養羖痒庠恙洋羕姜蛘羌羪唴　羕樣漾瀁
倉仝瑲蒼蹌鶬䬘槍愴滄凔𠥂鎗

刅創刱梁㴓　梁㴓粱

央英詇鞅鴦殃盎㼜柍秧怏泱抰姎紻坱

京㹁諒椋景倞殑黥剠涼飆勍輬醇　景憬

亯享

桑顙磉

㞷往敱雖堇枉狂汪匡軖　往迬暀　狂㤮誑俇𤟨　匡　筐邼恇洭軭　匚匸

匠趣

尣尫

昌昌唱倡閶

囧莔　朙明萌盟盟盟

爿壯牂𤖯牄牆牀狀牁妝戕斨牆　壯莊𤖼裝奘奘　牆牆牆薔　戕臧墭宬　牆將牆將蔣牆箬牆牆牀

香

向珦尚餉　尚定敞嘗棠賞鄙常裳黨掌党堂當薑鐺　嘗鱨　黨矘攩　堂坣臺鼞樘鄞闛鏜

杏荅荇

卬茚迎鞠柳仰駠

朢𦣞謽望

方汸旁芳跡訪旊鲂放肪枋邡仿㑂舫魴鳑房妨瓬紡鈁防墬　旁㫄旁雱嗙徬謗膀髈榜鄸磅傍騯滂搒斛

兄怳況

兊㕣艾桄晄侊駫洸

黄𡚬璜黊觥簧横廣磺卝潢蟥蟥　横瀇　廣横曠穬獷穬纊絖壙

亢頏迒踁笐邟杭稉伉斻犺炕𩉵忼沆魧抗杭吭阬

永詠咏泳

亡芒㽮攺盲肓𥁰㟐宗邙𤣪罡㠩安𣉈蝱𥃱　忘𦭐　巟荒謊幌駹鯇統　荒𥝖　㒳目㫗筤琅莨眼筤桹郎脼

宦硠狼浪閬蜋鋃𣂔稂莨稂　𠕑亢𠒎萇韔棖帳倀悵張

网罔䍐㓁网岡蛧　岡犅剛信綱[illegible]

量量糧

庚唐康　唐陽䧊　穅康㝩歋漮

丙㪅柄棅邴㾘病炳怲鮩　㪅哽骾梗郠鯁綆埂

井莽葬

丈杖

鬻鬻鬻羹

秉

䛐 驛

爽爽鷞甐

相箱想湘霜

皿盌盂　孟孟猛　盎醠

卯

皀鄉卿　鄉響饗鼏鬮蠁蚼

㔾

㒳兩裲緉蜽

象𩟪鐊像襐㑥潒勨

畕畺　畺疆橿橿僵䗼麠鱷鯨繮彊　彊薑

强彊襁繈勥勥

竝髮

衡奧

弜

从

爪

## 耕第六

井[illegible]耕阱穽汬荆邢姘　荆型鉶

名

正𤴓[illegible]延征延証整政定竀綎鉦　定錠

争埩筝諍箏静䈑竫浄絳埩錚

甹[illegible]甹梬俜騁聘娉𠋫

平[illegible]枰枰䶄泙抨坪苹　苹萍

盈楹縕綎

青[illegible]菁請䴖精倩靚彰崝猜靖情清清婧綪蜻　靚瀞

冂坰冋迥詗高廎冥鼏駉炯泂扃絅　冥蓂瞑鄍幎覭溟嫇螟洦

生牲眚胜笙旌星殅性鮏姓甥　曐星曐腥猩

貞禎楨湞隕鼎

寍藌寍寍甯濘

壬呈廷巠巠聽　呈逞徎桯郢邘程裎聖酲　聖檉　廷珽莛筳梃侹頲庭霆挺娗綎蜓鋌　巠巠莖牼徑羥脛剄

桱窒痙頸峌經赬䞓浾泟悭涇鯉娙經蛵勁鋞輕陘　輕鑋

敬璥警檄儆驚憼

熒瑩膋罃榮檾𤇾營褮滎嫈縈瑩鎣犖醟　瑩弊　榮藀膋鶯嶸　營氣禜

霝靈靈蘦鐳櫺酃顬靈龗雯蠕

丁玎艼訂靪亭朾頂頂顁汀矴町釘叮成戚　成誠盛郕宬城醎

眥省揹涓婧蛸

鳴

贏籯嬴

賏罌罌嬰　嬰嚶鸚郹瘿廮纓

頃穎傾熲潁陌

磬殸巠罄罄馨殸聲聾

昃

㚔 婞緈

并 䴵餅𨪒瓶栟邢併屏艵庰駢洴姘𡹔絣蛢軿荓蓱 屛 偋

耿 褧

敻 瓊璚𤩞琁藑𧾷讂䨪鐍

## 真第七

真 𥄉 禛瑱䡩嗔趚䡘謓瞋戒䐜槙積窴瘨顛慎昚滇䨘闐填鎮稹

天 吞忝

扁 萹偏蹁諞翩篇楄牑㰋徧褊猵獱搧媥甂編蝙

信 仰 訫 佞

聿 逮盡津 津 𦩨 葎

𦘔 盡𧶬 盡 壗藎

臣 茞嚚𨷂䛷臤郋頣拒 臤 䁂𪆂㓦𧾷緊堅腎𦟝賢礥掔竪豎 堅 摼

玄 𢆯 牽眩炫泫鉉

鮮 垟

因 茵鞇咽歐駰恩洇捆婣嫣

人儿

千 汘裕秊　秊 郛

仁忎𡰥

宆 賓　賓賔 薲闠矉殯髕儐擯覾鬢䫌嬪

勻 趜㚼訇訇 旬眴均鈞鋆酌　鈞 㥯　均 葯

旬 旬 珣筍㚻㥏郇帕佝恂洵姰絢　筍 榏　㚻 㮩

𪉮 㶓

粦 遴僯蹸瞵鄰䠲麟獜憐粼鱗瞵

淵 㶒 困 淵 䶒 鼘

頻 響 㰋

𠕁 闟閔𠕁　闟 𠕁 蔺 進　進 璡

民 𢆰 珉敃筤罠㥸𧎴𧎴蚊　敃 愍

辛 亲痒庠　亲 親新　新 薪　親 櫬䞋瀙

寅𡨚黃瞚演戭螾蚓夤𡗝濥

𦥔𠄕⿸厂昌神呻曼胂伸𠆸魋電霅紳坤陳⿰𨸏𠄕　陳敶

身

秦𥝩蓁榛溱臻轃

田畋佃甸

令玲苓命笭柃囹伶領泠冷零魿聆瓴蛉鈴矜軨⿰車霝

牲

朩

粲

晉榗鄑戩縉

弥⿱艹弥⿺走弥⿰月弥⿰巾弥伱⿰女弥

卂迅訊⿰言卤汛扟蝨

乚

疢

朁

# 諄第八

𦎫𦎫犉啍諄敦暙䜘焞諄惇淳弴埻錞醇　敦驐憝鐜

閏瞤潤

丨引　引靷鞎肕弞弞紖鈏

屯萅肫笹杶橁杻邨窀頓庉黗奄純鈍軘　萅偆鬊惷蠢䵶

舛踳舜　䑞舜蕣

熏薰纁壎勳勛醺

賁蕡噴膹𧀹轒幩僨歕豶憤濆墳鐼轒

分氛雰岎芬釁攽盼翂鳻盆枌棼貧穷邠豳粉帉黺份彬衯頒翂蚡忿汾魵扮紛坋　釁虋　份彬虨

君莙羣郡宭窘帬裙頵涒輑　羣𢿞

尹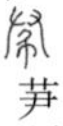芛頵

寸刌

盾遁循腯楯㡩揗

奮𢅥

㥯㥯　㥯䭲檼濦隱　隱檃

刃物訒杒帆仞忍沏紉軔　忍荵

昷嗢殟熅慍溫搵媼緼轀醞　温薀

侖命論睔棆倫惀淪掄綸蜦蜦輪陯

羉虆鰥　鰥歡

本畚笨

員鼏䐣䐣䆐圓鄖瘨䫉䫉磒愪湏霣鼏損緼隕

飧

囷菌䞑䠅箘䵸麇　麇麕攗

困朱梱稛悃

圂㮯橐慁溷掍

昆琨瑻焜混掍緄輥

㫬珢很齦跟跟詪䩵眼根痕䫀豤狠恨垠圻䩵䔮銀限

殷慇

先跣詵侁銑兟駪洗姺銑

文玟吝[illegible]虔旻彣駁忞汶閔[illegible]紊　吝彣麐　閔潣

印

豩㸚　㸚闊

川巡訓順馴紃輴

睿濬濬

雲云[illegible]芸囩賱魂侌沄澐抎妘[illegible]

門問閶閺悶聞聕捫閩

昏敯鶻殙顒惛闇揞婚𢝊緍錉　敯䤨　婚𢝊轗

辰[illegible]裖脣踬晨脣䣅賑晨宸晨㰮農震靈振娠蜃陙　晨鷐　脣漘

堇墐菫瑾菫謹殣饉鄞暯僅瘽覲廑㨻蠸墐勤

斤祈芹听赿近齗訢蘄虒昕旂欣犷忻沂蚚釿所　近菦　欣掀　犷荞　沂垽

軍葷暉運鼲韗鞾暉翚鶤餫楎鄆暉幝褌俥鼲煇惲渾揮緷睴輝

允吮夋靴沇沿鈗阭　夋逡逡駿梭俊駿狻焌竣悛浚捘畯陖酸　俊葰　酸酸䨚　陖峻峻

尊奠墫蕁噂遵蹲劕僔鱒繜鐏

孫遜愻

筋

存荐栫

屍脾臀殿㞎　殿臀澱

犮

䵘

乚

蚀

焚熕

㐱鬒珍趁診胗殄[illegible]胗疹袗裖貟駗沴紾眕軫　殄飻

肩

卯㕣　㕣巽巺選譔巽蹼僎鐉

𠧪

垔陻𡍩禋䄄𦎯鄄煙烟垔𢿱湮闉𨻶甄　甄蘄

蠡

𦞠豚遯

幔

冐冃

緐䌓

衮

糞穙瀵

𣏌㥏鰲

## 元第九

元 玩朊芫翫刓完邧冠頑髡髡忨沅蚖黿軏阮

班

叀玄𠧪 專袁　專 尃膊篿團傳磚漙鱄摶嫥縛轉　袁 遠邍睘園轅　睘 環趧還譞矆翾檈圜儇獧懁擐嬛繯蠉轘

還 檈　繯 鐶

釆𠂹 弄　弄 䊎眷劵觠巻䩰桊帣卷豢拳絭券　卷 圈䅌倦鬈捲隌

番蹞𤰕 璠蕃譒羳橎鄱旛蟠幡皤顙磻獖鱕燔鐇潘播敽繙蟠　旛 瀋　潘 藩籓

半 胖判伴袢泮姅絆畔料

㕣容 沿鉛　鉛 船

叩單蓳患悶愚　單襌葷嘽彈觶觥舼簞橶鄆癉嘽玀僤襌驒燀皽憚鱓闡撣戰匰彈弨繟蟬鼉墠　　雚瓘趲灌瓘鸛

齻權鸛觀籯歡玀驩燀烜懽灌玀勸

連蓮謰梿㥂鏈鏈

建韃楗健鍵

辿迣腿

延㢟誕這筵梃梴硙挺

干玕䛒趕迂衎訐軒旿骭肝刊竿邗旴旱罕衽岸豻狩夭忓汗閈扞奸釬軒　　　　　旱敦睅稈秆騲悍戰

岸騲　夭覝

姦愬　姦

厂厈雁鴈厎彥厄庐　雁膇　庐炭　彥謗産顏齻　　産懂漙鏈

絲孌䋝　變彎鸞䜌欒䜌圞孿孿彎孿孌孿攣　攣攣

蕭善膳鄯僐顝嬗繕

辛言　言琂唁衙衙

龻棽　䜌䜌

反反　叛返仮飯販版汳返皈版

二三〇四

棥樊𣡕　樊蠜𧢄𩔋鐢

攀

㗊器　器囂𡢃

萑藿

莧囂寬　寬髖

焉蔫鄢傿漹嫣

芈

爰瑗諼暖楥𧡫𩓿煖援媛𩭳緩蝯鍰

𤔔𤔔敿覵嬀變亂　亂薍

𣦼餐湌粲𡝩

胡

肩肩𧡮顅

肰𢿢然蘸　然嘫橪𠎮撚𡡆繎

憲藼𤒿萱𨘢

笄

算歎簒饌簒纂潩匴纂篳

奠鄭奠

珏褒　褏展

丹　彤旃旜

仝全[illegible]荃牷跧詮佺恮絟銓輇

閑

柬諫楝煉湅闌練鍊軸　湅漱　闌蘭讕讇籣瀾漣　蘭爛爛瀾

贊瓚籫饡欑酇儹灒嬪纘鑽

旦䩡轇鴠䑗笪亶疸但袒炟䵣怛悬組坦　亶邅鸇鸕䁴膻饘檀儃氈顫驙澶鱣鱸擅嬗蟺壇鐔

羴羶羼鮮　鮮癬蘚

㫃　扵䡛旋　旋淀漩縼鏇

倝𠦝翰韓鶾韓榦乾鷾檊斡乾　榦蘇　檊瀚浣　乾漧𨙸

夗苑䛄智鴛笏腱登盌宛窓帑怨夗娑盌　宛琬菀婉晼輓

毌貫　貫遺摜

㪔黴散　散鐵潸霰霓

耑瑞喘遄諯段腨剬觽篅椯䅸褍歂顓䠲貒端惴湍揣黺　遄樄

段毈緞碫鍛鍛

安 荽奞鴳案晏案侒頞鵪洝按　晏 暥　妟 宴鰋鰋匽　匽 鶠郾偃褗揠蝘蝘

般𦨨 鞶督槃鎜盤瘢幋鬆黨搫媻盤

完 莞脘筦梡俒鯇垸院

見 莧哯靚睍俔靦靦硯蜆垷

藺絸 繭

面 䩄偭愐湎緬蝒

縣 𥊍

鬳 獻甗　獻 瓛讞櫼櫱不梓瀲轙

山 訕邖疝汕

廛 躔纏

丸 芄骫肒紈

冤 蒬鞔韈黫婉

免 鞔輓晚晚冕絻浼鮸䰋勉輓挽

娩 嬔挽

犬 猚

衍愆寒諐衛

侃遃鬻衎飦鍵

次㳄汷羨　羨遂䌥

厵原蒝謜傆願獂愿嫄縓

燕鄢㬫驠嬿

閒閑瞯鷴簡橺癇僩鬜驏憪澗嫺鐗　簡篙灡

戔俴衡踐諓殘箋虥餞棧賤帴倴猣淺綫線錢醆　棧㰂

卯丱絆

亘趄桓宣貆狟査洹絙垣顫　宣咺愃

鸛難難䨻䧹灘蘺鸛攤儺歎魕戁漢滾瀨灘　歎鸛嘆　漢　滾熯

幵趼訮𥈡晉羿鳽鳽刑笄枅䒥邢形研豣麉豣蘮汧蘢開闗妍彁銒

栞栞

官菅逭糶輨管琯館棺倌悹涫揎婠綰輨

𨗼遣　遣譴

萬贎勱

辡 辦辨辧辩辮辯辮

祘 蒜

𣁋 𩰉𩰊 蹵𥋧𡭊

𣅍

𠧟

奐 寏院涣換

幻

刪 珊𥳑姍姗

𧇊

贙

盥

宧

寒 蹇騫褰騫搴 褰攐

穿

岦弁𡗞 昪開拚畚坌畬

頙 顨

耎 䓕腝[illegible]稬偄礝麎煗渜媆甄緛蝡暝陾

彖 瑑遯鶨篆椽掾緣蝝隊

馬

㚘 輦 輦 鄻

𡿨 甽畎

泉

鱻

䙴𢍜䙴 遷𢭏𨞙僊

聯 䜌

𢍰 關

繇𦃃 蘇繁

奻

孨 僝孱

肙 鞙睊剈䭤圓䅌駽焆悁𢙓涓捐弲絹蜎埍鋗䣺

宀

前 箭𢃇煎湔揃媊　歬 葥翦歬鬋　湔 𧂇

臱 𨘘邊矏籩櫋𥨸鬓　邊 籩[illegible]

煩 薠

翩 𤞤

虔 越鄌𢮦

节

看 輡

緜

马

曼 蔓趧謾槾幔獌慢鰻嫚縵鏝槾輓　蔓 鄤

㒼 璊㻔瞞樠𧇭鬗懣滿　滿 懣

雋 臇㷾檇𧒿鐫

毳

## 歌第十

爲[illegible]蔿譌䣀鄬𡨕𤸍僞闟撝嬀隖
皮笈[illegible]彼跛詖鞁簸柀貱旇疲帔被頗髲破駊波波鮍披紴坡鈹陂
𠂇左㸷 差隓 隓墮䧅鑊髓 隋蓨隨讃橢鬌墮鬌惰鰖隓媠鬌 憜惰媠褚 佐齹
𣎆羸𣨼嬴裸 蠃驘蠃蠃 羸䰩𦡹鑹
丂可 可苛訶䣱柯疴何砢河閜抲妸坷軻阿 苛渮 何荷 阿閜𡣯
奇倚齮犄踦攲猗欹剞觭椅旖寄倚騎猗掎綺畸錡輢陭 旖檹
歌歌謌滒
𠀡䯊 䯊䮍蝸蜾
果裸踝課敤髁綶稞窠裹顆淉鰈婐
朵䇔娱垛
𧴪瑣䐪䫜㴎
多㚊哆趍迻誃眵栘移宜痑侈袲䫂烗黟𡝩㡳垑䏧軬陊 移𦲸 宜箠寈詑 侈㢁
䣭
科

麻髍摩穈靡𪎭摩縻𦁐塺　靡䊳礳麇摩

沙𣲡莎魦娑

乁也氏　也𠃟迆𢻳杝貤施馳炧匜弛虒地墜阤酏　施暆𧍞

我𢦙莪誐䳘餓俄峨硪騀涐娥蛾𧊅䖸

義𦍼議鸃羲檥𨚲儀𠫰轙钀　羲犧

它蛇詑𩊠佗袉𩠸沱鮀拕鉈

加茄哿嘉枷賀痂駕𤙭妿　枷迦

离謧離摛縭螭醨　離蘺

吹炊　炊龡

戈𡛖

冎　咼禍過䛡楇碢煱騧𩨐堝𡡉緺蝸　過薖濄

𡍮𡍮瑳齹𧫧䰈槎瘥傞𩭪嵯𦍍溠𤏺𪇩縒𥌳𨋨

𠂹𢽳𡍮𨻐　𡍮唾涶諈睡䳠腄箠厜𩣡涶捶娷埵錘陲　𩣡𩣡𨒫

禾咊龢盉委

羅蘿

罷 蘢羆䍦羅

匕 齓化魤　化 吪囮圝貨傀鈋

臥

𧝐 𩠐 𡡉瘣繢

瓦

妥 桵綏

𡌿 坐 莝趖脞剉痤侳髽挫娷銼

𦮼

虧 虧

厄 妃

詈

## 支第十一

支 䓣 芰䔓䞭跂攱㩋㹻雉枝郊岐榿 䢔𡊂伎㩐屐頍魃𩩲鼓忮洔技妓蚑　枝 蘇

卑 萆鞞敕髀髀蜱脾箄𩫣𩞀椑郫稗䵗粺俾裨顊顐庳碑猈𦧣䶕捭婢甈蠯蠯埤錍陴鞞　箄 𤅊　庳 𪏐

是是 禔葚趧徥踶諟鞮睼翟篤寔匙禔題題騠遈湜提媞緹祇堤隄
只 迟齞胑肢枳積疻伿咫抧軹　伿 㫖
巂 讗蠵觿酅癟瓗懏攜孈纗蠵蠖鑴
轂 瓂蔎虢罊槼斅罊慤擊毄繫墼蟿　繫 蘻
解 薢懈澥蟹鱰隦
知 㬅　㬅䵹 覩潪鼅蜘䵹
買 䁍薑濆
朿 帝茦趚柴誎敇刺策賫涑　帝帝 禘啇諦締　啇 適蹢謫敵鷸䴞樀禘滴摘嫡鏑　適 擿　刺 莿　賫 嘖讀黷
積 簀積幘磧漬嫧績
兒 齯說閱敓睨鶃鷊䴇艗郳倪䴕屔麑霓鯢婗蜺輗輗棿
卮
辟 璧薜壁避譬躃臂劈檗檗檘僻襞擗廦僻闢闢擘孼甓綮壁
危 祪跪詭鮠桅頠恑洈姽蛫垝陒鈋
易 鍚䞜敡睗鶍剔賜暘瘍傷裼鬄髢狦惕惖緆鷊錫　剔 鬄　賜 蕮
狊 鶪郹　鶪䴗 蘜

規 鬹窺闚嫢

惢

𠂢 䀰派衇脈𡵥覛䚔紤

厂 虒欣厄系䰄縊曳　虒 褫嗁趧遞蹏鷈篪螔觽榹禠歋鼶㔸滮䗔鐁

氏 祇芪跃眂疷忯汦抵紙蚳坘軝䩚

糸 𢆯

圭 珪茥哇趌街詿卦䞨封桂鮭桂邽窐佳崖庢𪋲烓奎奊恚注𡋲閨挂娃絓畫䵷畦鞋　窐 洼　恚 娡　鞋 蘳

斯 蟖𣙻𤷃澌澌

豨 蒤

畫畫劃 劃嫿

彳 役　役伇 柀疫毄坄

秝 麻　厤 歷磿　歷 櫪靂瀝

鬲 甂歷鬻 蒚翮槅䰙碣搹扼隔䰛

罵 罵

鷹

麗丽丽蘼邐𨅌䍦𪇆䉶酈曬癰儷覼驪灑鱺纚釃

脈霢

𠦒脊　脊蹐膌瘠鰿

徙徏屣𩌏簁

此柴祡玼茈呰越訾齜訾訾雌𡷨鴜骴觜柴貲疵跐頿嵳䭣泚鮆批𤘘㧗紫鈭

益嗌𪘲謚𩥌螠溢搤縊𧍣　嗌森𨛬隘

冊篅𣍘栅

𠂆

兆

丫

芈

兮盻

虘戲

析晳淅蜥

林

叉 杈

覝

冖 冟鼏 鼏 鼆蜜

尸

委 㛍逶蜲踒諉㮃𣨙餧痿倭覣巍捼緌錗

庀 吒䭲䡊阸

## 至第十二

至 𦤳荎咥𪘺脛桎郅室窒耊庢鞊致痓挃姪絰蛭垤銍 致 撴緻 臸 𨗉𦗗榁鄿𢧄縖

疐 嚏

質 嚔躓

實

吉 趌䶧詰桔佶祮欯頡硈黠㝞𡙇鮚拮姞結蛣劼 頡 襭擷 𡙇 噎饐殪𡙇饐曀𤞞撎墎

逸

七 叱切

日囙䵵䵵䄶䮗涅䫻

疾廿䱰䗐嫉

悉㤂𥽭㥶

㯻㯻𤧚溧凓

桼䰍䰂䰃䰄漆　䰄䰈

畢趩斁篳韠櫸㿨熚滭彈縪醳

一弌

乙肊臆杚䒗失　失苵迭跌詄昳䭥胅秩瓞𧿹帙袠佚䱏昳䭥泆抶䞇紩軼

[illegible]抑

必祕珌苾鞑眍䏟虙盜飶柲邲宓佖㘠覕邲駜泌鮅閟瑟䶀　宓密　密蔤　盜謐醓　瑟璱

八必龹㑹朮穴馴汃匹　㑹肹屑　屑齫榍　穴鴪㸣貁泬紌

卩䘑即㔾　即節擳　節櫛

血衁侐恤洫

徹㣪㣪

設䛫

刟

## 脂第十三

聿律筆

虒褫

示不殺柰祁視眎眡狋　柰隸淶　隸隸㯆

气芞吃趖齕訖氕虓麧杚秄氣仡钦頜忥汽紇圪釳　氣槩餼愾鎎

妻娄萋郪䨥悽淒霋緀

尒爾　爾薾邇迩闟籋檷鬌镾瀰鼉壐　壐璽獮祢彌纏

厶

䟫

器

冏巂裔兖　喬嘺趫遹譎鷸𨘉劀橘窩驈憰潏繘𦆠𦆶蟜驕

計

㬅投頞没

彗篲簪 嘒嚖槥篲慧霻繐錯

隶 逮隸殔棣肆逮悷 肆鬒 蕼

褱 懷瀤壞黚轂

㸚

旻

臤 堅瞖掔

眉 瑂楣郿湄媚

自𦣻白 詯郋臮眉暜普朁洎垍 臮𣏟 㵘

皆 瑎喈龤諧腊楷稭偕𩣡湝緒鍇階

隹 琟萑唯趡誰睢雎脽椎帷𠥩傕顀魋崔嶉㢈碓騅惟淮推婎維蜼錐陮 唯 蓶鷕雖 鵻隼 毴準 崔 催漼摧繀

淮 匯 推 蓷 維 濰

奞

穖 鬻粖

美 媄

𢍏弃𢍏

幾璣嘰趨譏朢蟣鐖饑機穖儀鐖蟣譏

惠蕙譓橞潓繐

叡䜢壑
叡睿壡璿璿壡壑

死歺屍

骨䯊鶻歆顝𧾷滑猾䝤

胃喟嘳謂𦏗蝟渭媦緭颶

肥葩蘬屇蜰

威㭫

利䅻棃䎚黎颲
黎藜㴝遽䕻黎𨫒

薊蘮

耒茉誄邦頛

冒冃榴𦓿溜匫

豊禮礼體澧鱧醴

内芮訥笍汭納軜
芮蚋
納䲍

矢芺雉疾廿𤾐𦙶㒓
雉䏧薙
㒓璏

〓癸葵睽楑郄偨騤湀闋揆戣　闋瞯

未味眛制刹昧寐沫湏妹

出茁咄趉䶜詘誳柮窋疶祟屈欪䪼貀炪黜泏聉拙絀蚰　祟䳟𣪈鶌　屈𦵔鶌𠜾崛淈掘堀

孛誖鷩郣勃　誖悖〓〓

朿趚迹笫柹秭𪒢𪚊疿覗沛姊鉔

口韋員鼏　韋〓葦韙愇違諱韍椲韡圍韓幃偉禕煒𩏗湋闈媁緯　圍襽灛

回囘洄

貴蕢臾遺「䞒殨髓饋樻僓積鬢憒潰闠聵𩑶匱繢隤

齊齋𪗋薺嚌躋𪗉劑齍檹齎齏粢穧儕齌齋濟霽擠𪗲𪗶

秫朮茉述術訹疢怵沭䬄鉥　述𨘌𨔂

米迷敉侎眯寐罙粟粺糜絉　類纇纇　類瀨　糜䕷

毀毁　毀毀燬擊嫛陧
突
市䵼
滿襔　希莃唏晞脪郗晞稀俙欷豨絺　豨貕
位
㪇微豈溦　微薇薇蔽籢微贓黴徽　豈豈豔敳殨剴愷鎧皚覬顗磑愷闓螘塏鎧
匕牝旨疕帎尼　旨𣅀詣鞜鴲脂稽耆眉䭲麿麀恉鮨指　尼柅秜巻泥　泥昵
比夶祉玭蠙芘枇秕仳毞庇䏢妣妃紕坒　䏢䖩膍肶棍貔豼捤媲蝹蠶蚍　坒陛　陛梐陛
衣哀依衺扆㕅陈　依㥋
卒萃啐䂓踤誶翠殚粹窣䂓䫥崒碎猝淬悴滜捽瓻醉　翠濢
尸叩屎柅
履顝
尾犀焜娓　犀遲迡遟徲墀
兂旡既炁　既蘎嘅㮣曁穊慨溉摡墍　炁㤅愛　愛薆僾
頁

鬼[illegible]瑰餽槐瘣傀瓌褢魖嵬騩媿愧螝魁隗

鼻濞

甶畁　畀鼻箅痹痹淠

甶塊凷

畏𢀇𦝢椳猥煨渨鍡隈

厶玜私　私䒼

勿笏芴物吻腊昒殁殁昒忽　忽颮

豕希豙　豙遂椽顡䃍㒸隊　遂逋旞旝䆳䆲邃䔹䉌䉌　隊墬䥙

豪毅顡　顡蘱

㣇𢑚𢑏𢑜𢑑肆

䘏㠯

彝彝[illegible]檷

戾莀綟

火炛

㷉蔚㷉褽慰

夷荑咦侇羠鴺鶈桋痍洟姨

彝㢑

水㵡

巜

靁䨓𩇓𩆸纍壘勴瓃藟讄讄鸓鼺櫑罍𥃧蠝儡　纍欙儽灅　壘𤅢鑸　藟蘽虆

飛騛

非菲輩跸誹背翡腓蜚棐扉痱罪俳裵囊扉斐扉騑悲扉排斐匪蠹蜚辈輩

乙鳦乞軋

弗茀咈跸胇刜柫費佛髴艴茀炥㚕怫沸拂紼　茀趚　沸鬻　費攢

丿弟　弟𢀖睇梯鬀綈銻涕鮷娣鵜　梯䅠

乀乂

氏衹牴呧趆迡詆雖鴟羝胝柢邸衹覞底厎砥奃泜抵紙蚳蝭蝭坻汶渚軧阺　泜菧盜

盩

繼檵

䜌

率 啐逹衛䔁

虫

萬 邁邁講購耩螨勱

二弍貳　貳 膩樲擸

次茍 茨咨趑欿餈饙粢資澬齏佽髮恣姿欱垐堲　咨 梒　資 贅積濱　恣 懿

圣 烃怪

几 肌飢机邔屼

𠂤 歸追帥　歸埽 蘬覽　追 槌縋　帥 帨 膂脺螌

四 亖三 牭樲呬柶駟泗

鬭

㝵 曰 吹汨昃　昃 顯

皋 皐滜

云 㕭

味 菋　㸚 产 犛嫠犛嫠犛嫠氂

彪 魅 彔 鬃豫

戊歲戚

對對僘懟轛

伊𠍗蚜

鬱鬱

兀扤虺阢

卉桒　桒鏠饋餴

閉

弻彌弢㝁

菡

寣

联

屖謘稺庢　稺季　季痵悸

𡨥兕

耆蓍嗜楮

𠕽蔽郙

徦衲退
系鬔綠係奚　奚徯蹊謑謓鞵雞鷄膎豯騱鼷谿媄螇鑴
烋
匚
畐棲鹵囟茜洒垔陋壐
肙
匪篚
啚畾鄙
弅跻頮
叶
醯
启啟　啟晵棨晵綮
磊
朏
戔戩　戩韱𩕄鐵鐵銕

彖 喙掾蠡　蠡 蝨欚蠡

彖 鳶

厽 絫垒　絫 樏寨

## 祭第十四

祭 蔡暩郲穄察瘵幓際　察 詧

砅 濿

世 呭迣齛跇詍貰泄抴絏緤　貰 勩

曳 拽㹭

制 製

埶 槸槸㬪褻㙯㙯蓺藝

㡀 敝　敝 蔽蹩瞥鷩鼈幣獘斃瀊擎嫳鼈鼈

䇞 噬澨

歲 薉嵗譿翽劌鐬薉濊　薉 濊

贅

衛 衛躗衛衞
毳 橇膬竁毳
叡 藪竅鬆騷
竄
貝 退䟺敗敱浿
匃 曷駒 曷 葛喝趨遏謁羯鶡揭餲楬暍稭褐歇㵣碣闒猲竭愒渴闔揭緆蝎堨 葛 藹鄗擖 稭 藒 渴 藹濊
帶 蔕遰蹛懘滯摕蔕蠕
大 亣 奎杕汏泰夳戾釱軑 奎 𡗝達 達 达撻虘
蓋
兑 說敓鴆脫餟梲稅痥祱駾涚挩閱娧蛻銳 銳 劂 蕨劂 劂 瀱繝
外 外
最 撮
會 佮 襘薈噲髓膾劊檜鄶旝檜襘噲獪黵澮嬒繪
丰 韧夆害 韧 齧栔觢契挈絜 契 趧鶨楔郏窫瘛偰猰鍥 瘛 瘳 害 犗割憲䛕搳犗轄
介 玠芥齘鴧疥价衸髤騇夰忦忿怜閉扴妎盻

攀拜𢷎

夬玦趹趹眏鴂肤契缺䦼宎疦袂駃㚤快決抉妜蚗鈌鴃抉窫

𧌖𧓍嚾癯巏　厲蠣𧔣

乂刈艾䁆𦣞忞忍　艾餀

吠

孚捋脟桴捊蛶埒鋝酹

朮秫述朮林邾旂猈怵沭鮇捄酞

月刖䟐刖明抈

𠫓轄

医殹　殹翳鷖瘢黳嫛緊堅醫

瘚欮厥闕　厥蕨趣蹶躝鷢䵳鱖橛蹶壓㵐

伐茷

罰

戉越逑跋眓泧娍絾鉞

粵

昏昏　昏昬䄑𦶍逽齬語諳鴰骺㖶栝秳佸頢髺活晤括婚銛　活潪闊　銛鐑聲

卢户歺　歺列　列荝迾劽栵梨例裂鴷烈洌蛚颲

剌瑓揦賴瘌𠜂　賴籟獺瀨瀨鯻嬾

末眛䬴韎沫

犮祓茇跋㔽翇䮂柭帗黻祓髮㛺颰魃废炦泼鲅拔妭坺軷

癹發　發醱橃癈廢撥鏺

奪

苜萛

蔑衊巇韈穖糨幭懱瀎

殺殺傚敊杀殺榝粱餟

魝薊

臬劓劓䯵寱闑甈槷

截𪈛鬣巀蠽

𡿧辥　辥薛辭劈蘗嶭蠥孼

卨禼㕯竊　㕯瓙遾蠽

桀傑

中㞷旹

舌絬

㪿𣂚折哲悊嚞逝誓晢蜇㪿悊浙娎䗪銴

孑

絶𢇍𦇧脃𥿍

叕啜輟鵽腏剟餟棳竅罬輟歠吷惙掇娺畷輟綴

竅竅寠

劣

烕滅搣

㕞刷

刖削

厃

# 盍第十五

喦

枼 葉諜牒𥳑韘碟牒屟渫揲媟鍱　葉 偞𧞤𡍵

𦐇 蹋鰨闒　闒 𧬄

盇 葢嗑盬䭘榼𨝿𤷶磕闔

㬎 㶽

夾 莢唊𩋟䀹翜梜郟𤸘俠頰𤷕㚒恷挾㛗匧綊蛺蕻鋏陝　𤸘 瘱瘞　匧 篋㥦

耴 𢻱𢂋䮠𢪐𨥤輒

巤 邋臘儠鬣鑞獵獵擸

聶 躡讘欇𠑃懾攝

甲  呷柙甯狎閘匣

疌 萐箑篓寁倢𧜟捷婕崨緁𦄷蜨

妾 菨翣椄淁鯜接

業 疑 鄴

曄

聿

図

爕燮瓔

聑

## 緝第十六

咠葺斟聲楫湒揖戢緝輯　戢濈

翜𧾷䶜

𠯑

十什汁

廿

卌

譶雪

沓誻諮碏涾揩婚錔

合袷荅迨跲詥弇穿鞈敆翕鴿聲鞈㭘郃帢韐佮袷欱頜匌洽龕閤拾姶給盒　荅踏㟎　翕歙歙潝　拾湁

亼

㬎顯濕溼㬎隰

疊

立翊鴗笠粒昱粒湆岦泣拉飁　昱喅煜

龖讋讐襲𩙤

劦珕荔脅協　脅歙

及ㄟㄟ㇏遾芨吸彶趿靸极疲岋伋馺急汲扱級鈒

眔遝褱　遝譅櫘

習謵槢騽熠慴鰼摺

雥

雧集嶕雜鏶輯

入

帀

邑裛悒浥挹

臿㞚歃插婂鍤

幸瓡　𡙈執蟄謺摯鷙𥧒𢂎褺鷙慹𩅧摯𡠒蟄墊

馽縶

㭘涉

皀䳄

## 之第十七

止祉徙征屎 齒[illegible] 企定沚阯址

啇蔐樀意 㦻啻億

戒祴誡械悈

異蓴趩冀廙廙潩䶂㢞 冀驥 䶂翼䢋瀷

革䩞諽翻

又有疚尤 右祐 有囿賄郁宥痏洧鮪姷侑絠蛕䵋珛趙盇盍 囿䦣蘙 尤訧肬默頄疣忧沋 盍醘蕰

㞋㡙 𦨖舣葹艞

史吏 吏㖠使

葡犕精 備偹 犕㾃

再洅

則𠟭劕鼎刂萴側廁惻測鰂鯽賊㥽

丌迊　箕甘畁卤其匧祺禥其朞諆綦旗期𣌞稘欺䫏騏麒惎淇䱈娸基㫷　欺僛
乃㢧孖艿訒杋鼐仍扔孕
喜歖禧譆嘻憙嬉餼糦僖熹
畐福蕌副䨽㚆楅偪䵗富幅匐愊蝠堛輻　䵗㚆㚆　富富
來耒萊麳庲睞賚秾靚騋淶勑　麥
叜㮴稷稷
某槑禖謀㖼譬媒楳媒
采菜㥒
才赻𧢟𤯍材財鼒鎡豺𢦔杜　𢦔哉戴㦸䶒栽截裁㦲灾㧗災䮩載截　在茬
之芝寺事吏嵩市𣢟志蚩　寺特峙待詩詘等栘邿時痔侍庤恃洔持畤　待偫　時旹蒔塒
臺嬯
負萯
棘僰𣡏
嗇啚薔穡歂濇轖
克亯㮚勊

冂

宰䔂梓榟滓䏁

伏絥茯鞴

北背邶棐

㝵得㝵

司祠嗣孠笥詞

辭䂗

辤辝

色䆿

茍䓯

而荋胹栭䏁耏耐耎恧洏鮞輀

黑默嫼纆墨

疑薿嶷譺癡儗寲礙懝擬

思諰颸偲緦罳

意噫檍澺

不丕芣否肧頎紑坏　　不邳秠伾駈魾　　否嚭梧匹否痞罘頞婄

音欨菩趍踣脂剖罟鎔桮部倍髻涪掊瓿絽絡培陪酷

臣頤齈琶笪窀獄湢姬　　郎卩熙嬰

母每莓鷆拇坶　　每誨敏虸脢梅楳晦罳侮俖悔海姏晦畞鉨

能皆態能

毒

灰恢

弋雔式杙貣代忒妭酨　　式試弒代軷　　代貸俗忒　　貸蟘

或域鍼棫瘷歁黰惑淢戫闓閾職馘蜮蟈　　國榟　　戜馘

戠識櫼熾戡職織紒

直枲殖植櫃稙置值息愈洦埴　　恴德

曲曲緋綝瑼瑼綦　　畁緋綝

絲兹　　兹嗞鷀慈滋孳鑾

叵軀吧闥

叹輕殛極恆

里理菫趩野俚裏貍悝鯉 貍薶霾

力协勒肋朸扐阞 勒墪 阞泐

己巳芑記改杞邔屺忌諅妃改紀圮醰配 忌跽誋 配峊

子孚巢芓孜李杍杍仔字

巳祀禩起迉改汜巸叱圯

㠯莒台异矣枱梩佁能 台齝詒眙殆胎笞飴䬽枱鉛辝郃枲佁駘㒱怡怠治冶鮐始瓵紿 矣唉誒㶨俟俟欸騃竢

妀涘挨娭埃 枲隸 治菭 怠篙

亥𠂔荄咳孩該毅骸胲刻核郂晐痎侅欬頦駭垓閡垓劾陔

士仕 仕䲎胏

匿暱昵

食飾餓飭

啚畾鄙

久玖美穴灸炇柩匶

陟傹騭

郵

巛　菑甾緇錙輜

賽塞　塞簺蹇

佩

飤

北㫿邸

矢

仄厌庰

牛

采穗

耳珥鬻餌刵佴恥姐弭　弭猊麛弭弭

婦

友艸𤔔

䏌䏌

息熄鄎熄熄

敕

敕 蔌

卤鹵

琟

牧

戛

## 魚第十八

魚 穌　穌 蘇　魯 藞蓾櫓樐

丁下 芐

若 諾箬婼匿蓄

莫 嗼謨暮驀膜模鄚募瘼幕鬓貘驀慔慕漠摹蓦蟆墓募鏌

各 茖路詻輅略雒鴼骼胳挌貉笿格賂客頟貉駱鵅洛零貉閣挌絡垎略銘輅　客 窓　洛 落

步 荹踄

御馭 禦篽馭 鄉語

牙𤘗 芽訝迓雅枒邪衺庌釾

疋 䟢延胥楚䟽疏　胥 稰壻婿諝楈糈惰湑䱬揟蝑　疏 梳

屰 咢逆鷟朔咅㡿蛜　逆 縌　㡿 趚訴遡愬柝泝溯坼　咢 遻咢䚾鄂

谷 㕡臄 䖲郤卻綌峪　郤 㮚　卻 腳㕁㗺螂

古 㽽 祜苦詁鶦故殆胡盬枯固黏粘痁罟居岵居怗沽鹽姑蛄辜㚔酤　苦 楛　固 蓸箇棝涸㵉婟錮　胡 瑚餬蝴
湖

酤 䕆　居 屄 琚踞腒椐倨裾涺据鋸

壺

夫 麸䴸枎邦袄䴵扶䟗蚨鈇

鼓 𡔷 瞽

与 與　與 与 舁 璵趣礜鸒旟歟礐䴳悬鱮舉㒜　旟 澳

舁 輿

丮

父 甫布斧　甫 莆哺逋搏誧䔀釜尃脯簠医餔䗫圃郙痡黼俌補酺匍庯豧悑怖浦捕鋪輔醐　浦 蒲　尃 嗙䩨博
轉敷髆膊䪙榑傅溥摶縛鎛　布 抪　博 簙　傅 榑　溥 薄　薄 欂鑮

叚 㞐 叚 瑕葭假瑕蝦蝦椵暇瘕假猳騢䪗鰕蝦鍜

䀠 瞿㲒界　瞿 趯衢躍臞懼愳濯鑺擢

百百佰洦䂤
羽詡栩翇䨣
隻
蒦𧂄護䨼矆篗䥯䪝穫獲濩𩿍擭蠖鑊
矍趯躩玃玃攫彏钁
烏[illegible]於瑦菸䲣鄔瘀歍淤閼隖
予芧舒柔杼伃屖序豫䑂抒紓野壄　柔𠈌鞣脜煣蝚睬鍒輮
叡壑
初
笠互枑䍤
巨榘𢀜苣岠齟距䝂秬柜渠鑺鉅　柜渠　渠䶒
巫𢇍誣
乎呼評虖枰　虖嘑謼鏬槔鄜歑墲隬
于玗芋吁迂訏靬旰竽盂杅粵邘宇寓衧夸卮忓污雩扜弙紆　粵荂蕚蕚　蕚譁　夸跨誇胯刳瓠侉洿絝
污䖜　雩翌謣謣樗樓鄠

茮鈣
家冢稼㚻嫁
虍 虘 虘 虜 虛 慮 虡　虜 虜 鰗 鏀　虛 嘘 歔 魖　慮 勴 鑢　虘 蠦 鑪 盧　盧 盧 蘆 鱸 臚 膚 籚 櫨 艫 顱 鬛 廬 驢 黸 攎
纑 壚 鑪
虞 鐻 虡
処 處
虎 𧇖 勴 琥 唬 虩
凵 笶 去　去 肤 䖏 麮 柭 祛 狜 怯 魼 阹
舍 余 郐 浛 捨　余 荼 悇 徐 敘 筡 餘 賖 郐 稌 徐 盉 駼 悆 涂 捈 畬 斜 除 酴　除 蒢 篨
躾 射 謝 麝
戛 倉
無 璑 蕪 瞴 膴 舞 鄦 幠 廡 廡 憮 潕 撫 辷 嫵 嫠 无 隳　舞 翌 舞
辜 嫴
乇 吒 託 亳 杔 宅 頊 魠 奼　託 託　秅 庑　宅 㡯 厇 侂
昝 夢 趞 遺 齰 齰 踖 諎 唶 耤 皵 借 厝 䤈 惜 涾 措 蜡 錯 斮 猎 醋　耤 藉 籍 䣢　籍 籍

舄 䧿寫瀉
旅 㫊者 者諸鷔煮鸗書睹覩翥䐗箸楮杼都睹暑瘏署褚屠豬赭奢渚闍緒堵䰩陼 諸藷儲 箸櫡礸 屠躇
鄁
豬 藷 奢 奓諸
吕 膂莒筥梠閭
夕 穸
瓜 苽呱觚柧窊罛狐夰泒弧孤 狐 菰 㧓 箛
叉
寡
西 賈 賈 櫃
白 ㊂碧迫敀柏帛伯魄狛怕鮊
㝩 虩螅隙
尺
庶 蔗嗻遮蹠度席樜蟅 度 敷劇劇渡 席 㡯 蓆
石 袥跖磔柘橐柘袥碩鼫拓摭斫
豦 蘧噱遽籧據勮虘醵醵秬 遽 蘧籧

馬影影禡駠瘍罵

鼠

炙㯄硤

赤烾赦赦郝㤅

赫

吴吠誤虞俁娛　虞噳

睪釋譯𢍉斁殬圛釋襗嶧驛澤擇繹鐸　擇檡

圛

雨[illegible]黍

鱻瀱漁

户㫃雇鶚鳭扈屸妒扆所　雇顧　所斷

女𡣕汝

如茹㚢帤恕恣挐絮　挐澤

乍迮詐胙笮飵柞昨秨作怍阼酢　作詐筰

土社𡊮吐徒杜

劫居鉣

且祖珇苴菹咀趄退徂遽詛鴡殂齟胆虘柤即租粗疽罝組罝但祖岨庢貋駔狙怚沮抯姐組坥助鉏爼阻　祖葙

菹蒩蘁　虘鱸謯戯樝鄌鱸覷濾嫭　租葙　沮菹蒩蘁　助耡

㖾

車巀

宁眝羜宧貯紵綒眝　宧鹽

亞啞謳惡蛋堊鋀

五乂吾伍　吾菩衙齬語敔梧圄郚晤寤寤寤鼯悟悟浯㹳

禹㝢瑀萬㺬齲踽楀鄅䨞瞩

巴靶杷皅豝把鈀䎱　皅葩

午許杵卸汻

彳

亱䫏䫏蠱

夃

叒㕚

索索

圖

普

兆

庫

癹

龘

皀㐱梟

兔

路璐鷺簬簵潞露

霏霸胥

鹵

奴伮呶翟駑筎帑袈砮怓怒拏弩絮

毋

輚

武 賦䞨

戍

素

蠱

亦 迹蹟速弈夜狄奕 夜 液掖

亶 檀鄲嶦 鄲 鞹漷霩

## 矦第十九

玉 頊囯 囯 苗

芻 犓趨齺𪈒雛鶵鄒騶媰縐

口 𧥢扣釦

走

後 逡 𣛮

足 促浞捉

局 挶

句 珣苟跔拘笱鉤敂翑雊鴝朐刨枸稶郈昫痀佝耇欨駒狗齁竘姁絇蚼鼩斪軥酌　竘 蒟　昫 煦

菐 僕樸撲墣北轐　僕 䑑 樸濮纀

昗 㬥僕暴暈

鬥

取 菆趣䠞諏叢棷鄹黀㩋聚鯫㩀娶陬　叢 藂　聚 驟堅

丵 縠　縠 鑿

几 殳凫　殳 羖股投殸　投 吺

卜 卜 赴卧攴朴仆

角 桷确㲄斛

豆 𧯠 逗鞮豎豎豉脰梪短郖侸裋頭鋀

王 杏　主 鴸柱宔罜駐麈狂注妵　杏 欧 部　部 篰

侯 矦 喉猴餱鄇候猴鯸緱鍭

旱 厚垕

秃

木 沐　沐 霂

朱珠茱咮誅殊筡株邾袾洙姝絑 鼄蛛銖

束速諫棟欶涑娕　速遫𧬄 𩱧餗麈　欶樕漱鏉　遫藗

㯫𣡌

录禄菉趢逯睩 剥刂親娽綠録

𣪊𧮫鷇觳𧯸穀縠豰㲉愨㝅縠轂彀 珏瑴

付祔符柎疛𩬅府駙怤泭鮒拊紨坿附　府腐

屋屋臺喔楃偓渥 握臺

俞瑜逾踰諭羭榆鄃牏𪎎窬瘉𢄙褕覦貐愉渝揄媮匬緰蝓輸隃𨡹

須盨頿 䪾嬃𦁤

后茩 詬訽銗郈㖃垢

禺蕅喁遇齵髃耦 寓庽偶顒嵎㥥愚湡鰅堣隅

需臑儒襦䰭獳懦濡擩嬬繻孺醹

鹿簏箓 麓𣘵麗 漉淥

獄哭鸑獄　嶽岳𩕒

屚漏

婁㛹𡡊蔞遱謱數髏膢篓樓鄋寠瘻僂褸屨廔漊艛摟縷螻塿鏤

區蓲謳毆驅樞傴軀䙔歐貙驅敺漚鰸摳嫗甌彄㔭醧

㔷陋

蜀噣趨躅斀髑觸韣襡屬歜獨燭濁鐲斣　屬欘孎斸

鐙豋䁞𨚫　𨚫䳄鬭䁵

斗料

臾萸諛腴楰庾舁

族蔟嗾鷟鏃

㼌窳

考

兜篼

豖琢啄豛豥椓瘃剢涿旵

鞻屏敄湊

㪅

谷 鵒䳤俗裕欲𤞞浴鋊　欲 螸

乳 浌

賣 蕒犢遺讀讟韇殰櫝贖牘竇儥黷瀆嬻匵續賡 隫䪐

辱 蓐薅 槈鎒鄏溽縟

壴 鼓憙尌　尌 樹尌廚澍

數 藪籔

冓 遘講篝韝構購溝媾斠

寇 滱

邪 茒

屖

厈

㔾

幽 蟉

# 幽第二十

祝柷

艸

蒐

牟犇[illegible]侔

告祰牿造誥[illegible]鵠梏郜晧窖峼硞焅浩靠[illegible]酷 造艁[illegible]

周[illegible]裯騆琱啁調雕鵰椆稠禂彫髫惆凋鯛婤綢蜩[illegible]錭輖

逐

牢

臼斅鷽 斅學礐鷽[illegible][illegible]覺[illegible][illegible]鸒[illegible]澩[illegible] 覺攪

爪叉蚤 蚤蚤瑵[illegible][illegible]騷慅搔

孚采莩脬筟桴郛稃粰保俘烰浮捊抱 保保[illegible]葆宲褒[illegible]緥

叜傁[illegible]瞍[illegible]鄋廋獀溲[illegible]嫂 嫂[illegible]

肅肃蕭嘯歗鷫[illegible][illegible]簫橚歗潚繡蟰

畫書

𣪘[illegible][illegible]廏[illegible]

就就蹴鷲
夒瓇獿玃擾
休庥鵂
囚
汓泅游遻
㠯㝗㝗烄卮
皁草
由苗迪㣙詘胄笛柚邮㽕宙胄䩷舳岫㝌鼬怞油妯紬軸
棗
牖
秀莠　莠琇
羑誘誦羑
臼齨舊鵂㝅㝅
舀抗舤蹈韜稻騊慆滔掐㽔
尗茮叔䳇鷲宋訹敊戚　叔村啾崶踧督俶䄊惄淑埱　俶菽

韭
奥薁篽燠澳墺㘸隩
守狩
冃冒　冒䍐瑁玥萺睸楣媢勖
帚埽
咎鼛櫜稽櫜晷倃欲麔惄鮥綹　晷㬯
乍鴇鮑
巤嬲
裘求球璆莍逑救脙梂賕郲俅捄絿蝨蚉
老
舟鵃受輈俯匋貈輈轐　受授綬　輈廟庿淖
勹包　包苞咆鞄炮飽餜䙉枹麭郇罦罦袍袌胞匏庖炮泡雹靁鮑匋　匋萄謟詾騊陶橐　橐蠹蜉
勺
臭趫鷉殠糗
㸒烋　烋爂菻啾箃楸愁湫揫㲋　愁潚

報

夲 皋

𣙯流 𡋯

州 𡿨 𠛪詶

手 𢩧杽

好 嬦茠𡢅

𣉭𢀳 𩫖𣪞𩫖　𩫖 塙犒敲槁幍藁搞塙𨢢酬　𣪞翳　篙篙　藁 檮祰𩮚譸籌鄯儔燾鑄

畜𦽂 蓄鄐慉𡡯

矛𢦦 茅柔楙袤𧝐蟊蟊蝥蛑　楙 𦷠懋柔　𢻪 蕠鞪瞀堥鶩楘㮘髳髳𢼸鶩霚雺嵍蝥務鍪瞀　瞀 霿　務 蓩

𦣻𦣼

䭲

六 𡯁　𡯁𦾘 𢍈竈坴　竈䵷 竈竈 𣀵𠿝　坴 睦駐稑穋 陸𨻻　睦𦣣 賣

九 艽𡴂䊵𠧦鳩肍虓旭宄㕛𢖍究仇𡱁訄氿軌㐇逵厹蹂　𡱁 梔

𥳑𠥜匭朹 簋

丑 岧鈕耶粈狃汨玫紐鈕玨䏔䑰羞　狃 莥𤝀

卯丣貿昴窌奅聊　貿鄮

酉丣珋茆逎遒桺槱禉醜庮䞬畱酒　畱𥛱鶹鐂瘤罶羀廇驑澑霤橊抽𢭏鐂　劉藰瀏　擂籀

茜

酋趥䑻楢猶鰌揂𨡀緧蝤輶　猶蕕

亍

討

目𡇞

臾諛斞

彪淲

𡖓𠈐𠈐宿　宿摍縮

卣𠧪卣　卣蓾覭歔　歔鏊

百𦣻道　道䆃導䆃

𢚧憂　憂嚘櫌鄾優瀀

髟髤

驫𩧢

鑫

盩

嘼 獸

戊 茂

牡

㐂 穆

复 復腹椱複鰒蝮鍑輹 復 蕧寝覆復复

䰷

孝 哮

毒 䓓 薄禱

戚 㰗慽

𣫚

負

## 宵第二十一

苗 媌緢

小 肖朴　肖 萷哨趙削梢郿稍宵痟悄消霄捎銷陗娋綃蛸　削 箾揱　稍 籍　捎 籍

乭

喿 璪趮譟臊剿橾燥懆澡鱢操繰

龠 蘥趯籥覦爚瀹龠　籥 籲

嚻 嚻 ‍

ㄐ 叫赳嘂茻糾訆收觓朻疝虯

兆 兆 挑咷趒逃跳誂眺䠷朓桃旐䂽窕佻覜洮鮡挑姚絩垗銚𤸓

爻 肴駮較季　肴 殽傄　季 鷞

敎 䛗效 敥

高 蒿毃敲嗃膏稾鄗槀歊臺豪熇滈鰝縞塙鎬　蒿 薧藁　歊 藃

窅

翟 藋趯躍鸐糴燿濯擢嬥蠗　糴 糶糶

雀

罩

靃 𧅭籱藿

幺 幼

敖 嗷謷傲贅嶅驐獒熬鏊滶嫯勢

敫 璬噭徼警礉擻竅覈覈皦敫憿激擊繫墽

𠬪

䍃 傜繇　繇 蘨邎𢐫　䌛 櫾繇鬮

刀 芀召到　召 苕超詔韶鞀鞉䩨磬卲柖邵昭佋袑卲貂沼招弨紹翆蛁劭鉊軺陘　沼 菬　昭 照　照 羔　到

菿

羔 糕窯顈

釗

号 鴞號枵鄂　號 琥饕叨虢號

𧆞虐 謔瘧

𧇊 爝灂釂

隺 𦳣𤛎鶴膗榷矐騅熇㴵搉

樂 瓅藥嚛趯觻櫟瓅療礫濼鱳纅鑠轢

梟嗥郻

巢璪藻樔鄛摷繅勦轈

弔迅盉裑

鼻卓趉逴踔穛罩倬焯悼淖鮣掉婥<br/>鯥綽

毛芼眊旄耗袤襙覒髦

顥灝

弱蒻翃舠惱溺搦嫋

焱熑飆颻

尞遼鷯膋簝鐐橑寮撩嫽熮潦撩嫽<br/>繚燎鐐轑

與葉嘌趨睸膘劋瓢幖嘌覛麇熛慓<br/>漂摽嫖縹飆勦鏢

暴曝瀑曓爆爆瀑曓

暴

喬趫蹻敽鷮矯橋僑屬驕獢撟蟜<br/>鐈

夭芺枖 芙袄鴁鴃䬒娭 袄<br/>䙑鋈

交芆迒戁効敆散筊校郊庩窔佼<br/>駮狡絞恔泫鮫姣蛟<br/>亥

櫭<br/>榱藤

廌薦欏鄜䅶儷瀂鑢艫

亥<br/>嫛嫠

皋 䓘噑獆翺皡
夰 鼻畀
臭
少 訬眇杪郊秒紗鈔 眇 䏚篎
垚 堯 堯扶 蕘嘵趬譊𣀷翹膮饒橈曉蟯僥顤嶢磽驍獟燒澆撓嬈繞蟯鐃 曉 鐃
勞 簩 犖嘮癆澇
勺 礿玓芍箹肑杓的杓仢豹駒䶂灼㕯汋扚妁約䒚釣酌 約 箹
㚢 牧
杲
杳
晶
裹
尿
盜
笑

県

屵

㳅

庳 肈

鼂 鼂

料

了

槖 橐 蠹 螽

【説明】

譜録自《海寧王静安先生遺書》第二十五册。其補綴緣起，詳《高郵王懷祖先生訓詁音韻書稿叙録》。其補綴時間，則稍後於《叙録》。王國維按王念孫古韻二十一部，詳列同韻部諧聲字，而諧聲字又依所从聲符字歸類，聲符字列在各組諧聲字之首，古籀重文，悉數録入；無所統屬之聲符字各獨立爲一條；非諧聲字亦列入各所屬韻部。王國維補譜反映了王念孫原譜面貌，可視作王念孫古韻二十一部字表，在音韻學上大有價值。

# 王伯申新定助詞辯

章炳麟

高郵王氏父子精研故訓，所到冰釋，人以爲無間然也。石臞苦心尋繹，積六十年，得之既不易，言之殊未敢肆。伯申承其父業，與艱難構造者自殊。《述聞》一編，誠多精詣，然其改易舊說，亦有可已而不已者矣。其始創作《經傳釋詞》，晚又於《述聞》中著《語詞誤解以實義》一條。驟聆其說，雖宿儒無以自解；而鹵莽滅裂處亦多，肆意造詞，視爲習貫。且有舊解非誤而以强詞奪之者；亦有本非臆造，而不能援古訓比聲音以自證者。今爲駁證數事，以盡後生之責。非欲苟爲立異，要使瑾瑜無瑕，方爲純美爾。

謂，奈也。《召南·行露》曰：「豈不夙夜，謂行多露。」言豈不欲夙夜而行，奈道中多露何哉！《小雅·節南山》曰：「赫赫師尹，不平謂何。」言師尹不平，其奈之何也！炳麟案：以「奈」訓「謂」，雖見《齊策》高注，然《節南山》箋訓「謂何」爲「云何」，辭氣本無不順，不知王何故易之？若《行露》之「謂」當訓爲「曰」，亦與訓「云」略同，此乃自作問答，言豈不欲夙夜而行邪？曰道中多露爾。道中多露，則不可行之意自見。又凡言「何謂」者，據名而求其實也；凡言「謂之何」者，據實而求其名也；凡言「謂之」者，據實而定其名也。王於「謂之何」悉解爲「奈之何」，然則「何謂」、「謂之」又將何解邪？

迪，發語詞也。《盤庚》曰：「迪高后丕乃崇降弗祥。」言高后丕乃崇降不祥也。《君奭》曰：「迪惟前人光施于我沖子。」言惟前人光施于我沖子也。《立政》曰：「古之人迪惟有夏。」言古之人惟有夏也。炳麟案：以「迪」爲發語詞，臆造無據。《盤庚》、《君奭》二「迪」字，自當依《釋詁》訓「道」。《盤庚》本文云：「乃祖乃父丕乃告我高后曰：『作丕刑于朕孫，迪高后丕乃崇降弗祥。』」言乃祖乃父以此導導，古字衹作道。高后，丕乃崇降弗祥也。《君奭》本文云：「在今予小子旦，非克有正迪，惟前人光施于我沖子。」「迪」字當讀屬上句，言非克有正道也。《立政》「迪」字當依《釋詁》訓「作」。《説文》：「作，起也。」本《詩傳》。「惟」乃語助，古之人起有夏者，據三王之道言，夏爲最先也。

「迪」又句中語助也。《酒誥》曰：「又惟殷之迪諸臣惟工。」言又惟殷之諸臣與工也。馬融本《君奭》曰：「我迪惟寧王德延。」言我惟寧王德延也。炳麟案：以「迪」爲句中語助，亦臆造無據。《釋詁》：「迪，進也。」「殷之迪諸臣惟工」，言殷所進諸臣與工，猶《大雅》言王之藎臣矣。「我迪惟寧王德延」，言我進思寧王德延也。

若，惟也。《盤庚》曰：「予若籲懷兹新邑。」言予惟籲懷兹新邑也。《大誥》曰：「若昔朕其逝。」言惟昔朕其逝也。《君奭》曰：「若天棐忱。」言惟天棐忱也。《吕刑》曰：「若古有訓。」言惟古有訓也。《祭統》曰：「予汝銘，若纂乃考服。」言惟纂乃考服也。炳麟案：以「惟」訓「若」，臆造無據。《盤庚》之「若」當訓「此」，「此」猶「今」也。言予今籲懷兹新邑也。《大誥》之「若」亦訓「此」，昔即夕字，《春秋傳》「爲一昔之期」是，言此夕朕其往也。《君奭》之「若」，承上作轉語，與「如」同義。《吕刑》之「若」，與「乃」一聲之轉。漢人多言「乃」者，乃者即往者，此「乃古有訓」，言往古有訓也。《祭統》之「若」，正當訓「汝」，言汝，言若，言乃，其義悉同，而語勢輕重有異，猶一句錯見吾、我二字爾。王反以舊解爲誤，顛矣。

徂，及也。《周頌·絲衣》曰：「自堂徂基，自羊徂牛。」言自堂及基，自羊及牛也。炳麟案：以「及」訓「徂」，臆造無據。推王意以爲堂與基可言往，羊與牛不可言往爾。不悟羊牛各有頓置之處，就其處言，故云自羊往牛，舊説本無誤也。如言由堯、舜至於湯，由湯至於文王，皆就其時代言，故得言由言至；若如王氏意，固不得由也，亦不得至也。

之，與也。《考工記·梓人》曰：「必深其爪，出其目，作其鱗之而。」言作其鱗與而也。炳麟案：「之而」聲義通於「芝栭」，故舊説以爲頰頷，其實當云須鬣爾。王見其辭不偶儷，遽改訓「之」爲「與」。夫先秦文字，安得悉以偶儷之法繩之？如《詩》言「載獫歇驕」，「獫歇驕」非與「鱗之而」同例乎？

所，語助也。《大誥》曰：「天閟毖我成功所。」言天慎勞我成功也。《無逸》曰：「君子所其無逸。」言君子其無逸也。《君奭》曰：「故殷禮陟配天，多歷年所。」言多歷年也。炳麟案：以「所」爲語助，臆造無據。「君子所其無逸」，「所」自當訓「處」。《大誥》、《君奭》二「所」字，即今「許」字。所、許聲通相借，「所所」爲伐木聲，《詩》「伐木許許」，以「許」爲「所」。如「何所」作「何許」，「爾所」即「爾許」，或言「如許」。古人語簡，言「爾許」但曰「許」，「多歷年所」，言多歷年爾許也；「天閟毖我成功所」，言天閟毖我成功爾許也。此似語詞，而與汎言語詞者終異。

爽，發聲也。《康誥》曰「爽惟民迪吉康」、「爽惟天其罰殛我」，皆是也。炳麟案：以「爽」爲發聲，臆造無據。《方言》：「爽，猛也。」《釋詁》：「惟，思也。」然則「爽惟」即今之「猛想」耳。

亂，猶率也，語助也。《梓材》曰：「厥亂爲民。」厥率化民也。《君奭》曰：「厥亂明我新造邦。」厥率明我新造邦也。《緇衣》鄭注曰：「《君奭》『割申勸寧王之德』，今博士讀爲『厥亂勸寧王德。』」「厥亂勸寧王德」者，厥率勸寧王德也。《雒誥》曰：「亂爲四輔。」率爲四輔也。又曰：「亂爲四方新辟。」率爲四方新辟也。《漢石經·尚書殘字》曰：「亂謀面用丕訓德。」率謀面用丕訓德也。炳麟案：王以《梓材》「亂」字今文作「率」，故以「率」解「亂」。「率」之爲語助，義證尚未堅定，況以此爲「亂」字之義？尋詩章之終曰「亂」，故「亂」有終義。「厥亂爲民」者，其終爲民也；「亂爲四輔」者，終爲四輔也；（亂）「厥〔亂〕明我新造邦」者，其終勉力于我新造邦也。詳見余所著《古文尚書拾遺》。

繇，於也。馬本《大誥》：「王若曰：『大誥繇爾多邦。』」言大誥於爾多邦也。炳麟案：「繇」之訓「於」，雖見《釋詁》，然《釋詁》「繇」亦有訓「道」一義。馬本《大誥》作「繇」，實亦與「猷」不異。《多士》：「王曰：『猷告爾多士。』」今洛陽新出《三體石經·多士篇》，「猷」正作「繇」，則知《多方》云「猷告爾有方多士」，亦必作「繇告」矣。但古字「道」、「導」不異，「繇」之訓「道」，于此當從「導」義，而僞《傳》不知，又移「猷」字于「大誥」上，斯爲失耳。實則「大誥繇爾多邦」者，大告導爾多邦也；「繇告爾多士」者，導告爾多士也；「繇告爾有方多士」者，導告爾有方多士也。如王説，以「誥繇」爲「誥於」，則「繇告」可云「於告」乎？不得已，乃言《多士》、《多方》之「猷告」本作「告猷」，晚出古文改爲「猷告」；不知《石經》「王曰繇」三字相連，本非僞孔改作也。

攸，用也。《禹貢》曰：「彭蠡既豬，陽鳥攸居。」言陽鳥之地用是安居也，云云。炳麟案：當云「攸」讀爲「由」，方得訓「用」。

夷，語助也。《大雅·瞻卬》曰「靡有夷届」、「靡有夷瘳」，言無有終極，無有愈時也。《昭二十四年左傳》曰「紂有億兆夷人」，言有億兆人也。《孟子·盡心》曰「夷考其行而不掩焉者也」，言考其行而不掩也。炳麟案：《秋官・行夫》：「焉使則介之。」故書作「夷使」，玄謂「夷」發聲。《詩》之「夷屆」、「夷瘳」，自可從發聲之説。若《孟子》之「夷考其行」，「夷」正借爲「焉」字；焉，於是也，言於是考其行也。此在《荀子》，則音小變作「案」矣。至《春秋傳》引《書》之「紂有億兆夷人」，與「余有亂臣十人」相對，必當有所指斥，何得氾以語助解之？

誕，語助也。《大誥》曰「殷小腆，誕敢紀其叙」云云。炳麟案：以「誕」爲語助，雖不誤，然「誕」當讀爲「延」，《釋詁》：「延，間也。」王未引此，亦爲專輒。

【説明】

文載《太炎文録續編》卷一，專糾《經傳釋詞》。

## 補輯冬韻譜

許世瑛

### 東

《詩經》

僮公《采蘩》三章　墉訟從《行露》三章　縫總公《羔羊》　東公同《小星》　蓬豵《騶虞》　戎東同

《旄丘》 東蓬容《伯兮》 罿庸兇聰《兔爰》 控送《大叔于田》 松龍充童《山有扶疏》 丰巷送《丰》一章 雙庸從《南山》 攻同龐東《車攻》 聰饗《祈父》 傭訩《節南山》 誦訩邦《節南山》 從用邛《小旻》 共邛《巧言》 勇尰《巧言》六章 東空《大東》 雝重《無將大車》 同邦《瞻彼洛矣》 恭邦共《皇矣》 公恫《思齊》二章 樅鏞鍾廱《靈臺》四章 鍾廱逢公五章 功崇豐《文王有聲》二章 廱東六章 邦功《崧高》二章 邦庸三章 訌共邦《召旻》二章 工公《臣工》一章 雝容《振鷺》 訩功《泮水》六章 公東庸《閟宮》四章 蒙東邦同從功六章 共厖龍勇動竦總《長發》七章

群經

龍用《易・乾・初九》 通同《泰・彖傳》 凶攻《繫傳下》 邦雍《堯典》 從同逢《洪範》 茸公從《左・僖五》 共從《昭十一》 重棟《魯語上》 讎通《穀梁・文公六年》 縱巷《離騷》 逢從功同通《天問》 江東《九章・哀郢》 從容《卜居》

## 冬

《詩經》

中宮《采蘩》 蟲螽忡降《草蟲》 仲宋忡《擊鼓》 冬窮《谷風》 躬中《式微》 中宮《定之方中》

中降《旱麓》　融終《既醉》　潨宗降崇《鳧鷖》

群經

窮終《易・夬・象傳》　中窮《困・象傳》　中融《左傳・隱公元年》　躬中窮終《論語・堯曰》

降中窮𢥞《九歌・雲中君》　躬降《天問》

## 冬合韻

與東韻合

禯離△《何彼禯矣》一章　濃沖同△離△《蓼蕭》四章　蟲螽忡降仲戎△《出車》五章　功△崇豐△《文王有聲》二章

蜂△蟲《小毖》　崇墉△《良耜》

窮中功△《易・需・象傳》　中功△《坎・象傳》　中窮功△邦△《蹇・象傳》　凶△功△中《隨・象傳》　庸△降《離騷》

與蒸韻合

頻中弘躬△《召旻》六章

中應△〔中〕蒙功《蒙·象傳》　中應△（蒙功）〔窮〕《比·象傳》　明功容聰騰△窮《勸學》

與侵韻合

中驂△《小戎》三章　沖陰△《七月》八章　雝宮臨△《思齊》三章　飲△宗《公劉》四章　諶△終《蕩》一章　臨△

蟲宮宗躬《雲漢》二章

禽△窮《易·屯·象傳》　中禽△（終）〔中〕《比·象傳》　心△（窮）〔躬〕正終《艮·象傳》

與陽韻合

邦崇功皇△《烈文》

中窮行△《涉江》

與耕韻合

心終正△躬《易・艮・象傳》　中成△正△淵《易・訟・象傳》

與真韻合

頻△中弘躬《召旻》六章　躬天△《文王》七章

中成正淵《訟・象傳》

與元韻合

蜒△蜿△蹇△躬《大招》

【説明】

此譜摘録自許世瑛《由王念孫〈古韻譜〉考其古韻二十一部相通之情形》，許文載《文學年報》第六期。一九八七年，整理者抄於北京圖書館，今據抄本整理，無由與原稿核對，但與所引《周易》、《詩經》等已核實。